GUSTAV LANDAUER

Vergessenes Bayern
hrsg. von Dr. Ingvild Richardsen und Prof. Dr. Waldemar Fromm

Rita Steininger

GUSTAV LANDAUER

Ein Kämpfer für Freiheit und Menschlichkeit

Volk Verlag München

Für Werner

Die Buchreihe Vergessenes Bayern wird gefördert von:

Bayerische Einigung e.V.
Bayerische Volksstiftung

Die Deutsche Bibliothek verzeichnet diese Publikation in der Deutschen Nationalbibliografie; detaillierte bibliografische Daten sind im Internet über http://dnb.ddb.de abrufbar.

Neumarkter Straße 23; 81673 München
Tel. 089 / 420 79 69 80; Fax: 089 / 420 79 69 86
Druck: Print Consult GmbH, München

ISBN 978-3-86222-346-6
www.volkverlag.de

INHALTSVERZEICHNIS

VORWORT

Es überrascht, eine Biografie Gustav Landauers in der Buchreihe „Vergessenes Bayern“ vorzufinden. In Karlsruhe geboren und in Berlin zu Hause, verband den Autor mit Bayern die meiste Zeit seines Lebens allenfalls Krumbach. Dort lebten die Eltern seiner zweiten Frau Hedwig Lachmann, die man auf den ersten Blick eher in dieser Buchreihe vermuten würde: Ihre ersten literarischen Veröffentlichungen erschienen in der von Michael Georg Conrad in München gegründeten naturalistischen Zeitschrift *Die Gesellschaft*. Landauer hat, mit Ausnahme der regelmäßigen Besuche mit Frau und Kindern in Krumbach und dem Umzug dorthin nach dem Tod der Schwiegermutter 1917, nur wenig Zeit in Bayern verbracht und diese verlief nicht glücklich. Im Februar 1918 starb seine Frau. Schon auf dem Sprung weg aus Krumbach, rief ihn Kurt Eisner während der Revolution 1918/19 nach München.

Nach der Niederschlagung der Revolution wurde Landauer am 1. Mai 1919 verhaftet und einen Tag später in der Justizvollzugsanstalt in Giesing schwer misshandelt und ermordet.[1] Landauers Grab auf dem Münchner Waldfriedhof, das erst 1923 aufgestellt werden konnte, wurde 1933 von Nationalsozialisten zerstört. 1946 erwirkte Landauers Tochter Gudula ein neues Grab. So kam ihr Vater erst 27 Jahre nach seinem Tod auf dem Neuen Israelitischen Friedhof in einem Doppelgrab neben Kurt Eisner zur Ruhe. Seit 2017 erinnert im Waldfriedhof ein Denkmal an Landauer. Auch dies sind Gründe genug, von München aus Landauers Leben zu gedenken und zum 150. Geburtstag am 7. April 2020 die erste ausführliche Biografie mit Fokus auf der Person Landauers vorzulegen. Gustav Landauer ist nicht vergessen, aber an ihn zu erinnern, erscheint notwendig.

Wie das Werk eines jeden Menschen, dessen Tun von ethischen Impulsen getragen wird, muss Landauers Schaffen sich daran messen lassen, wie es sich zur Praxis verhält und im Alltag bewährt. Diese Frage steht im Mittelpunkt der Biografie von Rita Steininger. Sie zeichnet Landauers Leben in der Spannung zur wilhelminischen Gesellschaft nach, die keinerlei Sinn für die Freiheit des Einzelnen entwickelt hat.

Landauer vertrat einen libertär-utopischen Anarchismus. Im Rückblick hat er damit politisch keinen Erfolg gehabt, wohl aber Einfluss auf die Literatur nach 1900 genommen. Er entwarf das Bild des „Neuen Menschen“ in einer noch zu schaffenden Gesellschaft. Landauer plädierte für eine Selbstorganisation der Menschen ohne staatliche Führung und forderte „Menschheitsvereinigung in Menschheitsinteressen, Volksvereinigung in Volksangelegenheiten, Gruppengemeinschaft in Sachen der Gruppen, Vereinigung von zweien, wo zwei für sich gehen, Vereinzelung in allem, was nur das Individuum angeht“.[2] Seine Art des Anarchismus lehnt Gewalt in jeder Form ab. Sie setzt auf Freiheit und Eigenständigkeit.

Kritiker behaupteten, Landauers Denken sei zu einfach, geradezu populär gewesen. Wer seine Texte heute liest, erkennt jedoch einen Schriftsteller mit rhetorischem Talent sowie einer Darstellungsweise, die die Praxis nicht dogmatisch übersteigen will und deshalb Offenheit von Anfang an in die Überlegungen einbaut.

Dieser Ansatz setzt „Geist für den Anderen“ voraus.[3] Landauer greift dabei einerseits auf den romantischen Ideenhaushalt zurück, demzufolge die Verbundenheit der Menschen immer schon durch den Einzelnen garantiert ist. Er nennt dieses verbindende Moment „Volk“. Es verlangt, Sinn für das „geworden-werdende“ Wesen des einzelnen Menschen zu entwickeln. Dazu sind für ihn Kunst und Literatur geradezu wesensnotwendig: Sie tragen das Volk als Geist in sich.[4] Der Literatur kommt dabei eine besondere Rolle zu, denn, so Landauer in seinem *Aufruf zum Sozialismus*, „nur aus dem Geiste, nur aus der Tiefe unsrer inneren Not und unsres inneren Reichtums wird die große Wendung kommen, die wir heute Sozialismus nennen“.[5] Andererseits ist der Gedanke des Werdens dem jüdischen Kulturkontext verbunden. Der „geworden-werdende“ Mensch trägt Züge des Messianischen in sich. Landauer betont damit ein Geschichtsbild, in dem sich die Gesellschaft erst in der Zukunft erfüllen wird.[6]

Seine Ideen entwickelte Landauer in den 1890er Jahren in Berlin, zu einer Zeit, in der sich viele Literaten von der Sozialdemokratie abzuwenden begannen und vor allem durch John Henry Mackays Vermittlung eines individualistischen Anarchismus einer unabhängigen Sozialdemokratie zuwandten. Ein Teil dieser Intellektuellen wird unter dem Stichwort der „Berliner Bohème“ zusammengebracht. Vor Julius Bab hat insbesondere Hans R. Fischer dieses Milieu geschildert:[7] ein sozialer Brennpunkt des Lumpenproletariats, darunter verarmte Journalisten und Autoren, verbunden in dem Versuch, Alternativen zum bürgerlichen Leben zu entwickeln. Daran hat auch Landauer bis zur Zeit der Münchner Revolution festgehalten.

Erich Mühsam schrieb angesichts der Gründung der „Neuen Gemeinschaft“ 1900 in Berlin, diese wolle nicht „alte Dinge stürzen, sondern neue Dinge leben“.[8] Als es 1918/19 um den Sturz der alten Dinge ging, musste sich Landauer in dem Augenblick davon distanzieren, in dem Gewalt die Idee des Neuen einkassierte. Seine Enttäuschung über den Ausgang der Revolution 1918/19 fasste er in einem Brief vom 16. April 1919 zusammen, den er an den Aktionsausschuss in München richtete: „Ich verstehe unter dem Kampf, der Zustände schaffen will, die jedem Menschen gestatten, an den Gütern der Erde und der Kultur teilzunehmen, etwas anderes als Sie. Der Sozialismus, der sich verwirklicht, macht sofort alle schöpferischen Kräfte lebendig: in Ihrem Werke aber sehe ich, daß Sie auf wirtschaftlichem und geistigem Gebiete, ich beklage, es sehen zu müssen, sich nicht darauf verstehen. Es liegt mir fern, das schwere Werk der Verteidigung, das Sie führen, im geringsten zu stören. Aber ich beklage aufs schmerzlichste, daß es nur noch zum geringen Teil mein Werk, das Werk der Wärme und des Aufschwungs, der Kultur und der Wiedergeburt ist, das jetzt verbreitet wird.“[9]

Misst man Landauers Versuch eines gewaltfreien und künstlerischen Lebens, hat es sich, und das zeigt die Biografie von Rita Steininger eindringlich, bis auf kleinere Ausnahmen auch im Alltag bewahrheitet.

Waldemar Fromm

---

1 Auszüge aus dem amtlichen Bericht über die Ermordung von 160 Revolutionären, der 1923 vom Reichsjustizministerium dem Reichstag vorgelegt wurde, teilt zum ersten

Mal E.[mil] J.[ulius] Gumbel mit: Gustav Landauers Ende. In: Die Weltbühne. Der Schaubühne XX. Jg., Nr. 7. v. 14. Februar 1924, S. 191–194.

2 Gustav Landauer: Signatur g.l. Gustav Landauer im Sozialist (1892–1899), hrsg. v. Ruth Link-Salinger (Hyman), Frankfurt a. M. 1986, S. 220.

3 Christoph Knüppel: Geist und Geschichte. Gustav Landauers Vorstellungen von einer Transformation der Gesellschaft. Schriften der Erich-Mühsam-Gesellschaft, H. 7: Anarchismus im Umkreis Erich Mühsams. 1995, S. 22–42, hier S. 25.

4 Landauer spricht von „geworden-werdenden" im Zusammenhang mit dem Judentum, vgl. Gustav Landauer: Sind das Ketzergedanken? In: Ders.: Zeit und Geist. Kulturkritische Schriften 1890-1919, hrsg. v. Rolf Kauffeldt, Michael Matzigkeit. München 1997, S. 216–223, hier S. 220; vgl. auch Demian Berger: Ästhetische Moderne im Widerspruch. Studien zur politischen Ästhetik Gustav Landauers und Walter Benjamins im Kontext der Neo-Mystik um 1900. Bielefeld 2019, insb. S. 180–201.

5 Gustav Landauer: Aufruf zum Sozialismus. Berlin 2017, S. 22 (Original 1911).

6 Michael Brenner: Der lange Schatten der Revolution. Juden und Antisemiten in Hitlers München 1918–1923. Berlin 2019, S. 78.

7 Hans R. Fischer: Berliner Zigeunerleben. Bilder aus der Welt der Schriftsteller, Künstler und des Proletariats. Berlin 1890; Julius Bab: Berliner Bohème. Berlin 1904.

8 Zit. nach: Walter Fähnders: Anarchismus und Literatur. Ein vergessenes Kapitel deutscher Literaturgeschichte zwischen 1890 und 1900. Stuttgart 1987, S. 174.

9 Harry Pross: Zur Einleitung. In: Gustav Landauer: Revolution, hrsg. v. Harry Pross. Berlin 1974, S. VII–XXXI, hier S. VII f.

EINLEITUNG

„Meine lieben Bayern haben's gut gemacht; sowie ich kann, fahre ich nach München. [...] Es ist jetzt, endlich, die Zeit da, wo man mithelfen kann und muß."[1] So reagierte Gustav Landauer, als er im November 1918 von der Revolution und der Ausrufung des Freistaats Bayern erfuhr. Einige Wochen später schrieb er an den Anarchisten Max Nettlau: „Ich bin der Alte, aber die Zeit will neu werden, und dessen freue ich mich von Herzen. Ich möchte wissen, auf was ich noch warten sollte, um mich zu verbrauchen."[2] In diesen Tagen sprach Landauer in seinen Briefen oft davon, sich zu „verbrauchen". Fast scheint es, als ob er bereits ahnte, wie nahe ihm der Tod bevorstand.

Gustav Landauers Leben dauerte tatsächlich nur wenig länger als das deutsche Kaiserreich bestand: Neun Monate vor der Reichsgründung im Januar 1871 wurde Landauer in Karlsruhe, der damaligen Haupt- und Residenzstadt des Großherzogtums Baden, geboren; fünf Monate nach dem Sturz der Monarchie fand er in München einen grausamen Tod. Fast sein ganzes Leben lang setzte er sich mit den politischen und gesellschaftlichen Verhältnissen im deutschen Kaiserreich auseinander. Als brillanter Vortragsredner und engagierter Publizist kämpfte er unermüdlich gegen Ungerechtigkeit, staatliche Willkür und soziale Missstände. Gleichzeitig war er als Literatur- und Theaterkritiker, Schriftsteller, Dramaturg und Übersetzer im kulturellen Bereich äußerst produktiv. Landauer selbst sagte einmal von sich: „Ich glaube, daß ich etwas unüblich bin und in kein Schubfach hineinpasse, kommt daher, daß ich weder ein Agitator noch ein Dichter bin, sondern eine Synthese von beiden."[3]

Prophet des Friedens oder rücksichtsloser Kämpfer?

Zu den engen Freunden Landauers gehörte neben dem Sprachkritiker Fritz Mauthner auch der Religionsphilosoph Martin Buber – wobei diese Freundschaften zu Beginn des Ersten Weltkriegs vor einer Zerreißprobe standen. Während Mauthner und für einige Zeit sogar Buber vom patriotischen Kriegsgeschrei erfasst wurden, war und blieb Landauer ein unbeirrter Pazifist, der schon 1911 in einer Schrift die *Abschaffung des Krieges durch die Selbstbestimmung des Volkes* gefordert hatte.

Den meisten Menschen ist Gustav Landauer durch seine Rolle als Kulturpolitiker und intellektuelle Leitfigur während der Rätezeit in Bayern bekannt. Sein Freund Kurt Eisner, der erste Ministerpräsident des Freistaats, hatte ihn nach der Revolution im November 1918 nach München geholt, damit er „durch rednerische Betätigung an der Umbildung der Seelen" mitwirke.[4] Nach Eisners Ermordung wurde Landauer während der ersten Münchner Räterepublik im April 1919 Volksbeauftragter für Volksaufklärung, Unterricht, Wissenschaft und Künste. In der Öffentlichkeit war er damals ebenso verhasst wie Erich Mühsam und Ernst Toller. Denn Lügen, Verleumdungen, antisemitische Hetze und propagandistische Verzerrungen der Presse beschädigten das Bild von Gustav Landauer so nachhaltig, dass es Jahrzehnte dauerte, bis sein Ansehen wiederhergestellt war.

Es ist nach wie vor keineswegs einfach, eine wirklichkeitsnahe Vorstellung von Gustav Landauers Persönlichkeit zu bekommen. Die Beschreibungen von Zeitgenossen – selbst denen, die ihm nahestanden – fallen recht unterschiedlich aus: „Er war einer der großen Propheten des Friedens auf dieser Erde – und wurde von einer Gewalt zerstört, der er sich schutzlos preisgegeben hat", schrieb Ernst Toller.[5] Erich Mühsam charakterisierte seinen bewunderten Freund und Mentor anders: „[W]er Gustav Landauer im härenen Gewande zeichnet mit dem friedseligen Schmachtblick des Versöhners, der fälscht sein Bild. Nur wer ihn als Kämpfer sieht, als rücksichts- und furchtlosen Kämpfer, [...] unduldsam, hart und eigenwillig bis zum Hochmut überall, wo es um Entscheidendes ging, der sieht ihn, wie er war. Es ist nicht wahr, daß er aus lauter Liebe zusammengesetzt war."[6]

Sein Lebensgang in Briefen

Am ehesten dürfte es gelingen, sich dem Menschen Gustav Landauer zu nähern, wenn man ihn selbst liest – insbesondere seine Tagebücher und die zahlreichen Briefe, die er im Lauf seines Lebens geschrieben hat. Sein Freund Martin Buber, den Landauer in einem Testamentsbrief zum Verwalter seines literarischen Nachlasses bestimmt hatte, bereitete wenige Jahre nach Landauers Tod die Publikation von dessen Briefen vor. Diese Aufgabe erforderte großes Einfühlungsvermögen, denn Landauer hatte verfügt, dass „kein Brief veröffentlicht [wird], durch den sich ein Lebender oder unmittelbarer Nachkomme oder Ehegatte eines Toten verletzt fühlen könnte“.[7] So entstand in Zusammenarbeit mit der Sozialwissenschaftlerin Ina Britschgi-Schimmer das zweibändige Werk *Gustav Landauer. Sein Lebensgang in Briefen*, das 1929 erschien.

Da Bubers Briefedition notwendigerweise bedeutende Lücken aufweist, sind seit den 1990er-Jahren weitere Briefeditionen und Tagebücher von Gustav Landauer erschienen.[8] Seit 2008 entstand außerdem eine umfangreiche Serie von *Ausgewählten Schriften*.[9]

Diese Bücher – insbesondere Gustav Landauers Briefe an Angehörige, Freunde und Weggefährten – sind die Hauptquellen der vorliegenden Biografie: Hier steht nicht das umfassende, vielseitige Werk Landauers, sondern sein privater Werdegang im Vordergrund.

Es ist ein spannender Lebenslauf mit überraschenden Wendungen, der aus diesen Briefen zum Vorschein kommt – ein Leben, in dem auch Not und Verfolgung häufige Begleiter waren, obwohl Gustav Landauer aus einem wohlsituierten Elternhaus stammte.

Denn schon als Student in Berlin wandte er sich vom bürgerlichen Leben ab und begann sich in der Arbeiterbewegung zu engagieren. Er wurde deshalb nicht nur von allen preußischen Universitäten ausgeschlossen, sondern auch von der Politischen Polizei Preußens überwacht. Vor seiner Heirat mit der Schneiderin Grete Leuschner musste Landauer 1893 erstmals eine Haftstrafe antreten. In dieser Zeit kam seine erste Tochter zur Welt. Kurz nach der Geburt des zweiten Kindes, das schon im Alter von zwei Jahren starb, wurde er erneut inhaftiert. 1899 stand ihm ein dritter Gefängnisaufenthalt bevor – und die Trennung von Frau und Kind.

In dieser Lebenskrise lernte Landauer die Liebe seines Lebens, die Dichterin Hedwig Lachmann, kennen, mit der er einige Jahre später eine neue Familie gründete. An sie schrieb er während seiner dritten Inhaftierung einmal: „Ich habe mehr durchgemacht, als meinen Jahren zukommt, und fast mehr, als ein Mensch ertragen kann.“[10] Er ahnte zu dem Zeitpunkt nicht, dass er auch seine geliebte Frau verlieren sollte, bevor er selbst seine drei Töchter als Waisen zurücklassen würde.

Trotz aller Schicksalsschläge hat sich Gustav Landauer bis zu seinem Lebensende den Atem bewahrt, mit aller Kraft für die Freiheit des Individuums und für ein humanes Miteinander einzutreten. In diesem unbeirrbaren Engagement kann er uns noch heute ein Vorbild sein. Sein umfassendes Lebenswerk und seine eindrucksvolle Persönlichkeit verdienen es, vor dem Vergessen bewahrt zu werden.

KINDHEIT UND JUGEND EINES EINSAMEN

Am 7. April 1870 wird Gustav Landauer als dritter Sohn und jüngstes Kind des Kaufmanns Hermann Landauer und seiner Frau Rosa in Karlsruhe geboren. Beide Eltern entstammen dem ländlichen Judentum. Der Vater kommt aus Buttenhausen, einem Dorf in Württemberg, knapp 70 Kilometer südlich von Stuttgart gelegen. Die Mutter, eine geborene Neuburger, stammt aus dem württembergischen Buchau am Federsee.

Gustav Landauers Eltern sind keine praktizierenden Juden. Sie leben nicht nach den religiösen Vorschriften und halten auch ihre Kinder nicht dazu an. Landauer wird später einmal sagen, seine Erziehung sei weitgehend „konfessionslos" gewesen.

Frühe Leidenschaft für Literatur

1876 kommt der sechsjährige Gustav in die Grundschule. 1879 wechselt er auf das Karlsruher Humboldt Realgymnasium, das zu dieser Zeit auch seine beiden Brüder, der drei Jahre ältere Felix und der vier Jahre ältere Friedrich, besuchen.

Über Gustav Landauers Kindheit, seine ersten Schuljahre und das Leben in der Familie ist aus schriftlichen Quellen nichts bekannt. Die frühesten Informationen liefert ein Schülertagebuch, das der junge Landauer von Mai 1884 bis April 1885 führt. Schon aus einem der ersten Einträge in diesem Tagebuch geht hervor, dass er in seinem Lieblingsfach Deutsch der Klassenbeste ist. Voller Stolz berichtet er, wie sich sein Deutschlehrer über einen seiner Aufsätze geäußert hat: „Er sagte unter anderem auch, ob ich ihn nicht aus einem Buch abgeschrieben habe? Er hält also meine Arbeit für würdig, gedruckt zu werden! Danke schön für die günstige Rezension!"[1]

Im Gegensatz zu seinen Mitschülern befasst sich Gustav Landauer intensiv mit der im Unterricht behandelten Literatur. Weil dem jungen Landauer bewusst ist, wie sehr ihn Lyrik ergreifen kann, hat er große Scheu davor, in der Schule Gedichte vorzutragen:

> *Oft, wenn ich mit der Stimme heraus will, wenn ich mich in das Vorzutragende hineinleben will, wenn ich mich dafür begeistern will – da unterbreche ich mich und trage zwar richtig vor, das, was zusammengehört, zusammen, aber nur mit dem Verstand, nicht mit dem Gemüt [...]. Oft, wenn ich für mich etwas lese, lebe ich mich so ganz hinein, daß mir oft die Augen überlaufen, daß jeder Zuhörer deutlich merken könnte, wie bewegt ich bin. Und jedenfalls würden da meine Mitschüler spotten.*[2]

Auch außerhalb der Schule gilt die ganze Leidenschaft des Jugendlichen der Literatur, geteilt nur mit dem Theater und der Musik. Er besucht Aufführungen des Karlsruher Hoftheaters, liest deutsche Klassiker ebenso wie Grillparzer, Heine und Ibsen und versucht sich dazu bereits selbst im Schreiben. Er verfasst zahlreiche Gedichte, einige Dramen und eine Novelle und beginnt sogar mit der Arbeit an einem Roman, den er jedoch nicht zu Ende bringt.

Mit aller Ernsthaftigkeit eifert er seinen literarischen Vorbildern nach. Bei der Lektüre von Goethes Drama *Die natürliche Tochter* muss der selbstkritische 14-Jährige allerdings einen „großen Gegensatz" zwischen Goethes „klarer Ruhe" und seiner eigenen „aufgeregten Faselei"[3] erkennen. In seiner Selbstkritik geht er sogar so weit, dass er „einen Akt der Gerechtigkeit" an sich übt und vier seiner Werke „dem Feuertode überliefert".[4]

Im Stil eines Erwachsenen

Hin und wieder spricht Gustav mit seinem Bruder Felix über seine Texte. Er hält viel auf dessen Urteil, auch wenn es meistens streng ausfällt. So präsentiert er dem Bruder einmal sein Gedicht *Frühlings Einzug* mit dem Ergebnis, dass dieser es „zwar für mein bestes erklärte, aber dennoch gehöre es – zu den schlechtesten im allgemeinen".[5]

Die Kritik zeigt Wirkung: Der junge Dichter bearbeitet sein Werk und schickt es an die illustrierte Familienzeitschrift *Über Land und Meer*. Zurück kommt ein Schreiben, mit dem das eingesandte Gedicht als „noch nicht druckreif" bewertet wird. Gustav, der über diese Antwort vermutlich nicht gerade glücklich ist, nimmt dafür freudig überrascht die Bemerkung des Bruders zur Kenntnis, „in diesem ‚noch' stecke ein großes Lob"[6].

Als der älteste Bruder Friedrich einige Monate später nach seiner Entlassung aus dem Militärdienst nach Hause kommt, liest Gustav auch ihm aus einem seiner Werke – diesmal einer Novelle – vor und notiert daraufhin mit Stolz: „Einzelne Stellen gefielen ihm sehr gut, das ganze sei so, dass man selbst etwas Geringeres von einem mit mir Gleichaltrigen nicht verlangen dürfe."[7]

Ähnliches könnte man über die Tagebucheinträge von Gustav Landauer aus dieser Zeit sagen: Sie wirken keinesfalls wie von einem Jugendlichen verfasst. Weder die Themen, mit denen er sich auseinandersetzt, noch der Stil, in dem er seine Gedanken zu Papier bringt, lassen auf einen Menschen seines Alters schließen.

Eine grausame, wirre Welt

In seinem letzten Schuljahr am Karlsruher Realgymnasium erlahmt der schriftstellerische Eifer des jungen Landauer plötzlich für einige Zeit. Er findet, dass er erst einmal Lebenserfahrung sammeln muss, ohne die seiner Ansicht nach keine Dichtung gelingen kann. Dabei hat Gustav Landauer erst im Jahr zuvor eine Erfahrung gemacht, die ihm den Stoff für seine erste literarische Veröffentlichung liefern soll. Das Erlebnis im Frühjahr 1885 ist dem Jugendlichen zweifellos sehr nahegegangen.

Damals wurde im Hause Landauer ein neues Dienstmädchen namens Lenchen eingestellt, in das sich der 15-jährige Gustav Hals über Kopf verliebte. Lenchen hatte allerdings einen Liebhaber – und weihte Gustav in dieses Geheimnis ein. Als sich herausstellte, dass Lenchen schwanger war, wurde sie hart bestraft: Sie musste ihre Stelle aufgeben und das Haus verlassen.

Nach diesem Ereignis brach ein Konflikt in der Familie auf, den Gustav Landauer in seinem Schülertagebuch nur vage andeutet: „[E]s wurde ein Riss geschlagen in mein träumerisches vertrauensvolles Gemüt, ein Riss, der auch beinahe meine Beziehungen zu meiner Familie etwas zerstört hätte."[8]

Erst viele Jahre später wird er seiner zweiten Frau Hedwig Lachmann in einem Brief den Hintergrund des Konflikts erläutern:

> *Das Erlebnis, das ich auf der letzten Seite des Tagebuchs andeute, war meine erste Liebe; zartsinnliche, glühende Gefühle zu einem schönen jungen Dienstmädchen, deren Vertrauter in einem anderweitigen, reelleren Liebesleben ich war. Es war eine sehr traurige Sache, denn sie wurde dann wegen der natürlichen Folgen jener erwachsenen Liebe plötzlich entlassen, und ich verstand nichts von all solcher Grausamkeit und war tief betroffen über diese wirre Welt. Ich habe dieses Erlebnis Anfang der neunziger Jahre in einer novellistischen Skizze behandelt …*[9]

Tatsächlich gibt es von Gustav Landauer eine Novelle, in der er das unglückliche Ereignis verarbeitet hat. Die Erzählung, die 1891 unter dem Titel *Ein Knabenleben* erscheint, endet tragisch: Das schwangere Dienstmädchen und ihr Liebhaber begehen gemeinsam Selbstmord.[10]

Ein Freund und Gleichgesinnter

Leider hat Gustav Landauer sein Tagebuch nur elf Monate lang geführt, es liefert daher keine ausreichenden Informationen über seine Jugend und Schulzeit und lässt viele Frage offen.

Über Freundschaften mit Gleichaltrigen äußert er sich in seinen Aufzeichnungen beispielsweise so gut wie gar nicht. Nur an zwei Stellen taucht der Name Alfred Haberer auf. Das ist ein jüdischer Klassenkamerad, der bis 1886 das Karlsruher Realgymnasium besucht. Alfred hat sich 1884 mit Gustav und Felix Landauer zu einem Literaturkreis, der sogenannten Jugendverbindung, zusammengeschlossen. Hier tauschen sich die drei über Lektüre aus und präsentieren gelegentlich auch eigene literarische Versuche. Im Herbst desselben Jahres verlässt Alfred Haberer die Jugendverbindung, sodass der Verein wegen zu geringer Anzahl an aktiven Mitgliedern nach nur wenigen Monaten seines Bestehens aufgelöst wird.

Aus Mangel an schriftlichen Belegen wird zuweilen die Vermutung geäußert, Gustav Landauer habe in seiner Jugend keine Freunde gehabt und nur bei seinen älteren Brüdern Anschluss gefunden; er sei ein stiller, verschlossener Träumer, ein Sonderling gewesen.[11] Tatsächlich wird sich Landauer viele Jahre später einmal im Rückblick auf seine Schulzeit als „vereinsamten“ Menschen bezeichnen, dem seine „eigentlichen Erlebnisse alle vom Theater, der Musik und vor allem den Büchern“[12] kamen. An anderer Stelle sagt er von sich, „dass ich in meiner Jugend so gut wie gar nicht gelebt und dagegen so unendlich viel und eindringlich gelesen habe“.[13]

Sollte es demnach stimmen, dass Gustav Landauer lange Zeit keine Freundschaften pflegte, ändert sich die Situation auf jeden Fall, als 1885 ein neuer Mitschüler in die Klasse kommt. In Emil Blum-Neff findet der 15-Jährige einen Freund, der seine literarischen und musischen Interessen teilt. Gemeinsam unternehmen die beiden Jugendlichen ausgedehnte Spaziergänge, lesen sich gegenseitig aus Büchern vor und besuchen Veranstaltungen des Karlsruher Hoftheaters. Ihre Freundschaft wird auch in den kommenden Jahrzehnten Bestand haben.

Weitere Freundschaften knüpft der Schüler Landauer im darauffolgenden Jahr nach dem Wechsel ans Großherzogliche Gymnasium.

Der Wille des Vaters: ein bürgerlicher Beruf

Im letzten Schuljahr am Realgymnasium entsteht ein Konflikt zwischen Hermann und Gustav Landauer, der sich in den folgenden Jahren immer weiter verschärfen wird. Es geht um die Berufswahl: Der Vater möchte, dass sein Sohn Zahnarzt oder Chemiker wird, dieser aber weigert sich entschieden. Als Hermann Landauer den Sohn belehrt, es sei die Pflicht der Kinder, dem Willen des Vaters zu folgen, wagt Gustav zwar keinen Widerspruch mehr, doch innerlich begehrt er heftig auf:

> *Ich habe eine andere Ansicht von Pflicht; im Gegenteil, meine Pflicht ist, mich gegen einen Beruf zu wehren, den man mir aufzwängen will, ohne daß ich auch nur die geringste Lust, das geringste Vergnügen daran habe. […] Ist es nicht vielmehr Pflicht des Vaters, den Sohn davon abzuhalten, falls er einen solchen Beruf wählen will? Aber durch das ewige Drängen komme ich bald in eine Stimmung, in der ich ihm zurufen möchte: „Macht mit mir, was ihr wollt! Ich kümmere mich um gar nichts mehr!*[14]

Ein paar Monate später ergänzt er reumütig: „Dieser Eintrag wurde in sehr aufgeregter Stimmung geschrieben, und bereue ich jetzt sehr, daß ich das geschrieben.“[15] Der Nachtrag lässt sich wohl damit erklären, dass Gustav Landauer immer damit rechnen muss, dass andere in seinem Tagebuch lesen. Schon einmal hat sein Vater das Tagebuch an sich genommen und weggeschlossen – als Strafe dafür, dass der Sohn in der Schule zwei Stunden Arrest erhalten hatte.[16]

Hermann Landauer ist, wie seine Frau Rosa, in ländlicher Umgebung aufgewachsen. Erst nach der Heirat sind beide nach Karlsruhe gezogen, wo sie die ersten Jahre in der Kaiserstraße 104 (damals Langestraße) gewohnt haben. Dort führte Hermann Landauer mit seinem Bruder Louis zunächst eine Tuch- und Modewarenhandlung, später ein eigenes Schuhlager, dort sind auch seine drei Söhne zur Welt gekommen.

In dieser Zeit – der zweiten Hälfte des 19. Jahrhunderts – erlebt die Residenzstadt Karlsruhe einen enormen wirtschaftlichen Aufschwung. Die Geschäfte expandieren, vor allem im Bereich der Kaiserstraße. Auch Hermann Landauer nutzt seine Chance: 1872 zieht er mit der Familie in sein eigenes, neu erbautes Wohn- und Geschäftshaus in der Kaiserstraße 183 um und eröffnet das Schuhhaus H. Landauer, das ihm ein ausreichendes Einkommen sichert und seinen Söhnen eine solide Ausbildung und einen guten Einstieg in einen bürgerlichen Beruf ermöglichen soll.

Felix, der zweitälteste Sohn, tritt denn auch in die Fußstapfen des Vaters. Nachdem er 1882 das Karlsruher Realgymnasium verlassen hat, absolviert er eine kaufmännische Lehre, heiratet 1898 die Tochter eines Heilbronner Brauereibesitzers und übernimmt danach das väterliche Schuhgeschäft, das er bis 1932 führt.

Friedrich, der Älteste, macht eine bemerkenswerte Karriere. Er studiert nach seinem Abitur in Heidelberg und Berlin Rechtswissenschaft und wird anschließend in verschiedenen badischen Orten als Justizreferendar eingesetzt. 1894 ernennt man ihn in Philippsburg zum Amtsrichter und 1899 in Mannheim zum Landgerichtsrat.[17]

Ein solcher beruflicher Aufstieg ist für einen Juden zu dieser Zeit absolut ungewöhnlich. Zwar verfügen die Juden im deutschen Kaiserreich seit 1871 formell über die gleichen Rechte wie die anderen deutschen Staatsbürger (im Großherzogtum Baden schon seit 1862), doch ihre gesellschaftliche Stellung ist damit keineswegs gesichert. Der Zugang zu gewissen Berufswegen – insbesondere eine höhere juristische oder akademische Laufbahn – bleibt ihnen in der Regel nach wie vor versagt. Vor allem das Richteramt wird nur in sehr seltenen Ausnahmefällen von einem Juden besetzt. Zugänglich für jüdische Staatsbürger ist die juristische Tätigkeit als Rechtsanwalt oder Notar. Auch eine Karriere als Arzt, Schriftsteller, Journalist oder Privatgelehrter steht ihnen offen und gilt für viele als erstrebenswert.[18]

Für einen medizinischen oder juristischen Beruf kann sich der jüngste Landauer-Sohn indessen nicht erwärmen. Fest steht für ihn vorerst nur, dass die Literatur und das Schreiben auch in seinem zukünftigen Leben eine wesentliche Rolle spielen sollen. Eine Weile liebäugelt er mit dem Gedanken, Buchhändler zu werden. Etwas später träumt er davon, ein Kolonialwarengeschäft zu eröffnen, um fremde Länder kennenzulernen und seinen geistigen Horizont zu erweitern.

Ein halbes Jahr nach der Auseinandersetzung um seine berufliche Zukunft gelingt es Gustav Landauer schließlich, seinem Vater einen Kompromiss abzuringen. Er entschließt sich, Philologie zu studieren, und ist sehr erleichtert darüber, dass beide Eltern – auch der Vater – mit seiner Studienwahl einverstanden sind.

Im schnödesten Ton zurechtgewiesen

Ein Hindernis auf diesem Weg gilt es noch zu überwinden: Für ein Studium der Philologie fehlen Gustav Landauer die nötigen Kenntnisse der griechischen Sprache, da Altgriechisch am Realgymnasium nicht gelehrt wird. Deshalb wechselt er 1886 für die beiden letzten Schuljahre auf das Großherzogliche Gymnasium.

Kurz vor seinem Schulabschluss nimmt der Oberprimaner an einem Wettbewerb um den Fichte-Preis teil, den Großherzogin Luise für das Gymnasium gestiftet hat. Das vorgegebene Thema lautet in diesem Jahr: Friedrich I. von Hohenstaufen. Die Arbeiten sind in schriftlicher Form einzureichen. Ein Preisgericht, das neben dem Direktor und mehreren Lehrern der Schule aus fünf vom Großherzog ernannten Personen besteht, entscheidet aufgrund dieser Texte, welche Schüler zum mündlichen Vortrag zugelassen werden. Gustav Landauer gehört zu den Auserwählten. Sein Vortrag sorgt bei der Veranstaltung allerdings für großes Missfallen, wie er Jahre später berichtet:

> *[I]m Zeichen Fichtes hielt ich denn eine Rede über Friedrich Barbarossa, in der ich im schwarz-rot-goldenen Geiste und unter feierlicher Anrufung des bei allen Schulmännern verpöntesten aller Dichter, Heinrich Heines nämlich, Vaterland, Einheit des Reiches und Revolution in eine überaus pathetische Gemeinschaft mit dem alten Stauferkaiser brachte. Ich bekam denn auch im schnödesten Tone vor versammeltem Publikum eine scharfe Zurechtweisung von Seiten des Direktors, einen mitleidigen Händedruck des guten Mathematikprofessors und unter allerlei Vorbehalten die silberne Denkmünze; meine Mutter bewahrt sie noch auf …*[19]

Nun ist die erwähnte silberne Gedenkmünze mit dem Bildnis Johann Gottlieb Fichtes keineswegs eine Gewinnerauszeichnung, denn alle Redner erhalten sie als Anerkennung für ihre Teilnahme. Nur der Sieger des Wettbewerbs wird mit der goldenen Fichtemedaille im Wert von fünf Gulden und 45 Kreuzern geehrt. Darüber hinaus erhält er „Fichtes Reden an die deutsche Nation, welche die Großherzogin und ihre Ratgeber gewiß nie gelesen oder verstanden“[20] haben, wie Landauer in seinem Rückblick bemerkt – diesen ironischen Seitenhieb kann er sich nicht verkneifen.

Schule – ein ungeheuerlicher Diebstahl an Zeit

Im Juli 1888 bekommt Gustav Landauer sein Abiturzeugnis ausgehändigt. Es bescheinigt ihm das Gesamtprädikat „ziemlich gut“, was der heutigen Note 3 entspricht. Immerhin werden seine Leistungen im Fach Französisch und im Teilfach Deutsche Literatur mit „im Ganzen gut“ beziehungsweise „gut“ (2) bewertet. Für einen Schüler, der in seinem Lieblingsfach einmal der Klassenbeste war, ist das dennoch ein eher mäßiges Ergebnis, zumal er in nahezu allen übrigen Fächern mit „ziemlich gut“ (3), in zwei sogar nur mit „hinlänglich“ (4) abschneidet.

Es scheint, dass der schulische Ehrgeiz, den Landauer wohl auf dem Realgymnasium noch besaß, nach dem Übertritt an das Großherzogliche Gymnasium nachgelassen hat. Von Lernfreude ist jedenfalls in den Worten, die er Jahre später im Rückblick auf die Schulzeit äußert, nichts zu erkennen:

> *Die Schule nahm mir zwar mit den Hausarbeiten täglich sieben bis acht Stunden weg, aber sie bedeutete mir, Ausnahmen abgerechnet, nur eine Abwechslung von nervöser Gespanntheit und Erschlaffung und einen ungeheuerlichen Diebstahl an meiner Zeit, meiner Freiheit, meinen Träumen und meinem auf eigenes Erforschen und Versuchen gerichteten Tatendrang.*[21]

STUDIUM UND SOZIALISMUS

Nach seinem Schulabschluss muss Gustav Landauer keinen Militärdienst ableisten, da er bei der Musterung als untauglich eingestuft wird.[1] Er kann also noch im Herbst desselben Jahres sein Studium aufnehmen.

Studentische Geselligkeit

Im Oktober 1888 immatrikuliert sich Landauer an der Großherzoglich Badischen Ruprecht-Karls-Universität Heidelberg für die Studienfächer deutsche und englische Sprach- und Literaturwissenschaft und Philosophie. Mit seinem Cousin Siegfried Landauer, der aus Riedlingen an der Donau stammt und im gleichen Semester ein Medizinstudium aufnimmt, hat er in der Karlstraße eine Wohnung mit zwei Zimmern gemietet.

Einige Wochen später tritt Landauer dem Neuphilologischen Verein an der Heidelberger Hochschule bei. Dieser verfolgt laut Vereinsstatuten den Zweck, das Studium der neueren Philologie zu fördern und gleichzeitig den „geselligen Verkehr“ zu pflegen. Wobei mit Geselligkeit in erster Linie kollektives Trinken gemeint ist – zumindest, soweit es den Großteil der Vereinsbrüder betrifft. Landauer dagegen setzt sich ernsthaft mit den wissenschaftlichen Zielen des Vereins auseinander. Er ist nicht nur das jüngste und einzige jüdische Mitglied der Neuphilologen, sondern auch der Einzige, der in diesen Kreisen wissenschaftliche Diskussionen anregt und Vorträge hält (unter anderem über Richard Wagner, dessen Opern ihn schon als Schüler begeistert haben).[2]

Seine aktive Mitgliedschaft dauert allerdings nicht lange, da er schon 1889 nach Berlin umsiedelt und dort an der Philosophiefakultät der Friedrich-Wilhelms-Universität (die später in Humboldt-Universität umbenannt wird) sein Studium fortsetzt.

Wohnungen – so tödlich wie eine Axt

Mit Beginn der zweiten Hälfte des 19. Jahrhunderts hat die Wohnungsnot in den deutschen Großstädten aufgrund der wachsenden

Industrialisierung und der daraus folgenden Landflucht dramatisch zugenommen. Besonders krass ist die Situation in Berlin, wo die Einwohnerzahl regelrecht explodiert: Zwischen 1850 und 1900 schnellt sie von 400.000 auf zwei Millionen hoch. Der Wohnraum wird entsetzlich knapp: Um 1900 verfügen 40 Prozent der Berliner Wohnungen nur über ein einziges Zimmer, das nicht größer ist als 15 Quadratmeter. Die drangvolle Enge zwingt die Bewohner sogar, in Schichten zu schlafen; in manchen Berliner Vierteln müssen sich, statistisch gesehen, jeweils drei Menschen ein Bett teilen. Die neu errichteten Mietskasernen, in denen viele Arbeiter mit ihren Familien leben, bieten keine besseren Wohnbedingungen als die Altbauten im Stadtzentrum, denn sie liegen meist in kahlen Hinterhöfen, oft sogar im direkten Schatten der hohen Fabrikmauern, wo kaum ein Sonnenstrahl eindringen kann. Die wenigsten Kinder, die dort aufwachsen, wissen, was ein Baum oder ein Sonnenaufgang ist.

Die Wohnungsnot und das Elend der Arbeiterfamilien beginnt der Künstler Heinrich Zille im letzten Jahrzehnt des 19. Jahrhunderts in Bildern einzufangen. Er fotografiert verfallene Hinterhöfe und schmutzige Gassen, primitive Holzverschläge und bröckelnde Hausfassaden, feucht-kalte Kellerwohnungen und stickige Dachzimmer. In seinen berühmten Zeichnungen porträtiert er auch die Menschen in den Elendsvierteln, seinem „Miljöh“: Bettler und Prostituierte, Obdachlose und Schlafgänger, Kinder und Greise. Von Zille, der die katastrophalen Berliner Wohnverhältnisse aus eigener Erfahrung kennt, stammt der berühmte Satz: „Man kann mit einer Wohnung einen Menschen genauso töten wie mit einer Axt.“

Die ersten Studentenzimmer, die Gustav Landauer in Berlin bewohnt, liegen in der „Spandauer Vorstadt“, nicht weit entfernt von den Wohngegenden der Altstadt, in denen Raumnot und proletarisches Elend herrschen. Im Oktober 1889 bezieht er ein Zimmer in der Auguststraße 66; im Frühjahr 1890 zieht er in ein Rückgebäude in der Auguststraße 55 um.

In seinem ersten Brief aus der Reichshauptstadt an den Freund Emil Blum-Neff erwähnt Landauer die miserablen Wohnverhältnisse in seiner Umgebung allerdings mit keinem Wort. Vielmehr beschreibt er Berlin mit seiner Nationalgalerie, den Museen und Theatern als eine „wunderschöne Stadt", in der es sich nur leider nicht besonders kostengünstig lebe:

> *[D]ie Wohnungen sind teuer und sonst hat man eben so viele Gelegenheit zum Vergnügen, Theater, Konzerte, Cafés usw. Das Essen freilich ist sehr billig; aber das Trinken ungemein teuer; noch niemals nippte ich mein Bier so vorsichtig wie hier; wenn Du 3 Glas Münchner Bier trinken wolltest, und das ist doch gewiss nicht viel, müsstest Du eine Reichsmark bar auf den Tisch des Hauses legen.*[3]

Briefe an das liebe Fräulein

Wenn Gustav Landauer vorwiegend die schönen Seiten seiner neuen Umgebung – oder überhaupt seines Berliner Studentenlebens – wahrzunehmen scheint, so könnte das einen bestimmten Grund haben: Er ist verliebt. Am 3. September 1889 hat er bei der Hochzeit seines Cousins Louis Landauer eine junge Dame kennengelernt, die ihm ausgesprochen gut gefällt. Sie heißt Ida Wolf, ist 18 Jahre alt und lebt noch bei ihren Eltern in Ulm, wo sie die Frauenarbeitsschule besucht.

Schon einen Tag nach der Hochzeitsfeier schickt Landauer einen ersten Brief an Ida Wolf und schwärmt darin von den „ewig unvergesslichen Stunden des gestrigen Tages", in denen er „eine gewisse steife und blöde Zurückhaltung und Ungeschicklichkeit abzustreifen begann".[4] Doch der Brief findet bei der Angebeteten keine Resonanz – im Gegenteil, Ton und Inhalt missfallen ihr sehr. Sie hält ihn für einen Schwerenöter und straft ihn für diesen und weitere Briefe zunächst mit Schweigen, dann mit bitterbösen Antworten.[5]

Kurz vor Weihnachten nimmt Gustav Landauer einen neuen Anlauf und schickt ein langes Briefgedicht an Ida Wolf, dem er ein Blumengebinde beifügt. Wie es aussieht, hat er diesmal Erfolg. Denn von da an häufen sich seine Briefe an das „liebe Fräulein Wolf", das er im Mai 1890 zum ersten Mal mit „liebe Freundin" anspricht, aber nach wie vor siezt. Regelmäßig schickt er ihr nun Abschriften seiner Manuskripte – inzwischen ist er schriftstellerisch wieder höchst produktiv – und bittet sie, diese zu beurteilen. Sie geht auf seine Bitte ein und lässt ihre Bewertungen nicht allzu streng ausfallen.

Im Dezember 1890 – inzwischen (zumindest zeitweise) beim Du angelangt – widmet Landauer seiner Freundin ein langes Gedicht, in dem er die vergangene Zeit Revue passieren lässt: Er erinnert sich an die erste Begegnung mit ihr und die aufregenden 15 Monate danach, in denen sich Streit und Versöhnung ständig abgewechselt haben.

Liebe Ida!

Ein Jahr verging nun, seit zum zweiten Male
Und nun für immer wir uns fanden. Da
Drängt's mich doch, nunmehr zurückzublicken
Auf wechselvolle Zeit. Mehr Freud als Leid
Hat mir dies Jahr gebracht.

Wir waren kaum einander vorgestellt
– Im Wagen war's, der uns zur Synagoge
Zur Hochzeit meines Vetters bringen sollte –
Da sah ich schon an Deinem klaren Auge,
Dass heut mein Schicksal gut gelaunt gewesen [...][6]

Nun ist allerdings ein neues Hindernis aufgetaucht: Idas Eltern verbieten ihrer Tochter den Umgang mit dem mittellosen Studenten.[7] Er will die Hoffnung dennoch nicht aufgeben und bittet sie, auf ihn zu warten. Doch inzwischen erreichen seine Briefe die Umworbene kaum noch; ihre Mutter schickt den größten Teil ungeöffnet zurück.

In einem letzten Versuch schickt Landauer seiner Freundin die Komödie *Frau Tolle*, die eine Liebeserklärung an sie enthält.[8] Sie ist alles andere als erfreut. Ausgerechnet jetzt, nachdem ihre Beziehung zwei Jahre lang fast nur aus einem Briefwechsel bestanden hat (mit Ausnahme einer Begegnung in Anwesenheit von Idas Mutter), treffen Gustav Landauer und Ida Wolf in Ulm zusammen. Sie holt tief Luft und faucht entrüstet: „Wie konnten Sie mir nur *das* schicken, Herr Landauer?"[9]

Von da an zeigt sie ihm die kalte Schulter. Landauer sieht ein, dass jeder weitere Versuch, die Beziehung aufrechtzuerhalten, zum Scheitern verurteilt ist.

Des Studiums überdrüssig

In dieser Zeit kommt Gustav Landauer in Kontakt mit dem bekannten Publizisten und Schriftsteller Fritz Mauthner, der seit 1876 in Berlin lebt und die Kulturzeitschrift *Deutschland* herausgibt. Im November 1889 erscheint in Mauthners Zeitschrift eine erste Buchrezension von Landauer. Weitere Besprechungen folgen und im Januar 1890 wird zu Landauers Artikel *Über epische und dramatische Kunst* erstmals der Autor mit vollem Namen anstatt nur mit Kürzel genannt.

Noch ist Gustav Landauer entschlossen, sein Studium bis zum Abschluss durchzuziehen. Doch sein Vorhaben gerät ins Wanken, als er Fritz Mauthner seine Novelle *Geschwister* zur Veröffentlichung anbietet. Es handelt sich dabei um ein sehr gewagtes Werk, denn es geht in der Erzählung um die Liebe zwischen zwei Geschwistern, die am Ende gemeinsam Selbstmord begehen. Mauthner lässt den Autor wissen, dass ihm die Novelle außerordentlich gut gefalle. Er könne es zwar nicht riskieren, das Manuskript in seiner Zeitschrift *Deutschland* zu veröffentlichen, sei aber gern bereit, einen Verlag dafür zu suchen. Von da an betrachtet Landauer sein Studium nicht mehr als Einstieg in einen bürgerlichen Beruf, sondern nur mehr als eine Art Vorbildung für die Profession des Schriftstellers.

Als er zum Wintersemester 1890 nach Straßburg zieht und dort an der philosophischen Fakultät der Kaiser-Wilhelm-Universität (heute Université de Strasbourg) weiterstudiert, ist sein akademischer Eifer jedenfalls deutlich erlahmt. In einem Brief an Fritz Mauthner klagt er darüber, dass ihn „die Art der meisten Herren Dozenten" anöde und dass er ihrer „Materialhäufung [...] so kritisch gegenüberstehe, wie es sich für einen demütigen Studierenden kaum geziemt".[10] Er bittet Mauthner, ihn bei seinem geplanten Studienabbruch zu unterstützen, indem er ihm zu einer Stelle als fester Mitarbeiter der Zeitschrift *Deutschland* verhilft: „Unter Ihrer Aufsicht, für Sie und Ihr Blatt tätig zu sein, das wäre ein Ziel, aufs innigste zu wünschen."[11] Denn seinem Vater gegenüber, dem er das Studium vor Jahren abgetrotzt hat, muss er eine Alternative vorweisen können, das weiß Gustav Landauer sehr wohl: „[E]s wäre ihm unbegreiflich, wollte ich ihm sagen: Ich hänge das Studium an den Nagel, auf einen der üblichen festen Berufe verzichte ich, ich arbeite für mich. Das geht natürlich gar nicht."[12] Mauthner hält sich mit Versprechungen zurück, die Landauer veranlassen könnten, seine Zelte in Straßburg abzubrechen. Dennoch kehrt dieser im Anschluss an das Wintersemester zur Friedrich-Wilhelms-Universität nach Berlin zurück. Sein literarisches Schaffen setzt er unverdrossen fort. Doch inzwischen ist auch sein politisches Interesse erwacht.

Wieder bezieht Landauer eine Wohnung in der „Spandauer Vorstadt", diesmal in der Elsasser Straße 12 (heute Torstraße 155) im ersten Stock. In seinen Briefen an Verwandte und Freunde äußert er sich nach wie vor nicht über die Wohnverhältnisse in Berlin. Dennoch ist anzunehmen, dass der Anblick des proletarischen Elends in den Armenvierteln zu seinem Entschluss beiträgt, sich in der Arbeiterbewegung zu engagieren.

Spaltung in der Sozialdemokratie

Noch in seiner Straßburger Zeit hat Gustav Landauer voller Begeisterung August Bebels 1879 erschienene Schrift *Die Frau und der Sozialismus* gelesen, in der der Politiker und Publizist für die volle Gleichberechtigung der Frau eintritt. Bei der Lektüre dieses Buchs, das über Jahrzehnte für großes Aufsehen sorgt und bis 1913 in 20 Sprachen übersetzt wird, ist Landauer nach eigenen Worten ein „Student des Sozialismus"[13] geworden.

Am 1. Mai 1891 nimmt er in Berlin an einer Versammlung der Arbeiterbewegung teil. Er ist sehr beeindruckt von der „Ruhe und Ordnung", die er dort erlebt, und vergleicht den Typ des „echten Sozialdemokraten [...] mit einem feurigen glühenden Kern, der von kühler besonnener Schale umgeben ist".[14]

Wenig später schließt sich Landauer einer Gruppe von Studenten an, die sich mit der Sozialdemokratie identifizieren, und fühlt sich für kurze Zeit auch selbst der Partei verbunden. Doch dann kommt es im November 1891 zur Gründung eines neuen Vereins durch die sogenannten „Jungen" (die sich mit dieser Bezeichnung von den „alteingesessenen" Sozialdemokraten abgrenzen). Diese haben bisher der SPD angehört, aber innerhalb der Partei eine Opposition gegen die zentralistische Form der Parteiführung gebildet. Auf dem Erfurter Parteitag unter der Leitung von August Bebel im Oktober 1891 kam es schließlich zum Eklat: Die „Jungen" wurden aus der Partei ausgeschlossen und haben nun den „Verein unabhängiger Sozialisten" gegründet.

Landauer ist anfangs unschlüssig, welcher Seite er sich zuwenden soll. Zwar teilt er die Meinung der Unabhängigen, „dass die Sozialdemokratie mehr zu sein hat als eine politische Partei im gewöhnlichen Sinn", doch fürchtet er, dass sie in ihrem Bestreben, „möglichst viel Selbständigkeit und Individualismus" zu verbreiten, „die Bewegung ruinieren" könnten.[15]

Drei Monate lang schwankt Landauer und tritt dann doch dem Verein der unabhängigen Sozialisten bei. Bald schreibt er erste Artikel für das Sprachrohr der „Jungen", die Zeitung *Der Sozialist*.

Berliner Straßenkrawalle

Ausschlaggebend für Landauers Entscheidung, sich den unabhängigen Sozialisten anzuschließen, ist vermutlich ein Ereignis, das er aus nächster Nähe miterlebt: die Unruhen der Berliner Arbeitslosen.

Es beginnt am 25. Februar 1892 damit, dass einige tausend arbeitslose Bauhandwerker mit Rufen nach Brot und Beschäftigung zum Berliner Schloss ziehen. Doch ihr Protest verhallt, die Forderungen zeigen keine Wirkung. Stattdessen wird die Menschenmenge vor dem Schloss mit Polizeigewalt zerstreut. Während sich die Demonstrationen in den nächsten Tagen ausweiten, kommt es zu Krawallen: Schaufensterscheiben werden zertrümmert, Lebensmittelläden geplündert. Die Polizei geht daraufhin mit gezogenen Säbeln gegen die Menschen vor, es gibt viele Verletzte und zahlreiche Verhaftungen.

Nun haben die Krawalle jedoch nichts mit Freude am Zerstören zu tun; die Demonstranten handeln vielmehr aus purer Verzweiflung. Arbeitslosigkeit ist im Berlin der 1890er-Jahre ein Schreckgespenst. Da die Löhne so gering sind, dass die Lebenshaltungskosten fast alles aufzehren, stürzt die Entlassung einen Arbeiter in bitterste Armut. Ohne Ersparnisse ist er als Arbeitsloser auf die Armenfürsorge angewiesen. Denn trotz der Sozialgesetzgebung, die Reichskanzler Otto von Bismarck in den letzten Jahren schrittweise eingeführt hat (zuerst 1883 die Krankenversicherung, danach die Unfall-, Invaliditäts- und Rentenversicherung), gibt es im deutschen Kaiserreich keine staatliche Arbeitslosenunterstützung.

Die Tumulte, die erst nach drei Tagen gewaltsam beendet werden, wirken auf die Sozialdemokraten wie ein Schock. Es ist noch nicht lange her, dass Bismarcks „Gesetz gegen die gemeingefährlichen Bestrebungen der Sozialdemokratie" aufgehoben wurde, das von 1878 bis 1890 alle sozialistischen Vereine, Versammlungen und Zeitungen verboten hat. Die Folgen dieser zwölf Jahre dauernden Ausgrenzung der Sozialistischen Arbeiterpartei (wie sich die SPD zu der Zeit nannte) sind noch empfindlich zu spüren. Deshalb setzen die Sozialdemokraten nun alle Hebel in Bewegung, um sich von den Straßenkrawallen zu distanzieren. Ihr Organ, der *Vorwärts*, beeilt sich zu versichern, dass die „wirkliche Arbeiterschaft Berlins [...] mit diesen Exzessen nichts zu tun" habe; vielmehr seien die Ausschreitungen ein Werk des „Lumpenproletariats", zu dem wohlgemerkt nicht die Arbeiter, sondern nur die „Verelendeten und Verkommenen, Verbrecher, Raufbolde, Zuhälter" gehörten.[16]

Gustav Landauer ist empört über die Äußerungen im *Vorwärts*, die aus seiner Sicht jedes Verständnis für die prekäre Situation der beschäftigungslosen Arbeiter vermissen lassen. Er wendet sich abrupt von der SPD ab, die er noch vor einigen Monaten als eine „wunderbare Bewegung"[17] angesehen hat.

Ein doppelter Bruch

Seit seiner Rückkehr nach Berlin hat sich Landauer verstärkt um eine feste Mitarbeit bei Fritz Mauthners Zeitschrift *Deutschland* bemüht, die inzwischen mit dem *Magazin für Litteratur* verschmolzen ist. Und tatsächlich konnte er im Dezember 1891 seinen Eltern in einem Brief berichten, er sei nun in ein festes Verhältnis zum Magazin getreten, das hoffentlich von Dauer sei. Nach einer Abmachung, die zwischen Mauthner, dem Mitherausgeber Otto Neumann-Hofer und ihm selbst getroffen worden sei,

> *erkennen mich die Herren als ständigen Mitarbeiter an, indem ich Artikel besonders aktuellen Inhalts fortwährend vorschlage und von ihnen auch vorgeschlagen bekomme, und schreibe [...] So wird fast in jeder Nummer ein Artikel von mir erscheinen, manchmal wohl auch zwei [...] Ich hoffe, es auf*

diesem Wege zu etwas rechtem zu bringen. Es ist eine Tätigkeit, die meiner Anlage und meiner Neigung entspricht. Mauthner, der Frau und Kind hat, und sich gerade jetzt eine Villa baut, hat genau in der selben Weise Ende der siebziger Jahre beim Deutschen Montagsblatt angefangen.[18]

Bald stellt sich heraus, dass Landauers betont optimistische Beschreibung nicht der Wirklichkeit entspricht: Seinen Lebensunterhalt kann er von der Mitarbeit am Magazin nicht bestreiten. Trotzdem fällt er kurz vor Ostern 1892 die Entscheidung, sein Studium abzubrechen. Mitte März reist er ins württembergische Urach, weil er für seine schriftstellerische Arbeit einen ruhigen Ort in idyllischer Lage sucht. Er wird sich drei Monate dort aufhalten.

Ende März 1892 schreibt Landauer aus Urach einen Brief an seine Eltern und den ältesten Bruder und beklagt sich darin über Friedrichs Vorwurf, „dass ich unwahr und täuschend gegen Euch vorgehe". Er habe nie verheimlichen wollen, dass die Arbeit bei Mauthners Magazin nur eine „schiefe und halbe" Stelle sei. Inzwischen habe er jedoch die klare Entscheidung getroffen, „Schriftsteller zu sein und sonst nichts".[19]

Zu diesem Zeitpunkt zeichnet sich immer deutlicher ab, dass dem Abbruch des Studiums auch ein Bruch mit den Eltern folgen wird. Gustav Landauer selbst hat diese Entwicklung forciert, indem er einige Monate zuvor seine Vettern Karl und Hugo Landauer in Ulm aufgesucht hat. Die beiden haben es dort als Teilhaber der Textilgroßhandlung „Brüder Landauer" zu einem gewissen Wohlstand gebracht. Bei seinem Besuch hat Landauer die unverheirateten Vettern gebeten, ihn für einige Zeit finanziell zu unterstützen, bis er von seiner schriftstellerischen und journalistischen Tätigkeit leben kann. Die beiden sagten zu – aus Sympathie nicht nur für ihn, sondern auch für seine politischen Überzeugungen.

Bei seinem nächsten Besuch in Karlsruhe eröffnet Gustav Landauer seinen Eltern ohne Umschweife, dass er einen Gönner gefunden habe (er nennt keinen Namen) und künftig nicht mehr auf die finanzielle Unterstützung des Vaters angewiesen sei. Hermann Landauer reagiert verletzt und zornig: Zum einen kränkt ihn das hochmütige Auftreten seines Sohnes, zum anderen verurteilt er dessen politische Ansichten, die er aufgrund seiner eigenen Überzeugungen nicht gutheißen kann.[20]

Es ist nur noch eine Frage der Zeit, bis die Kluft zwischen Vater und Sohn unüberbrückbar sein wird.

ABSCHIED VOM BÜRGERLICHEN LEBEN

Inzwischen ist Gustav Landauer in eine Wohnung in der Nettelbeckstraße 24 nahe dem Kurfürstendamm umgezogen.[1] Das neue Viertel ist ein Treffpunkt progressiver Künstler und Autoren und bietet bessere Wohnbedingungen als der historische Stadtkern.

Einige Monate nach seiner Exmatrikulation wird Landauer eine Überraschung erleben: Aufgrund seines politischen Engagements schließt man ihn „mangels sittlicher Befähigung"[2] von sämtlichen preußischen Universitäten aus. Doch zu diesem Zeitpunkt hat er an einem bürgerlichen Beruf ohnehin kein Interesse mehr. Vielmehr widmet er sich mit ganzem Engagement seiner publizistischen und schriftstellerischen Arbeit.

Der Einzige und sein Eigentum

Auch dem Sozialismus fühlt sich Gustav Landauer weiterhin verpflichtet; zugleich wendet er sich dem Anarchismus zu. Bald vertritt er die Auffassung, man könne die unabhängigen Sozialisten ebenso gut Anarchisten nennen.

Dieser Gedanke ist bei ihm offenbar nach der Lektüre des Werks *Der Einzige und sein Eigentum* aufgekeimt. Es handelt sich hierbei um eine Schrift des Philosophen und Schriftstellers Max Stirner aus dem Jahr 1844, die als einer der Klassiker des Anarchismus anzusehen ist. Stirner gilt als der erste Vertreter eines individualistischen Anarchismus. In seinem Buch vertritt er die Auffassung, dass der Mensch nicht einer Moralvorstellung, einem Glauben oder einer Nation, sondern allein seinem Willen folgen soll. „Ich hab' mein Sach' auf nichts gestellt": Mit dieser Gedichtzeile von Goethe unterstreicht Stirner seine Theorie. Damit macht er nebenbei deutlich, dass der etwas irreführende Begriff „Eigentum" im Titel seines Werks nicht im ökonomischen Sinn aufzufassen ist. Unter Eigentum versteht Stirner vielmehr das, was dem Einzelnen eigen ist und ihm nicht aufgezwungen wurde: Gedanken, Gefühle, Überzeugungen. „Mein eigen bin Ich jederzeit und unter allen Umständen, wenn Ich Mich zu haben verstehe und nicht an Andere wegwerfe."[3] Revolutionen lehnt Stirner ab, da sie nur die eine, alte staatliche Ordnung durch eine neue ersetzen. Gesellschaftliche Veränderungen dürfen dem Menschen nicht aufgezwungen werden, sondern müssen vom Einzelnen selbst kommen. Demnach ist aus Stirners Sicht eine Gesellschaft vorstellbar, die sich selbst organisiert und ohne regulierende Instanzen auskommt.

Stirners Buch, das über geraume Zeit fast in Vergessenheit geraten ist, findet gegen Ende des 19. Jahrhunderts wieder größere Beachtung. Als Gustav Landauer im Herbst 1892 vom Vorstand des Vereins der unabhängigen Sozialisten um einen Vortrag gebeten wird, sagt er ohne Zögern zu und bietet als Thema „Max Stirner und der Individualismus“ an. Sofort macht er sich Gedanken zum Konzept: „Die Hauptsache wäre mir das Wenden an den Einzelnen, daran anknüpfend Stellung zum Anarchismus, dann könnte wohl auch auf die Taktik überhaupt eingegangen werden.“[4]

Es ist der erste politische Vortrag, den Landauer vor einem größeren Publikum hält. Er zitiert dabei längere Passagen aus Stirners Schrift, zu denen die Zuhörer geteilter Meinung sind: Einige lehnen Stirners Individualismus vehement ab, andere äußern sich zustimmend. Und die *Kölnische Volkszeitung* stellt in einem Artikel zusammenfassend fest: Stirner „spottet über alles, was den Menschen heilig ist. Er verwirft die gute Sitte, die Majestät [...], die Wahrheit und den Eid, Recht und Gesetz, Vaterland und Liebe sowie die Ehe“[5].

Der Friedrichshagener Dichterkreis

In dieser Zeit kommt Gustav Landauer in Kontakt mit dem sogenannten Friedrichshagener Dichterkreis. Es handelt sich dabei um eine lose Vereinigung von naturalistischen Schriftstellern und sozialistischen Redakteuren, die sich seit 1890 in Friedrichshagen, einem idyllischen Ort am Müggelsee im südöstlichen Umland von Berlin, treffen. Die ersten Zusammenkünfte fanden in den Häusern der Schriftsteller Bruno Wille und Wilhelm Bölsche statt, die da bereits in Friedrichshagen lebten. Mittlerweile siedeln sich immer mehr „Literaturrevolutionäre des jüngsten Deutschlands“ dort an oder kommen „als regelmäßige Gäste, zum Diskutieren, zum Revolutionieren, zum Aufbauen und Schaffen neuer geistiger und sozialer

Werte".[6] Nach der Beschreibung des polnischen Autors Stanislaw Przybyszewski ist Friedrichshagen

> *eine sehr schöne Ortschaft, an der Seenkette, den Müggelseen, gelegen, von Hügeln, den Müggelbergen, umgeben, in weite, schöne Kiefernwälder eingebettet, sodass man jedes Haus fast für eine Försterei hätte halten können. Dieses Friedrichshagen war zu jener Zeit gewissermaßen ein literarisches Programm.*[7]

In diesem literarisch-politischen Umfeld also sammeln sich die Künstler und Intellektuellen, um sich „die schwarze Brühe der Großstadt geistig und körperlich wieder herunter[zu]waschen".[8] Hier werden auch „die revolutionär-literarischen und die revolutionär-politischen Tendenzen der Zeit einander bis zum Verschmelzen nahegebracht".[9] Da sind etwa einerseits die Brüder Bernhard und Paul Kampffmeyer, die für „das aktive Element der radikal-sozialistischen Bewegung" stehen, andererseits die Dichter Karl Henckell und John Henry Mackay, die „mit ihren Gedichtbüchern Trutznachtigall, Sturm usw. die revolutionäre Tendenzlyrik in Deutschland"[10] repräsentieren. Und Bruno Wille steht „dichtend, philosophierend und politisch agitierend in beiden Lagern".[11]

Bruno Wille und Wilhelm Bölsche, die Brüder Kampffmeyer und die Brüder Heinrich und Julius Hart – zu diesen und anderen Persönlichkeiten entwickelt Gustav Landauer in der kommenden Zeit ein freundschaftliches Verhältnis, das sein politisches Engagement und literarisches Schaffen beeinflusst.

Ein Knabenleben

Am 26. Dezember 1891 ist in Fritz Mauthners *Magazin für Litteratur* Landauers Novelle *Ein Knabenleben* erschienen. Die Handlung spiegelt, wie im vorigen Kapitel erwähnt, ein eigenes Erlebnis Gustav Landauers wider. Die autobiografischen Bezüge der Novelle lassen sich vor allem daran erkennen, dass der Autor ganze Passagen des Texts seinem Schülertagebuch aus den Jahren 1884 und 1885 entnommen hat. Allerdings verlegt Landauer die Geschichte des schwangeren

Dienstmädchens in das Jahr 1875; sie ereignet sich in der Novelle somit zehn Jahre früher als in Wirklichkeit.[12]

Einer der Ersten, der auf Landauers Novelle reagiert und sich sehr beeindruckt zeigt, ist kein Geringerer als Theodor Fontane: In einem Brief an Otto Neumann-Hofer, den Mitherausgeber des *Magazin für Litteratur*, lobt er das Werk in höchsten Tönen:

> *Ich hatte die Geschichte, gleich als das Blatt kam, angelesen und fand mich, gegen Erwarten, so gefesselt, daß ich trotz später Stunde – Mitternacht war längst vorüber – bis zu Ende las. Eben habe ich, in Morgennüchternheit, alles noch mal gelesen und dabei denselben Eindruck empfangen. Daß sich ein bemerkenswertes Talent darin ausspricht, ist mir ganz gewiß.*[13]

Ein Pech, dass Landauer selbst nie etwas davon erfährt, weil er, ebenso wie Fritz Mauthner, wenig Sympathie für Neumann-Hofer hegt und daher keinen guten Draht zu ihm hat.

Der Todesprediger

Der dreimonatige Rückzug ins württembergische Urach im Frühjahr 1892 trägt Früchte. Gustav Landauer konnte dort intensiv an seinem ersten und einzigen Roman *Der Todesprediger* arbeiten. Das Werk erscheint 1893. Fritz Mauthner wird es in einer Rezension als „bedeutendes Buch" einstufen, geschrieben von einem bisher zwar unbekannten Autor, der aber „nicht unbekannt bleiben" wird.[14]

Der Titel des Romans ist an die Kapitelüberschrift *Von den Predigern des Todes* in Friedrich Nietzsches *Also sprach Zarathustra* angelehnt. Nicht ohne Grund: Während seines Studiensemesters in Straßburg hat Gustav Landauer angefangen, sich eingehend mit den Schriften Nietzsches auseinanderzusetzen. Sie sind seither sein ständiger Begleiter und spielen auch eine bedeutende Rolle für seine Hinwendung zum Anarchismus. Kurzum: „Der Einfluß Nietzsches auf den jungen Landauer ist beträchtlich; seine Sprache, sein Weltbild, sein gesamtes Lebensgefühl ist nietzscheanisch gefärbt."[15]

Wie die Novelle *Ein Knabenleben* enthält auch *Der Todesprediger* autobiografische Elemente. So beschreibt der Autor seinen Protagonisten, den Beamten Karl Starkblom, als einen Menschen, der sich als Kind stets von den Spielen der Brüder und Kameraden absonderte und Zerstreuung in der Literatur suchte – eine deutliche Parallele zu Landauers eigenem Verhalten in jungen Jahren. Starkblom entwickelt nicht nur große Abscheu vor einem bürgerlichen Beruf, er setzt sich für einige Zeit auch mit der Sozialdemokratie auseinander, nur um sich bald enttäuscht und angewidert abzuwenden; auch hier spiegeln sich eigene Erfahrungen und Einstellungen des Autors wider.[16]

Am bemerkenswertesten aber ist, dass sich im *Todesprediger* schon zahlreiche Ansätze von Landauers späterer Theorie erkennen lassen: die Abneigung gegen den Staat, den Parlamentarismus und das Parteienwesen, die Idee, einen Sozialismus aufzubauen, und der Gedanke, durch Absonderung von der bestehenden Gesellschaft zu einer neuen Gemeinschaft zu gelangen.[17]

Am Ende des Romans wird die Hauptfigur Starkblom durch die Liebe zu einer Frau namens Marguérite aus seiner dumpfen Verzweiflung erlöst. Er hört auf, die Sinnlosigkeit des Lebens und den Tod zu predigen, und findet zum Leben zurück:

> *Alles Einzelne hat mir gedroht in grauer Nichtigkeit zu versinken: die Natur und das Treiben der Menschen, die Technik und die Produktion der Bedürfnisse, die Wissenschaft und die Kunst. Und jetzt ist mir alles wieder interessant. Meine Augen sind nicht mehr beschattet von dumpfer Betrübnis, ich öffne sie weit und beschaue mir ernsthaft die Welt. Mein Denken ergießt sich wieder über die Erde, ich träume hinein in unmessbare und unaussprechliche Fernen ...*[18]

Hier gibt es offenbar eine weitere Parallele zu Gustav Landauers eigener Lebenssituation: Mitten in der Arbeit am Roman hat er eine neue Liebe gefunden. Die Beziehung zu ihr wird sich anders entwickeln als die zu Ida Wolf.

Heimlich verlobt

Gustav Landauer kennt die inzwischen 20-jährige Clara Tannhauser seit Kindestagen. Sie lebt bei ihren Eltern in Buttenhausen, dem Ort, aus dem auch Landauers Vater stammt. In seiner Schülerzeit war Gustav in den Ferien regelmäßig bei seiner Großmutter, seiner Tante Jeanette Levi und seinem Onkel Lämmle Landauer in Buttenhausen zu Besuch.[19] Mit Claras Bruder Moritz Tannhauser, der wie er in Berlin studiert, ist er seit einiger Zeit näher befreundet.

Auch als frischgebackener Student in Heidelberg traf Gustav Landauer gelegentlich mit Clara Tannhauser zusammen, da sie bis Ende 1888 ebenfalls in Heidelberg im Israelitischen Töchterpensionat von Hanna Neumann untergebracht war und die dazugehörige Schule besuchte.[20]

Dass sich Gustav Landauer und Clara Tannhauser ineinander verliebt haben, ist einem Zufall zu verdanken: Als Landauer kurz vor Ostern 1892 nach einem geeigneten Ort sucht, um an seinem Roman *Der Todesprediger* zu arbeiten, entschließt er sich als Erstes, nach München zu reisen. Weil er auf der Fahrt starke Kopfschmerzen bekommt, steigt er in Nürnberg aus dem Zug; ein durchaus geeigneter Ort für eine Pause, da sich sein Freund Moritz Tannhauser hier gerade bei seiner verheirateten Schwester Fanny Levi aufhält. Allerdings sind die Kopfschmerzen und das freundschaftliche Zusammentreffen nicht die einzigen Gründe für die Fahrtunterbrechung. Von einem mitreisenden Bekannten hat Landauer kurz vor Nürnberg erfahren, dass auch Clara Tannhauser gerade zu Besuch bei ihrer Schwester ist. Er möchte sie wiedersehen – und trifft sie tatsächlich bei Fanny Levi an.[21]

„Nun, ums kurz zu machen, das veranlasste mich denn [...] unter den Millionen von kleinen schöngelegenen Orten, die für meinen Zweck geeignet gewesen wären, gerade Urach herauszusuchen, denn ein paar Stunden von hier – hui, das übrige denkst Du Dir", schreibt der frisch Verliebte kurz darauf an seinen Freund Emil Blum-Neff.[22] Tatsächlich liegt Urach nur knapp 20 Kilometer von Buttenhausen entfernt – ein Fußweg von ein paar Stunden eben.

Schon einen Tag nach seiner Ankunft nutzt Landauer die Gelegenheit und überrascht Clara mit einem Besuch. Im Handumdrehen haben sich die beiden verlobt. Claras Eltern dürfen das freilich nicht wissen. Und weil sich für die Verliebten nur selten eine Möglichkeit ergibt, sich heimlich zu treffen, schreiben sie sich von nun an unzählige Briefe. Nur Clara Tannhausers Schwester Fanny Levi wird frühzeitig in das Geheimnis eingeweiht. Weil sie offenbar Verständnis für die Situation der Liebenden aufbringt, setzen die beiden große Hoffnung in sie: Fanny soll Clara helfen, aus dem Elternhaus in Buttenhausen wegzukommen.[23]

Etwas später fliegt die Sache dann doch auf: Der rege Briefwechsel ist in der Familie nicht unbemerkt geblieben und Clara gerät in Schwierigkeiten. Ihre Geschwister, die noch zu Hause wohnen, ziehen mit höhnenden Bemerkungen über den Verlobten her. Der Vater verbietet seiner Tochter jeden weiteren Briefwechsel mit ihm. Sie ist nahe daran zu gehorchen, doch ihr Verlobter will davon nichts wissen. Er rät der Liebsten stattdessen, seine Briefe nur gut zu verstecken. Einmal schickt er ihr sogar Briefmarken, damit ihr großer Bedarf an Marken zu Hause nicht für noch größeren Unmut sorgt.

Ein jähes Ende

Als Gustav Landauer im Juli nach Berlin zurückkehrt, sieht er die Stadt in einem ganz anderen Licht als zu Beginn seiner Studienzeit: „Berlin ist nichts als ein wüstes Simmelsammelsurium von mehr oder minder wüsten oder traurigen Gegensätzen“[24], schreibt er an Clara Tannhauser. Nie zuvor sei ihm der krasse Gegensatz zwischen Reich und Arm so stark bewusst geworden.

Ganz offensichtlich versucht er damit, die Verlobte für seine sozialistischen Ideen zu gewinnen. „Geh mit mir in diesen Dingen!“, fleht er sie an. „Nimm Anteil! Ich weiß, Du kannst es, und Du weißt es auch.“[25]

Schon zu Beginn ihrer Beziehung hat Landauer seiner Freundin gegenüber geäußert, dass er sein Studium abbrechen will. Inzwischen hat er mit seiner Exmatrikulation Tatsachen geschaffen. Doch wenn er sich künftig nicht nur als Schriftsteller betätigen, sondern auch in der religionsfernen Arbeiterbewegung engagieren will, stehen die Chancen für eine gemeinsame Zukunft schlecht. Das ist Clara Tannhauser, der Tochter aus jüdisch-orthodoxem Elternhaus, wohl bewusst. Sie will die Hoffnung trotzdem nicht aufgeben und fragt in einem ihrer Briefe behutsam nach, ob Landauer seine Entscheidung nicht doch überdenken und Lehrer werden könnte. Seine Antwort fällt unmissverständlich aus: „Ich Lehrer! Heute! In Deutschland! Ach, liebstes Clärchen, das ist Dir doch selber nicht Ernst."[26]

Und dann geht die Liebesbeziehung genauso unvermittelt zu Ende, wie sie begonnen hat. Anfang November erhält Clara Tannhauser einen Brief, der sie wie ein Blitz trifft: Gustav Landauer bittet sie eindringlich, zu ihm nach Berlin zu kommen, um eine heillose Verwirrung zu lösen. Während sie vermutlich noch rätselt, was sich hinter dieser nebulösen Bitte verbergen könnte, eröffnet er ihr wenige Zeilen später, er habe eine andere Frau kennengelernt: „[S]ie ist ganz frei, hat viele, viele Vorurteile nicht mehr, und ich glaube, wir könnten uns für immer und ganz zusammentun, ohne Pfaffen und Standesbeamten, wenn wir wollten."[27]

Dass Clara Tannhauser nach dieser schockierenden Nachricht nicht im Entferntesten daran denkt, nach Berlin zu reisen, ist nur allzu begreiflich. Sie schickt Landauer alle seine Briefe zurück und fügt dem Paket eine letzte Nachricht bei:

> *Ich habe es Dir immer gesagt und Du müßtest mich soweit kennen, daß mich trotz alldem, was ich zu Dir fühle, innige Liebe mit den Meinigen verknüpft. Du hättest mich nicht mit der memmenhaften Bitte belästigen brauchen, Dich mit Vorwürfen über Treulosigkeit zu verschonen. Das liegt mir gänzlich ferne, mich erfüllt nur ein Gefühl und das ist das des Ekels und Abscheus!*[28]

Ein letztes Mal antwortet ihr Landauer noch; sein Brief endet mit dem Satz: „Meine Hand bleibt ausgestreckt."[29] Das kann aus ihrer Sicht höchstens als halbherziger Versuch einer Wiederannäherung aufzufassen sein. Das letzte Schreiben bleibt unerwidert.

Von der Freien Volksbühne zur Neuen Freien Volksbühne

Seit dem Frühjahr 1891 ist Gustav Landauer Mitglied der Freien Volksbühne, einer kulturpolitischen Organisation der Arbeiterbewegung. Gegründet wurde sie im Frühjahr 1890 auf Initiative des Schriftstellers Bruno Wille. Mit dem Motto „Die Kunst dem Volke!"

hat sie sich das Ziel gesteckt, den sozial schwächeren Bevölkerungsgruppen einen Zugang zum kulturellen Leben zu verschaffen.[30]

Am 4. Oktober 1892 findet eine Generalversammlung der Freien Volksbühne statt. Hintergrund ist eine kulturpolitische Auseinandersetzung zwischen der SPD einerseits und den unabhängigen Sozialisten sowie dem Friedrichshagener Dichterkreis andererseits. Gustav Landauer ist tief beeindruckt von der Rede des Vorsitzenden Bruno Wille, der „fabelhaften Mut und ebensolche Ruhe [zeigt], in der Art wie er der leidenschaftlich gegen ihn erregten Versammlung“[31] entgegentritt. Doch dann wird Wille mitten in seiner Rede von gegnerischen Sozialdemokraten unterbrochen und die Versammlung ist schlagartig beendet.

Fortgesetzt wird sie am 12. Oktober im Theater am Kottbusser Tor. Bei dieser Gelegenheit lernt Landauer einige Teilnehmer persönlich kennen, die als künftige Wegbegleiter eine wichtige Rolle in seinem Leben spielen werden:

> *Es war die erste Generalversammlung der „Freien Volksbühne“, in der der Streit Wille-Türk ausgefochten wurde. Mein Bruder Felix war auch in der Versammlung anwesend, auch Mauthner; Paul Kampffmeyer lernte ich kennen; er stellte sich mir als dem Verfasser des berüchtigten ersten Meineidsartikels vor.*[32]

Im Lauf der Versammlung ergreift der Sozialdemokrat Julius Türk, ein Gegner des unabhängigen Sozialisten Bruno Wille, das Wort. In der Absicht, den bisherigen Vorsitzenden Wille zu stürzen, beantragt Türk einen Wechsel in der Führung. Daraufhin verlassen Wille und seine Anhänger unter Protest den Saal.

Unmittelbar nach dieser eklatanten Auseinandersetzung kommt es zur Spaltung der Freien Volksbühne und zur Gründung der Neuen Freien Volksbühne. Gustav Landauer gehört zum Gründungskomitee und gestaltet die Arbeit von Anfang an aktiv mit. Ende Oktober wird er einer von 20 „künstlerischen Sachverständigen“ und gehört damit zum Vorstand der Neuen Freien Volksbühne.[33]

Die Vorgänge im Oktober 1892 werden auch eine Wende in Landauers Privatleben einleiten.

DIE ERSTE EHE

Die Frau, derentwegen Gustav Landauer seine Verlobung mit Clara Tannhauser gelöst hat, heißt Margarethe Leuschner, kurz Grete genannt. „Arbeiterin (Schneiderin) ist sie. Und klug und gescheit und gebildet. Und lieb und frei.“[1] So schwärmt Landauer von der 20-Jährigen, die ihm erstmals bei einer anarchistischen Versammlung im August 1892 aufgefallen ist. Er war auf Anhieb beeindruckt von Gretes Selbstständigkeit und ihrem Mut, als Frau allein die männerdominierten Versammlungen zu besuchen. Als er ihr bei der Generalversammlung der Freien Volksbühne am 4. Oktober wiederbegegnet, bahnt sich schnell eine Liebesbeziehung an.

Eine emanzipierte Frau

Grete Leuschner stammt aus einer christlichen Familie, ist aber – ebenso wie ihre Eltern – aus der evangelischen Landeskirche ausgetreten. Ihre Eltern, Friedrich Wilhelm und Antonie Leuschner, sind überzeugte Sozialdemokraten. Die Mutter ist erst vor Kurzem in die Frauenagitationskommission für Berlin gewählt worden. Anders als ihre Eltern hat sich Grete den unabhängigen Sozialisten angeschlossen, wo die überwiegend männlichen Mitglieder hinter vorgehaltener Hand teils spöttische, teils anerkennende Bemerkungen über die „Emanzipierte“ austauschen.

Emanzipiert ist Grete Leuschner in der Tat. Was ihr Herkunft und Geschlecht an Bildung verwehrt haben, hat sie sich durch Selbststudium, Theaterbesuche und Kurse an der Berliner Arbeiterbildungsschule angeeignet. In den Tagen nach der Generalversammlung der Freien Volksbühne trifft sich Gustav Landauer regelmäßig mit ihr und stellt erfreut fest, dass sie nicht nur seine Vorliebe für Musik- und Theateraufführungen teilt, sondern auch kluge Gespräche mit ihm führen kann. Bald wird ihm klar, dass er seine Verlobung mit Clara Tannhauser lösen muss. Wie verletzend seine beiden letzten Briefe an Clara für sie sein mussten, erkennt er allerdings zu spät und bereut sein Verhalten im Nachhinein sehr. Seiner Cousine Rosa Fränkel, die mit Clara befreundet ist, versucht er die Situation so zu erklären: „Die Unruhe und die unglaubliche Aufregung dieser Tage, wo Schmerz bereiten und Glück empfinden wirr durcheinander sich kreuzten, [...] alles das war in eine Woche zusammengedrängt."[2] Es wird einige Jahre dauern, bis sich zwischen Clara Tannhauser und Gustav Landauer wieder eine freundschaftliche Beziehung entwickelt.

Durchkreuzte Heiratspläne

Ursprünglich hatte Gustav Landauer wirklich die Absicht, mit Grete Leuschner ohne Trauschein zusammenzuleben, wie er es in seinem vorletzten Brief an Clara Tannhauser formulierte. Doch diesen Gedanken gibt er bald auf, weil „das einfache Zusammenleben abgesehen von dem im Anfang gerade unangenehmen Philistergeschwätz von der Polizei gestört werden könnte. [...] Standesamt in Deutschland geht aber auch nicht, weil ich die nötige Heiratserlaubnis seitens meines Vaters natürlich nicht kriegen würde."[3] Tatsächlich schreibt eine gesetzliche Bestimmung vor, dass der Vater in eine Heirat einwilligen muss, solange der Sohn das 25. beziehungsweise die Tochter das 24. Lebensjahr noch nicht vollendet hat.[4]

Deshalb fasst Landauer kurzerhand den Plan, Grete Leuschner in der Schweiz zu heiraten, weil dort für eine Eheschließung nach Vollendung des 20. Lebensjahrs keine Einwilligung der Eltern notwendig ist. Friedrich Wilhelm und Antonie Leuschner gegenüber spricht er ganz offen über dieses Vorhaben und zu seiner Überraschung zeigen sich beide einverstanden. Auch seine Vettern Karl und Hugo weiht er in den Plan ein. Er bittet sie um weitere finanzielle Unterstützung, zumindest für einige Zeit, und versichert, „dass ich niemals mehr nehme, als bisher die Regel war, also höchstens 200 M per Monat".[5]

Am 17. November laden Gustav Landauer und Grete Leuschner einige Freunde und Verwandte zu einer kleinen Abschiedsfeier ein. Zwei Tage später verlassen sie Berlin. Kurz vor der Schweizer Grenze versendet Landauer an seine Familienangehörigen und seine Cousine Rosa Fränkel noch persönliche Briefe, denen gedruckte Heiratsanzeigen beigefügt sind: „Unsere dieser Tage vollzogene Verehelichung beehren wir uns hocherfreut anzuzeigen. Berlin-Zürich, Mitte November 1892."[6] Damit stellt er die Empfänger vor vermeintlich vollendete Tatsachen.

Doch der Plan scheitert, die Heirat findet nicht statt. „Das Detail, das bei unsrer Verehelichung nicht da war, denkst Du Dir wohl ohne lange Auseinandersetzung“, schreibt Landauer an Emil Blum-Neff – und lässt offen, um welches fehlende Detail es sich handelt.[7] Der Freund reagiert mit leisem Tadel, signalisiert aber auch Verständnis.

Die Angehörigen dagegen fühlen sich vor den Kopf gestoßen. Vor allem die Eltern Hermann und Rosa Landauer sind schockiert: „Meine liebe Mutter tut mir sehr leid“[8], räumt Landauer ein.

> *Ganz anders aber steht die Sache mit meinem Vater. Ich [...] kann nicht mehr mit ihm reden; denn gegen Ausbrüche so besinnungsloser und beschimpfender Art kenne ich keine andere Wehr. [...] Meine Mutter hat mich beschworen, von meinen Ansichten und meiner freien Lebensauffassung und Lebensgestaltung zu lassen und hat mich mit liebevollen Bitten bestürmt; mein Vater hat es mit roher Gewalt, mit Entziehung der finanziellen Mittel und mit einer Flut von Beschimpfungen erzwingen wollen.*[9]

Mit seinen Eltern und dem älteren Bruder Friedrich wird Gustav Landauer lange Zeit keine Briefe mehr wechseln. Während sein Zorn über den Vater dann doch allmählich verraucht, hegt er gegen Friedrich einen nachhaltigen Groll. Er findet, dieser habe sich „sehr widerwärtig und abscheulich benommen; kein Zweifel, dass er fürchtet, ich könne seiner Karriere schaden“.[10] Zu dieser Zeit vertritt Friedrich Landauer als Justizreferendar in verschiedenen badischen Orten den Amtsrichter. Der Beginn seiner Karriere als Amtsrichter steht kurz bevor.[11]

Der Sozialist – ein scharf überwachtes Organ

Nachdem ihre Heiratspläne gescheitert sind, beschließen Gustav Landauer und Grete Leuschner, noch einige Monate in Zürich zu bleiben. Denn Landauer findet wie zuvor in Deutschland auch hier Gelegenheit, sich als Redner für die Sache der unabhängigen Sozialisten zu engagieren. Das junge Paar bewohnt zwei kleine, einfache Zimmer in einer Pension oberhalb von Zürich. Der Fußweg in die Stadt dauert zwar eine gute halbe Stunde, doch diese Mühe nehmen die beiden gern auf sich, denn

> *die Aussicht auf Stadt und See und die umliegende Bergkette ist wundervoll und bietet täglich, selbst bei diesem nebligen Wetter, neue überraschende Schönheiten. Wir haben Wohnung und Mittagessen hier und zahlen dafür für uns beide 95 frs. Da wir etwa 200 Mark monatlich zur Verfügung haben, können wir also fürs erste sehr schön und ohne Sorgen leben. Fürs weitere werden wir ganz sicher selbst sorgen.*[12]

Doch dann gibt es plötzlich einen Grund, früher in die Reichshauptstadt zurückzukehren: „Die Redaktion des Sozialist wurde mir von der Presskommission angetragen"[13], berichtet Landauer seinem Cousin Hugo im Dezember 1892.[14]

Im Februar 1893 reisen Gustav und Grete also nach Berlin zurück und beziehen eine gemeinsame Wohnung am Wittenbergplatz 3. „Sehr hübsch", „groß genug" und „weniger proletarisch als in Zürich" findet Landauer die neuen Räumlichkeiten und ermuntert seinen Cousin Siegfried Landauer, ihn bei Gelegenheit zu besuchen – wobei er die Einladung mit einer kleinen Boshaftigkeit garniert: „Du wärst hier nicht so wie in Zürich in Deinen Bourgeois-Gewohnheiten gestört."[15]

Zur gleichen Zeit nimmt Landauer seine neue Tätigkeit auf: Er wird inoffizieller Chefredakteur des *Sozialist*, der Zeitschrift der Unabhängigen. Da die offizielle Leitung ein riskanter Posten ist – aufgrund scharfer polizeilicher Überwachung kann ein falsches Wort schnell zu einer Haftstrafe führen –, übernimmt sie in der Regel ein Freiwilliger, der keine Familie zu versorgen hat.[16] Doch obwohl Gustav Landauer als Chefredakteur vorerst kaum in Erscheinung tritt, bleibt er von der Observation durch die Politische Polizei Preußens nicht verschont: Schon im Herbst 1892, nach seinen ersten öffentlichen Vorträgen, hat die Polizei eine Akte über ihn angelegt. Jetzt, zurück in Berlin, steht er unter Dauerbeobachtung.

Kaum hat Landauer die Leitung des *Sozialist* übernommen, erscheinen darin immer häufiger Beiträge zum Anarchismus, er selbst bezeichnet sich inzwischen als „Anarchosozialisten". Bald wird aus dem *Organ der unabhängigen Sozialisten*, wie der *Sozialist* bisher im Untertitel hieß, das *Organ aller Revolutionäre* – und damit die am schärfsten verfolgte Zeitschrift des Kaiserreichs.

Das Risiko für die Redakteure und Drucker des Blatts ist nun noch größer geworden – besonders für Gustav Landauer, der allen Gefahren zum Trotz im Mai 1893 den juristisch prekären Posten des offiziell verantwortlichen Redakteurs übernimmt.

Wortgefechte mit August Bebel

Im Sommer 1893 nimmt Landauer als Delegierter der Berliner Anarchisten am Internationalen Sozialistenkongress in Zürich teil. Dort muss er miterleben, wie die Anarchisten und unabhängigen Sozialisten – hauptsächlich auf Betreiben der deutschen Sozialdemokraten – von der Veranstaltung ausgeschlossen werden. Seine Abneigung gegen die SPD wird dadurch nur umso größer. Zu allem Übel wird er auch noch von August Bebel, dem Mitbegründer und Vorsitzenden der SPD, vor versammeltem Publikum gedemütigt. Landauer kontert mit einem zornigen Brief:

> *Mein Herr!*
> *[...] Sie haben auf dem Züricher Kongreß zu zweien Malen geäußert, ich spräche wie ein Polizeiagent. [...] Es war Ihnen bekannt, daß diese Form der Äußerung es ermöglichte, daß sie auch in einer verhältnismäßig harmlosen Weise gedeutet werden konnte, daß aber die Arbeiter die Sache so auffaßten, als ob Sie mich für einen Polizeiagenten erklärten. Das letztere war Ihre eigentliche Absicht, und diese haben Sie auch erreicht. [...] [I]ch fordere Sie hiermit auf, eine Erklärung Ihrer Worte abzugeben, und zwar sofort. [...] Im übrigen werde ich nicht müde werden, bei jeder Gelegenheit den Unterdrückten mitzuteilen, wie frivol der Mann, der sich als den Befreier aufspielt, mit der Ehre eines Menschen umgesprungen ist.*[17]

Es ist nicht das erste Mal, dass Landauer eine derartige Attacke hinnehmen muss – ausgerechnet von dem Mann, dessen Buch *Die Frau und der Sozialismus* ihn vor einigen Jahren so tief beeindruckt hat: Ende 1892, als sich Gustav Landauer und Grete Leuschner noch in der Schweiz aufhielten, sprach August Bebel bei einer Versammlung des Vereins deutscher Sozialisten in Zürich. Vor annähernd 1.200 Zuhörern beschrieb er, wie er sich seine Rede während der Anreise gut hatte überlegen müssen, denn er werde seine Worte nach der Versammlung draußen zu verantworten haben. Dann fuhr er fort: „Sie, Herr Landauer, haben da freilich keine Bedenken zu hegen. Das sind die Leute, die beim ersten Preßprozeß feige aus Deutschland weglaufen und nun hier die Schuhe an uns abputzen wollen."[18] Landauer, der neben vier anderen unabhängigen Sozialisten ebenfalls als Redner auftrat, fand Bebels Ausführungen „langweilig und müde" und merkte damals noch sehr gnädig an: „Persönlich übelnehmen kann man es ihm nicht, er sieht furchtbar schlecht aus, zerfetzt von Nervosität und knochig wie ein Gespenst. Sein Schlusswort gegen uns war denn auch äußerst gereizt voll persönlicher Beschimpfungen."[19]

Verhaftet und zweimal verurteilt

Nach ihrer Rückkehr vom Sozialistenkongress ziehen Gustav und Grete in die Marburger Straße in Charlottenburg bei Berlin um. Und dann geschieht Mitte Oktober 1893 das, was Landauer seit Monaten erwartet hat: Er wird verhaftet. Anfang Juni hat die Polizei seine Wohnung und die Redaktion des *Sozialist* durchsucht und die Ausgabe Nr. 23 der Zeitschrift beschlagnahmt. Landauer machte sich damals auf eine sofortige Verhaftung gefasst, die jedoch ausblieb. Die Anklage ließ vielmehr ungewöhnlich lange auf sich warten. Doch nun ist es so weit: Die Staatsanwaltschaft legt dem Angeklagten zur Last, in zwei Artikeln in der beschlagnahmten Ausgabe des *Sozialist* öffentlich zum „Ungehorsam gegen die Staatsgewalt" aufgerufen zu haben. Er wird zu zwei Monaten Gefängnis verurteilt.

Landauer ist zunächst fast erleichtert über das Urteil, hat er doch vor der Verhandlung eine Haftstrafe von etwa sechs Monaten befürchtet. Doch dann wird im Dezember erneut Anklage erhoben – und mit dem Urteil eine Strafe von weiteren neun Monaten verhängt. Der Grund dafür sind offenbar zwei Anschläge, die sich kurz zuvor in Spanien und Frankreich ereignet haben: Am 7. November warf der

Anarchist Santiago Salvador French bei einer Aufführung im Teatro Liceo in Barcelona zwei Bomben in die Zuschauerränge, durch die 20 Menschen getötet und 50 verletzt wurden. Und am 9. Dezember verübte der Anarchist Auguste Vaillant ein Bombenattentat auf die französische Abgeordnetenkammer, die im Palais Bourbon in Paris tagte; dabei gab es einige leicht Verletzte.

Obwohl Landauer mit diesen Anschlägen nicht das Geringste zu tun hat – er lehnt Gewaltaktionen grundsätzlich ab –, wirken sie sich fatal für ihn aus. So heißt es in der Urteilsbegründung vom 22. Dezember, „daß sich gerade die Anhänger der anarchistischen Theorien in dem letzten Jahrzehnt wiederholt zu Attentaten und anderen groben Störungen des öffentlichen Friedens haben hinreißen lassen".[20] Nicht nur für Landauer sind das neue Urteil und die Haftverlängerung ein schwerer Schock, sondern vor allem für seine Lebensgefährtin: Grete ist zu diesem Zeitpunkt hochschwanger.

Als Gustav Landauer seine Haft im Untersuchungsgefängnis Moabit antritt, beginnt er gleich in den ersten Tagen damit, ein Gefängnistagebuch für Grete Leuschner zu schreiben. Noch rechnet er damit, bald wieder zu seiner Marguérite (so nennt er Grete manchmal in Anspielung auf die gleichnamige Figur im *Todesprediger*) zurückkehren zu können, und stimmt zuversichtliche Töne an:

> *Ich habe auch die reizendsten Vorsätze für die nächste Zukunft. Das sag' ich dir mündlich, liebster Schatz. Du und unser Kind, und Berge und Wasser, und Matten und Blumen, und Kunst und Freude, und Übermut und Tollheit und Liebe. [...] Oder glaubt vielleicht irgend ein Oberflächlicher, ich fühle mich als Märtyrer?*[21]

Nach dem strengen zweiten Urteil packt den Inhaftierten allerdings die Reue über sein leichtsinniges „Dahinleben", mit dem er über die schwangere Grete und sich „bittere Not gebracht" hat.[22] Doch er versucht, ihr trotz der niederschmetternden Nachricht Mut zuzusprechen und sie aufzumuntern. Er versichert ihr, es gehe ihm in jeder Hinsicht gut: Er dürfe täglich eine Stunde im Freien spazieren gehen, bekomme wohlschmeckende Kost und auch das Rauchverbot tue ihm gut. Im Übrigen habe er in seiner vier Meter langen und gut zwei Meter breiten Zelle (die Größe hat er mithilfe seines Pantoffels ermittelt) genügend Platz, um auf und ab zu gehen.[23]

Ein freudiges Ereignis zu unglücklicher Zeit

Je näher der Geburtstermin des Kindes rückt, desto stärker kreisen die Gedanken des zukünftigen Vaters um das bevorstehende Ereignis: „Nun, Maus, musst du aber auch all deine Kraft zusammenfassen und musst recht tapfer sein", beschwört er seine Lebensgefährtin. „Was wir beide miteinander vorbereitet und angelegt, das sollst du nun ganz allein in die Welt bringen, in der es gern leben und ein rechter Mensch werden will."[24] Am 7. Januar 1894 schreibt er in sein Gefängnistagebuch eine lange Begrüßungsansprache, „gehalten beim Einzug unseres Kindes in die Welt"; er braucht diese Beschäftigung, um sich „die Zeit der ungeduldigen Erwartung zu vertreiben".[25]

Einen Tag später erfährt Gustav Landauer, dass die kleine Charlotte Clara schon am 5. Januar zur Welt gekommen ist. Er ist außer sich vor Freude: „Alles geht herrlich, und ich bin ein wahrhafter Narr des Glücks. [...] Ich freue mich schon unmenschlich, bis du mir das Kind bringst. Hoffentlich wird es erlaubt."[26]

Zu diesem Zeitpunkt rechnet der junge Vater noch damit, dass er demnächst vom Untersuchungsgefängnis Moabit in das Berliner Strafgefängnis Plötzensee verlegt wird. Stattdessen bringt man ihn am 27. Januar 1894 nach Sorau in der Lausitz. Der Ort liegt rund 180 Kilometer von Berlin entfernt. Nur einmal im Monat kann Grete ihren „Gustel", wie sie den Liebsten nennt, dort besuchen. Die großen zeitlichen Abstände hängen jedoch nicht nur mit der Entfernung zusammen, sondern auch damit, dass häufigere Besuche in der Haftanstalt grundsätzlich nicht erlaubt sind.

Derweil hat Grete Leuschner noch andere Sorgen. Es widerstrebt ihr zutiefst, weiter finanzielle Hilfe von Hugo Landauer oder anderen Gönnern anzunehmen. Doch wie lange wird sie ohne Unterstützung die Wohnung halten können, über die sich Landauer so zufrieden geäußert hat? „Es macht mir viel Freude, wenn ich an unsere Wohnung denke, an unser Heim", hat er ihr zu Beginn seiner Haft geschrieben, „und ich bin froh, dass wir uns dieses mollige Nest vorher noch einrichten konnten; ich glaube gern, dass Du Dich da recht behaglich fühlst."[27] Das Gefühl der Behaglichkeit dürfte sich für die junge Mutter allerdings in Grenzen halten, solange sie Geldsorgen hat und ihr Baby allein versorgen muss.

Arnold Himmelheber

Schon in Moabit hat sich Gustav Landauer intensiv mit den zahlreichen Büchern beschäftigt, die ihm Grete Leuschner und einige Freunde auf seinen Wunsch ins Untersuchungsgefängnis geschickt haben. „Vielleicht wird es ein liberaler Esel rühmend hervorheben, wie weit wir in der Kultur sind, dass ein Gefangener solche Lektüre hat"[28], frotzelt er einmal. In der Einsamkeit der Haft in Sorau lernt er das ihm zugestandene Vorrecht der „Selbstbeschäftigung" umso mehr zu schätzen. Er lässt sich Papier, Tinte, Federn und mehr Bücher schicken und arbeitet mit großem Eifer an seiner neuen Erzählung *Lebenskunst*, die er später in einer überarbeiteten Fassung in *Arnold Himmelheber* umbenennen wird.

Die Novelle handelt von der jungen Judith, die mit ihrem Mann, dem rohen Viehhändler Wolf Tilsiter, im „Judendorf" Schöneck lebt.[29] Judith ist in ihrer Ehe unglücklich, bringt jedoch nicht den Mut auf, ihren Mann zu verlassen. Eines Tages trifft sie ihre Jugendliebe Ludwig Prinz wieder. Von da an verweigert sie sich ihrem Mann und wird bald darauf von Ludwig schwanger.

Fünf Kapitel dieser Novelle schreibt Landauer im Gefängnis Sorau. Das sechste, das der Erzählung eine äußerst fragwürdige Aussage verleiht, entsteht erst nach der Haftentlassung: Ludwigs Lehrer und Ziehvater, der Arzt Arnold Himmelheber, tötet den ungeliebten Ehemann mit einer Überdosis Chloroform. Er rechtfertigt seine Tat mit den Worten: „Tausend Schmerzen hat er erzeugt. Er war ein Schmutzfink. Ihm ist kein Unrecht geschehen, bis zuletzt; ihm hat keiner weh getan. Er war überflüssig."[30]

Berlin–Bregenz und zurück

Anfang Oktober 1894 wird Gustav Landauer aus der Haft entlassen und kehrt nach Berlin zurück. Sein erster Weg führt ihn mit seiner Lebensgefährtin zum Standesamt: Am 11. Oktober 1894 werden

Margarethe Leuschner und Gustav Landauer in Charlottenburg getraut; Hermann Landauer hat im Juli seine Einwilligung gegeben.

Kurz darauf verlassen die Eheleute mit ihrer Tochter Charlotte Berlin. Landauer hat im Gefängnis beschlossen, seine politischen Aktivitäten für eine Weile aufzugeben, um keine weiteren Haftstrafen zu riskieren. Er ist mit seiner Frau übereingekommen, sich gemeinsam in Bregenz am Bodensee niederzulassen. Landauer will sich dort ganz auf seine literarischen Arbeiten konzentrieren, insbesondere auf die Vollendung der Novelle *Lebenskunst*. Den Lebensunterhalt für seine Familie hofft er durch Artikel und Rezensionen für verschiedene Zeitungen und Zeitschriften zu bestreiten.

Wieder kommt es anders als erwartet. Etwa zwei Wochen nach der Ankunft in Bregenz erkrankt Grete Landauer an einer schweren und äußerst schmerzhaften Nierenentzündung. Die Familie kehrt deshalb im Dezember nach Berlin zurück. Im Januar muss sich Grete im Jüdischen Krankenhaus einer Operation unterziehen, bei der die Hälfte der linken Niere entfernt wird. Erst zwei Monate später wird sie entlassen.

Währenddessen unternimmt Landauer den halbherzigen Versuch, sich an der Freiburger Albert-Ludwigs-Universität für ein Medizinstudium anzumelden. Er sieht darin eine Möglichkeit, sich und seiner Familie in der Zukunft ein Auskommen zu sichern. Doch aus Freiburg erhält er postwendend die Antwort, „dass wir im Hinblick auf Ihr Vorleben nicht in der Lage sind, Sie zur Immatrikulation an hiesiger Universität zuzulassen“.[31] Landauer nimmt das Schreiben nicht ohne eine gewisse Erleichterung zur Kenntnis. Er ist sich zunehmend darüber klargeworden, dass ihm „die lumpigste journalistische Existenz lieber ist“, als den Schriftstellerberuf aufzugeben, „und das Studium der Medizin würde diesen Verzicht aller Wahrscheinlichkeit nach zur Folge haben“.[32]

Im Mai 1895 ziehen Landauers erneut nach Bregenz. Auf dem Weg dorthin machen sie für einige Tage Halt in Karlsruhe, um Gustavs Eltern zu besuchen. Bei einem Gang durch die Stadt stellt Landauer amüsiert fest, welch „stramm disziplinierter militärischer Geist doch in unsrer guten Landeshauptstadt waltet. Meine früheren Bekannten machten nämlich zum großen Teil: ‚Augen links‘, wenn ich rechts an ihnen vorbeiging; ich muss doch eine schrecklich unangenehme Kreatur sein."[33] Unangenehm dürfte die Situation vor allem für Hermann und Rosa Landauer sein, die angesichts des Lebenswandels ihres jüngsten Sohnes um den Ruf der Familie bangen.

Kaum hat sich die junge Familie in ihrer Wohnung in Bregenz eingerichtet, wiederholt sich das gleiche Drama wie im Vorjahr: Im Juli muss Grete Landauer erneut für einige Zeit nach Berlin reisen, um sich im Jüdischen Krankenhaus behandeln zu lassen. Gustav begleitet sie diesmal nicht, sondern bleibt mit der kleinen Lotte bis zu Gretes Entlassung am Bodensee. Erst als er einsieht, dass sich in Bregenz die erhofften beruflichen Perspektiven nicht für ihn auftun, kehrt er mit Frau und Tochter im Herbst endgültig nach Berlin zurück – „sehr ungern" zwar, aber „besser ist es immerhin, in Berlin sich durchzuschlagen als in Bregenz zu verhungern".[34] Abseits von der Hektik des Stadtzentrums bezieht die Familie eine Wohnung in der Spandauerstraße in Pankow.

Anarchismus – Sozialismus

Im August wird die Zeitschrift *Der Sozialist*, die ihr Erscheinen zu Beginn des Jahres wegen der massiven polizeilichen Verfolgung einstellen musste, neu gegründet. Sie trägt nun den Untertitel *Organ für Anarchismus-Sozialismus.* Für ein Monatsgehalt von 150 Mark übernimmt Gustav Landauer erneut die Leitung. „Der Anarchismus ist vorangestellt als das Ziel, das erreicht werden soll: die Herrschaftslosigkeit, die Staatslosigkeit, das freie Ausleben der einzelnen Individuen", schreibt er in einem Artikel zur Erläuterung des neuen Untertitels und erklärt, dass „Anarchismus und Sozialismus nicht im geringsten Gegensätze sind, sondern vielmehr sich gegenseitig bedingen".[35]

Die Beiträge im *Sozialist* sind nun deutlich intellektueller gehalten und insofern für die Arbeiterschaft kaum mehr verständlich. Außerdem werden die Attacken gegen die Sozialdemokratie zwar schärfer, insgesamt aber schlägt der *Sozialist* gemäßigtere Töne an. Man will sich nicht erneut mit den Behörden anlegen.

Dennoch geht die polizeiliche Verfolgung weiter. Mitte März 1896 wird wieder eine Nummer des *Sozialist* beschlagnahmt. Kurz darauf hält Landauer bei einer Veranstaltung der neu gegründeten Freien anarchistisch-sozialistischen Vereinigung einen Vortrag zum Thema „Die Forderungen der Anarchie an unsere Zeit" – und wird verhaftet. Zehn Stunden später lässt man ihn jedoch wieder frei.[36]

Im Herbst desselben Jahres kommt Stefan Großmann, ein österreichischer Journalist und Schriftsteller, nach Berlin. Er wohnt vorübergehend bei Familie Landauer in Pankow und arbeitet beim *Sozialist* mit. Großmann erinnert sich später an groteske Arbeitssituationen:

> *Eine Zeitlang wurde ein Teil des Blattes gar nicht geschrieben, sondern direkt vom Hirn in den Setzkasten übertragen. Wenn die Polizei dann nach Manuskripten suchte, konnten wir, ohne einen Meineid zu begehen, schwören, daß gar nie ein Manuskript existiert habe.*[37]

In seiner Rückschau kommt Großmann zu dem Schluss, seine Mitarbeit beim *Sozialist* sei Landauer nicht nur deshalb willkommen gewesen, weil diesem Gericht und Polizei ständig im Nacken saßen. Landauer habe in der Redaktion auch auf sehr einsamem Posten gestanden: „Die drei oder vier besten Geister standen als Helfer neben Landauer. Er selbst aber war von seiner eigenen Gruppe verfemt."[38] Tatsächlich folgt Landauer immer beharrlicher seinen eigenen Ideen und Überzeugungen, die bei einem großen Teil der anarchistischen Bewegung auf Ablehnung stoßen. Das lässt ihn zunehmend ins Abseits geraten.

Familienleben und politisches Engagement – ein Spagat

In diesen turbulenten Zeiten findet sich bei Landauers erneut Nachwuchs ein: Am 19. Mai 1896 kommt Marianne, genannt Annie, zur Welt. „Die liebe Frau ist gesund und bei Kräften; das Kind ist lange nicht so schwächlich wie damals Lotte, und viel weniger hässlich, als ich geglaubt hatte. Sie wissen, ich bin zum ersten Mal Vater in diesem Stadium"[39], berichtet Landauer seinem Freund Fritz Mauthner.

Doch allzu viel Zeit für sein Familienleben bleibt Landauer nicht. Seine Aufgaben als Redakteur, Autor und Vortragsredner nehmen ihn voll in Anspruch. Von Ende Juli bis Anfang August nimmt er als Delegierter am Londoner Sozialistenkongress teil, auf dem sich die Zweite Internationale endgültig von den Anarchisten trennt.

Und dann passiert es erneut: Einen Tag vor Heiligabend wird Landauer in seiner Wohnung in Pankow verhaftet und ins Untersuchungsgefängnis gebracht. Man wirft ihm vor, für drei ungezeichnete Artikel im *Sozialist* und in der neu gegründeten Wochenschrift *Der arme Konrad* verantwortlich zu sein, in denen er zu Gewalttätigkeiten aufgerufen und Polizeibeamte beleidigt habe.[40] Die Weihnachtstage und den Jahreswechsel verbringt Landauer also wie drei Jahre zuvor im Untersuchungsgefängnis Moabit. Es ist ihm „bitter weh ums Herz", wenn er an die knapp dreijährige Charlotte denkt: „[D]aß das Kind so um seine Weihnachtsfreude kommen sollte!"[41]

Am 3. Februar ist der Gerichtstermin. Nach zehnstündiger Verhandlung wird Landauer freigesprochen und aus dem Untersuchungsgefängnis entlassen.

Einschüchtern lässt er sich durch dieses Erlebnis nicht. Ganz im Gegenteil, im August 1897 unternimmt er eine Agitationsreise durch Deutschland und Österreich. Unmittelbar nach seiner Ankunft in Wien wird er – gewissermaßen vorbeugend – verhaftet und aus Österreich ausgewiesen. „Für den Fall, daß ich wiederkäme, wurden mir sechs Monate Gefängnis angedroht", berichtet er nach seiner Rückkehr im *Sozialist*; „übrigens [...] in ausgesucht höflicher und liebenswürdiger Form, wie ich sie in anderen Polizeipräsidien nicht gefunden habe. Das hat mich so sehr gerührt, daß ich ein paar Tage nach meiner Ausweisung doch wieder in Österreich war – aber heimlich."[42]

Die Familie zerbricht

Im Herbst zieht Landauer mit Frau und Kindern in die Wilhelmstraße 25 in Friedrichshagen um. Dort trifft die Familie kaum ein Jahr später ein schwerer Schicksalsschlag: „Nach unsäglichen Schmerzen ist heute unsre liebe Annie infolge allgemeiner Tuberkulose und Gehirnhautentzündung gestorben"[43], schreibt Gustav Landauer am 14. August 1898 tief erschüttert an Fritz Mauthner. Drei Tage später wird das Kind auf dem Friedrichshagener Friedhof beigesetzt.

Nun steht die Ehe, die unter den Belastungen der Lebensumstände lange gelitten hat, endgültig vor der Zerreißprobe. Bereits im ersten Jahr ihrer Liebesbeziehung ist es zwischen Grete Leuschner und Gustav Landauer immer wieder zu Differenzen gekommen. Das verrät ein Eintrag in Landauers Gefängnistagebuch vom Dezember 1893: „Früher sind wir Zeit- und (umdrehen, bitte!) Liebesverschwender leider so unsinnig viel bös gewesen. Das ist nun auch anders geworden.“[44] Eine Fehleinschätzung, denn mit der Zeit hat sich nichts zum Besseren verändert. Die Streitigkeiten und Spannungen zwischen den Eheleuten haben in ihrer vielseitig belasteten Lebenssituation sogar mit jedem Jahr zugenommen.

Mehr als hundert Vorträge hat Landauer in den letzten sechs Jahren in verschiedenen Städten im In- und Ausland gehalten, darunter bei den Kongressen der Zweiten Internationale 1893 in Zürich und 1896 in London, bei denen die Anarchisten nach ihrem Ausschluss jeweils einen Separatkongress organisierten. Im Frühjahr 1895 hat sich Landauer an der Gründung der Arbeiterkonsumgenossenschaft „Befreiung“ beteiligt, deren Mitglieder durch Umgehung des Zwischenhandels preisgünstig mit Gebrauchsartikeln und Lebensmitteln versorgt werden sollten. Dazu verfasste er die Agitationsbroschüre *Ein Weg zur Befreiung der Arbeiter-Klasse*. Ein Jahr später war Landauer am Streik der Berliner Konfektionsarbeiter und -arbeiterinnen mit der Forderung nach Lohnerhöhungen und der Errichtung von Betriebswerkstätten beteiligt. Und er hat sich in einer Protestbewegung engagiert, um auf die Situation spanischer Anarchisten aufmerksam zu machen, die im Gefängnis gefoltert und zum Teil nach zweifelhaften Prozessen hingerichtet worden waren.[45]

Je mehr Grete in all diesen Jahren aufgrund ihrer Erkrankung in ihren Aktivitäten eingeschränkt war, desto stärker reagierte sie auf das politische Engagement ihres Mannes und sein ständiges Unterwegssein mit extremer Eifersucht.

Nach dem Tod der kleinen Annie sieht Landauer das Ende seiner Beziehung nahen. „Seit langer Zeit [...] wird mir das Leben von Grete unerträglich gemacht“, setzt er seinem Cousin Hugo Landauer auseinander. Den Grund dafür erläutert er aus seiner Sicht so: „Grete ist eifersüchtig nicht nur auf jede Frau, die ich kenne oder die mir schreibt, nein, ebenso auf jeden Freund, auf jede kleine Reise, auf jede Fahrt nach Berlin, auf jeden Gedanken, auf jede Stimmung, die ich nicht mit ihr teile." Und weiter: „Ich habe in kranken und gesunden Tagen und in manchen bitteren Stunden vieles mit ihr geteilt, aber alles, das kann ich nicht. Mein Selbst kann ich nicht aufgeben."[46]

Zu diesem Zeitpunkt denkt Landauer bereits ernsthaft an eine Trennung von seiner Frau. Gleichzeitig plagen ihn Zweifel und Schuldgefühle, obgleich sie sich von ihrer schweren Nierenerkrankung erholt zu haben scheint. Jedoch: „[S]ie ist schwer, sehr ernsthaft nervenleidend und hysterisch. Sie sieht sehr elend aus und nimmt an Körpergewicht stetig ab. Ein kleiner Gang, irgend etwas Ungewohntes, erschöpft sie aufs Äußerste."[47]

Auch der Gedanke an eine Trennung von Charlotte bedrückt Landauer sehr. Er liebt sein Töchterchen über alles, doch er weiß, dass er seiner Frau das Kind nicht wegnehmen darf, „sie würde daran zu Grunde gehen, und rasch".[48] Es vergehen noch einige Monate, bis Landauer Anfang Mai 1899 aus der ehelichen Wohnung in Friedrichshagen auszieht. Um in Lottes Nähe zu bleiben, mietet er sich in der Frankfurter Chaussee 5 in Dahlwitz-Hoppegarten ein.

Seinen bezahlten Redakteursposten beim *Sozialist* hat Landauer mittlerweile aufgegeben. Vor zwei Jahren haben *Sozialist*-Kritiker das Konkurrenzblatt *Neues Leben* gegründet. Seither fristet die Zeitschrift ein finanziell prekäres Dasein und ist auf absehbare Zeit nicht mehr zu halten. Im Dezember 1899 erscheint die letzte Nummer.

FREUNDE UND WEGGEFÄHRTEN

Mit Fritz Mauthner steht Gustav Landauer schon seit 1889 in regem Austausch. Seiner damaligen Verlobten Clara Tannhauser hat er einmal in einem Brief beschrieben, wie er als 19-Jähriger den mehr als doppelt so alten Mauthner kennenlernte. Demnach schickte er ihm im Herbst 1889 einen „ganz verrückten Artikel" mit dem Titel *Gedankensprünge* – „ein wirres Gemisch persönlicher lyrischer Ergüsse und ästhetisch-kritischer Betrachtung moderner Poesie". Nach einigen Tagen schrieb Mauthner zurück, „es sei ein Vergnügen, unter so vielen unbrauchbaren Zusendungen Unbekannter auf eine individuelle Begabung zu stoßen"; der Artikel habe ihn sehr interessiert, auch wenn er in dieser Form noch nicht druckreif sei, und er wolle Landauer „gerne in irgend einer Weise für sein Blatt gewinnen".[1]

Fritz Mauthner – gefeiert und gefürchtet

Fritz Mauthner, der am 22. November 1849 im böhmischen Horzitz zur Welt gekommen ist, entstammt wie Gustav Landauer einem assimilierten jüdischen Elternhaus. Als er sechs Jahre alt ist, übersiedelt die Familie nach Prag; die Eltern wollen ihren sechs Kindern dort eine gute Schulausbildung ermöglichen. Seine Schulzeit empfindet Mauthner jedoch, ähnlich wie Landauer, als reine Zeitvergeudung. Nach dem Abitur immatrikuliert er sich auf Wunsch des Vaters an der juristischen Fakultät der Prager Universität. Er bricht das Studium jedoch vorzeitig ab und arbeitet für einige Zeit in einer Kanzlei, bevor er sich entschließt, freier Schriftsteller zu werden. 1876 zieht er nach Berlin und wird ständiger Mitarbeiter des *Berliner Tageblatt*. 1878 heiratet er Jenny Ehrenberg aus Ostpreußen, im selben Jahr kommt ihr einziges Kind Margarete, genannt Grete, zur Welt.

Wenig später beginnt Mauthner für das *Deutsche Montagsblatt* Parodien mit dem Titel *Nach berühmten Mustern* zu schreiben. Sie sind so erfolgreich, dass sie ein Jahr später als Buchausgabe erscheinen. Es folgen Erzählungen und eine erste Aufsatzsammlung. Mit 30 Jahren ist Fritz Mauthner ein berühmter Mann. Allerdings ist den zahlreichen

Romanen, die im letzten Jahrzehnt des 19. Jahrhunderts von ihm erscheinen, nur wenig Erfolg beschieden. Die Leser sind zwar von Mauthners Werken angetan, die Literaturkritiker aber reagieren vorwiegend negativ.

1888 veröffentlicht Mauthner seine Pressesatire *Schmock oder die litterarische Karriere der Gegenwart*, in der er mit beißender Ironie den Opportunismus und die Halbbildung von Journalisten aufs Korn nimmt. Seine spitze Feder ist mittlerweile gefürchtet.

Kurz nachdem Mauthner im Oktober 1889 zusammen mit Otto Neumann-Hofer erstmals das *Magazin für Litteratur* herausgebracht hat, nimmt Gustav Landauer Kontakt mit ihm auf. Es ist der Beginn einer jahrzehntelangen Freundschaft, die von großer gegenseitiger Unterstützung und Wertschätzung getragen wird – und die mit Beginn des Ersten Weltkriegs zu zerbrechen droht.

Helfer in der Not

Dass Gustav Landauers Existenz seit seiner Abkehr vom bürgerlichen Leben trotz finanzieller Probleme nie ernsthaft in Gefahr ist, hat er nicht nur seinem Cousin Hugo zu verdanken, der ihm – mal mehr, mal weniger bereitwillig – immer wieder unter die Arme greift. Auch Fritz Mauthner lässt seine Kontakte spielen, um Landauer zu helfen. Im Mai 1895 etwa schickt ihm Landauer einen Brief aus Bregenz, wo er sich mit Grete und der kleinen Charlotte eine neue Existenz schaffen will, jedoch keine Chancen auf eine schriftstellerische Arbeit mit fester Bezahlung sieht: „Wenn Sie also noch etwas für mich finden können, was mich und die Meinigen, ohne mich Schriftsteller zu beerdigen, nährt etc., so wäre ich Mensch und Schriftsteller Ihnen fürs Leben dankbar."[2]

Mauthner wendet sich kurzerhand an den Kunstmaler Max Liebermann. Der reagiert prompt, schickt in einem Brief hundert Mark für den „armen Landauer" und versichert in seinem Begleitschreiben: „Ich werde bei Gelegenheit meinen Bruder sprechen u[nd] hoffe, daß ich Ihnen dann auch von dem ein Scherflein für Ihren Schutzjuden schicken kann."[3] Landauer, der weder den Namen des Spenders noch die mitleidig-gönnerhafte Bemerkung in dessen Brief kennt, weiß Mauthners hilfreiche Geste zu schätzen: „Lieber

Mauthner, wie soll ich Ihnen für all Ihre Güte danken? Sie haben mir in schlimmer Zeit wieder auf den Damm geholfen."[4]

Auch bei seiner Cousine, der vermögenden Schriftstellerin Auguste Hauschner, legt Fritz Mauthner ein gutes Wort für Landauer ein. Sie wird später eine wichtige Gönnerin Landauers werden, die ihm und seiner Familie lebenslang freundschaftlich verbunden bleibt.

Doch zuvor brechen schwere Zeiten für Fritz Mauthner an. Nachdem im Januar 1896 seine Frau Jenny gestorben ist, zieht er sich zunehmend von seiner journalistischen Arbeit zurück, um sich ganz auf die Kritik der Sprache zu konzentrieren, an der er seit einigen Jahren arbeitet. Diese Aufgabe strapaziert ihn derart, dass er krank wird. Er leidet unter Depressionen und großer Nervosität, unendlicher Müdigkeit und zugleich quälender Schlaflosigkeit. Besonders ängstigt ihn, dass seine Augen ständig schmerzen. Nach einer Netzhautblutung droht er sogar zu erblinden und muss seine Arbeit vollständig abbrechen.

In dieser Zeit erweist sich Gustav Landauer für ihn als größte Stütze. Als dieser 1899 wegen einer Beleidigungsklage wieder einmal im Gefängnis sitzt (Näheres dazu im nächsten Kapitel), redigiert er dort den ersten Band von Mauthners *Beiträgen zu einer Kritik der Sprache*. Er arbeitet so intensiv am Text, dass Mauthner nahe daran ist, ihn des Plagiats zu verdächtigen. Doch als der Band im Jahr 1900 erscheint und Mauthner das Werk in Händen hält, ist er schlicht überwältigt. In diesem Moment gehen die beiden Freunde zum vertraulichen Du über. In ihrem weiteren Briefwechsel sprechen sie sich nicht mehr mit Familiennamen, sondern ausschließlich mit „Lieber Freund" an.

Die Neue Gemeinschaft

Um diese Zeit, zu Beginn des 20. Jahrhunderts, nehmen zwei bedeutende Mitglieder des ehemaligen Friedrichshagener Dichterkreises ein neues sozial-kulturelles Projekt in Angriff. Im Frühjahr 1900 entsteht auf Initiative der Brüder Julius und Heinrich Hart – beide sind Dichter, Literatur- und Theaterkritiker – ein „Orden vom wahren Leben": die Neue Gemeinschaft. Hier sollen die alten, als allzu bürgerlich empfundenen Lebensformen überwunden und neue ausprobiert werden. „Unser Ziel ist die Heranbildung freudig tätiger Menschen, die bestrebt sind, immerzu das Ideal an sich und um sich zu verwirklichen“[5], formulieren die Brüder Hart ihre Vorstellungen.

Gustav Landauer ist von der Idee einer solchen „Lebensgemeinschaft“ auf Anhieb begeistert. Allerdings fehlt es der Neuen Gemeinschaft zu Beginn an geeigneten Räumlichkeiten, sodass die Mitglieder fürs Erste nur in Berliner Wirtshaussälen zusammenkommen können. Dann wird im Februar 1901 in der Uhlandstraße 144 in Wilmersdorf ein Gemeinschaftsheim eröffnet. Es besteht zunächst aus vier Zimmern, später wird eine weitere Wohnung hinzugemietet. In diesem Heim sind eine Bücherei und eine Kunstwerkstatt untergebracht, es werden Ausstellungen, Lesungen und Theateraufführungen organisiert, Versammlungen abgehalten und gemeinsame Mahlzeiten – sogenannte „Liebesmahle“ – eingenommen. Zu den Höhepunkten des Programms gehören die naturreligiösen „Weihefeste“, die in der grünen Umgebung Berlins stattfinden und „deren jedes ein organisches, Kunst, Wissen, Religion verbindendes Ganze bilden soll“.[6]

Gustav Landauer, der sich immer gern in der Natur aufgehalten hat, gibt seine Eindrücke von einem solchen Weihefest in einer anschaulichen Beschreibung wieder:

> *Ein schöner Moment voll religiöser Stimmung war es, als wir uns an einer schönen Stelle am Seeufer gelagert hatten; ein wundervolles Abendlicht auf dem See und den Kiefern, Gewitterwolken am Himmel und fernes Donnern, während eine Prologdichtung Heinrich Harts vorgetragen wurde.*[7]

Das eigentliche Ziel der lebensreformerischen Neuen Gemeinschaft ist jedoch eine Landsiedlung (vermutlich orientiert man sich am Vorbild der Vegetarischen Obstbausiedlung Eden in Oranienburg). Ein Heim für dieses Projekt findet die Neue Gemeinschaft allerdings nicht auf dem Land, sondern am Schlachtensee im Berliner Westen. Es wird im Mai 1902 mit einem Frühlingsfest eingeweiht. Doch das Experiment einer „Landkommune“ scheitert. Gut zwei Jahre nach dem Umzug an den Schlachtensee löst sich die Neue Gemeinschaft auf.

Martin Buber und der Chassidismus

Gustav Landauer gehört zu den Ersten, die sich im Jahr 1900 der Neuen Gemeinschaft angeschlossen haben. Es wird ihn dort nicht lange halten. Was er der Neuen Gemeinschaft dennoch verdankt, ist die Begegnung mit dem acht Jahre jüngeren Martin Buber. Aus dieser Bekanntschaft wird sich eine lebenslange Freundschaft entwickeln.

Martin Buber entstammt wie Landauer einem jüdischen Elternhaus. Er ist am 8. Februar 1878 als Sohn der Eheleute Karl und Elise Buber in Wien zur Welt gekommen, jedoch nicht in der Hauptstadt des Habsburgerreichs aufgewachsen. Denn als der Junge drei Jahre alt ist, trennen sich die Eltern. Martin Buber findet Aufnahme bei seinen Großeltern im galizischen Lemberg. Sein Großvater Salomon Buber ist ein bedeutender Talmudgelehrter und Herausgeber alter Midraschtexte; er spricht hebräisch, jiddisch und deutsch. Durch ihn kommt Martin Buber mit dem Chassidismus in Berührung, einer religiösen Reformbewegung, die der Rabbiner Israel ben Elieser, genannt Baal Schem Tov, Mitte des 18. Jahrhundert ins Leben gerufen hat. Sie beruht auf einer frommen und zugleich lebensbejahenden Lehre, die besagt, dass es auch ohne Studium der Thora möglich ist, gottesnah zu leben. Im Alter wird Martin Buber einmal von sich sagen: „Ich bin ein polnischer Jude, zwar aus einer Familie von Aufklärern, aber in der empfänglichen Zeit des Knabenalters hat eine chassidische Atmosphäre ihren Einfluss auf mich ausgeübt.“[8]

Nach dem Besuch des polnischen Gymnasiums in Lemberg studiert Buber Philosophie, Germanistik und Psychologie in Wien, Leipzig, Zürich und Berlin. 1898 gründet er in Leipzig einen Verein jüdischer Studenten und eine zionistische Ortsgruppe. Ein Jahr später lernt er in Zürich die Katholikin Paula Winkler kennen. Sie ist Schriftstellerin und veröffentlicht ihre Werke unter dem Pseudonym Georg Munk. Die beiden werden einige Jahre später, nachdem sie zum Judentum konvertiert ist, heiraten. Aus der Beziehung gehen schon vor der Heirat zwei Kinder hervor: Sohn Rafael wird 1900 geboren, Tochter Eva kommt 1902 zur Welt. Im selben Jahr gründet Buber zusammen mit Berthold Feiwel, Ephraim Moses Lilien und Davis Trietsch den Jüdischen Verlag in Berlin.

Begegnung zweier Geistesverwandter

Gustav Landauer, der in einem jüdisch geprägten Milieu aufgewachsen ist, jedoch in seinem assimilierten Elternhaus nie nach den religiösen Vorschriften gelebt hat, ist 1892 aus der israelitischen Religionsgemeinschaft ausgetreten. In den kommenden Jahren wird er sein Judentum neu entdecken. Und das hat er maßgeblich der Bekanntschaft mit dem Religionsphilosophen Martin Buber zu verdanken, der später so große Berühmtheit erlangen wird. Beiden Männern ist zum Zeitpunkt ihrer ersten Begegnung in der Neuen Gemeinschaft ein starkes Interesse für christliche Mystiker gemeinsam. Landauer hat sich im Gefängnis in seine Arbeit über Meister Eckhart vertieft. Buber beginnt sich ebenfalls mit Meister Eckhart zu befassen, mehr noch mit dem Mystiker und Philosophen Jakob Böhme, dessen Werk und Denken er in den Mittelpunkt seiner Dissertationsschrift stellen wird.

Martin Buber ist von Landauers sozialistischen und mystischen Ideen fasziniert und erkennt in ihm einen Lehrmeister. Umgekehrt beginnt sich Landauer erst durch die Lektüre von Bubers Schriften auf sein Judentum zurückzubesinnen. Als 1906 Bubers *Geschichte des Rabbi Nachman* und zwei Jahre später *Die Legende des Baalschem* erscheint, reagiert Gustav Landauer begeistert. Er erkennt, dass das Judentum auch für ihn eine „unverlierbare innere Eigenschaft“[9] ist. „Erst hier beginnt Landauers bewusste Auseinandersetzung mit dem Judentum“, schreibt der Historiker Michael Brenner. „Er wird Teil jener Begeisterung, die Gershom Scholem einmal ironisch als eine Welle der ‚Bubertät‘ unter deutschen Juden bezeichnet.“[10]

Erich Mühsam – Jugendjahre eines Prügelknaben

Noch eine lebenslange Verbindung hat Gustav Landauer der Neuen Gemeinschaft zu verdanken: seine Freundschaft mit Erich Mühsam. Bemerkenswert ist dabei, dass Mühsams Lebenslauf, ebenso wie der Mauthners, auffallende Parallelen zu Landauers Werdegang aufweist: die jüdische Herkunft, der Kampf mit dem dominanten Vater, die Abkehr vom Bürgertum, der brennende Wunsch, Schriftsteller zu werden.

Erich Mühsam, geboren am 6. April 1878 in Berlin, wächst in Lübeck auf. Sein Vater, Siegfried Seligman Mühsam, hat dort in der

Vorstadt St. Lorenz die Holsten-Apotheke erworben, mit der er es nicht nur zu einem ansehnlichen Vermögen, sondern als Jude auch zu einem geachteten Mitglied der Lübecker Bürgerschaft bringt. Zu Hause führt Siegfried Seligman Mühsam, ein Verehrer Bismarcks und national-konservativer Preuße, ein strenges, geradezu militärisches Familienregiment. Für die Entwicklung seines jüngsten Sohnes, der so ganz anders geartet ist als die drei älteren Kinder Margarethe, Hans und Charlotte, kann er keinerlei Verständnis aufbringen. Obwohl sich Erich schon als Kind zur Literatur hingezogen fühlt, bekommt er von seinen Eltern keine Bücher geschenkt. Im Gegenteil, als herauskommt, dass der Junge nachts heimlich die Werke von Kleist, Goethe, Wieland und Jean Paul liest, wird der elterliche Bücherschrank verschlossen.[11] Jedes Fehlverhalten des Sohnes ahndet der Vater mit unerbittlicher Härte; sein Rohrstock hängt immer in greifbarer Nähe. Als Erich einmal dabei ertappt wird, dass er sich unter dem Vorwand, Schulhefte zu kaufen, ein paar Pfennige erschwindelt hat, bekommt er vom Vater „eine dreifache Auflage von Prügeln zudiktiert" – er hat sich „an drei Tagen hintereinander [...] zum Empfang der Strafe zu melden".[12]

In der Schule ergeht es dem jungen Mühsam nicht besser. Seine Mitschüler hänseln ihn und verpassen ihm wegen seiner schmächtigen Statur und seiner auffallend dünnen Beine den Spitznamen „Spinne". „Einige Lehrer quälten ihn maßlos, ohne dass er darüber zu Hause etwas gesagt hätte", erinnert sich Erichs Schwester Charlotte später. „Aus Furcht vor Strafe verheimlichte er schlechte Zensuren und Strafen, verstrickte sich dadurch in Lügen und entfernte sich innerlich von der Familie."[13] Erich Mühsam selbst wird in seinen Tagebuchaufzeichnungen noch deutlicher:

> *In der Schule war ich faul wie die Sünde. Nie kam jemand auf den Gedanken, daß ich, dessen Gewecktheit und leichte Auffassung jeder bemerken mußte, falsch angefaßt wurde. Hätte ich verständnisvolle Lehrer – womöglich Privatlehrer – gehabt, ich hätte gern mit Hingebung gelernt. So wurde ich nur immer gehauen und gestraft, gestraft auch seelisch damit, daß ich nie teilnehmen durfte an Ausfahrten oder andren Vergnügungen*

> *der Geschwister, gestraft durch geringschätzige Behandlung und wahrhaft raffinierte Mittel, ein kindliches Gemüt zu kränken. Und dabei stets der Stolz des Vaters auf seine Erziehungsmethode [...].*[14]

Anfang 1896 ereignet sich ein Vorfall, der einschneidende Folgen hat: Erich Mühsam veröffentlicht im sozialdemokratischen *Lübecker Volksboten* eine Rede des Schuldirektors, die er aus dem Gedächtnis niedergeschrieben hat. Daraufhin ist seine Schullaufbahn am ehrwürdigen Lübecker Katharineum wegen „sozialistischer Umtriebe" vorzeitig beendet.

Mühsam wird ins mecklenburgische Parchim geschickt, wo er die Schule mit der Mittleren Reife abschließt. Danach zwingt ihm der Vater eine Apothekerlehre auf, die er in der Lübecker Adler-Apotheke beginnt und später in der kleinen Stadt Blomberg im Teutoburger Wald fortsetzt. Als er glaubt, es nicht mehr auszuhalten, vertraut er seiner Mutter an, er wünsche sich nichts sehnlicher, als Schriftsteller zu werden. Sie stellt ihm ihre Unterstützung in Aussicht – unter der Bedingung, dass er erst sein Gehilfenexamen macht. Kurze Zeit später stirbt sie.

Erich Mühsam hält dennoch das Versprechen, das er seiner Mutter gegeben hat: Er verzichtet monatelang auf die Literatur und alle seine Interessen, konzentriert sich mit äußerster Überwindung allein auf seine Ausbildung – und schafft sein Examen. Die Erwartung seines Vaters, dessen Nachfolge in der heimischen Apotheke anzutreten, wird er allerdings nicht erfüllen. Stattdessen wirft er sich hinein in das freie Schriftstellerleben und die Welt der Berliner Bohème.

Im Heer des geistigen Proletariats

In seinen *Unpolitischen Erinnerungen* schildert Erich Mühsam, wie er den Weg in die Neue Gemeinschaft gefunden hat. Als er im Herbst 1900 aus Blomberg nach Berlin kommt, um in einer Apotheke am Weddingplatz zu arbeiten, steht für ihn schon fest, dass er seinen Beruf als Apothekergehilfe in Kürze an den Nagel hängen wird. Doch wie er als freier Dichter künftig sein Brot verdienen soll, davon hat er „nur sehr dunkle Vorstellungen".[15] Wohlmeinende Menschen, denen er seine Zukunftswünsche anvertraut, warnen ihn eindringlich, er „solle das Heer des geistigen Proletariats nicht vermehren helfen".[16]

Da stößt Mühsam auf „die erste Schrift einer beabsichtigten Serie von ‚Flugschriften zur Begründung einer neuen Weltanschauung', die unter dem Namen *Das Reich der Erfüllung* von Heinrich Hart und Julius Hart" herausgegeben wird und deren „mystisch-trunkene, gonghaft schallende Prosa"[17] ihn benebelt. Sofort schreibt er an Heinrich Hart und bittet um nähere Hinweise.

Wenige Tage später findet er sich in der Berliner Wohnung des berühmten Mannes in der Rönnestraße 11 wieder. Heinrich Hart erzählt dem anfangs noch recht befangenen jungen Mann von den Veranstaltungen der Neuen Gemeinschaft, vom neuen Gemeinschaftsheim in der Uhlandstraße und von den Plänen, ein großes Landgut zu erwerben: „[U]nd da sollten wir dann als Vorläufer einer in sozialer Verbundenheit wirkenden großen Kommune der Menschheit eine Gemeinschaft des Glücks, der Schönheit, der Kunst und der von neuer Religiosität erfüllten Weihe ‚vorleben'."[18]

Durch Absonderung zur Gemeinschaft

Als sich Erich Mühsam nach der ersten Begegnung von Heinrich Hart verabschiedet, drückt ihm dieser die zweite Flugschrift der Neuen Gemeinschaft in die Hand. Zurück an seinem Arbeitsplatz in der Apotheke beginnt Mühsam sofort mit der Lektüre – und findet

> *einen Aufsatz, den ich fünf-, sechsmal hintereinander las, der mich erschütterte, aufwühlte, überwältigte und mit einer Klarheit erfüllte, die mir zugleich zeigte, wie wenig Klarheit ich aus den Hymnen und Lyrismen des ersten Bändchens gewonnen hatte. Den Namen des Verfassers dieses Aufsatzes kannte ich bis dahin noch nicht […].*[19]

Der Autor ist Gustav Landauer. In dem besagten Aufsatz mit dem Titel *Durch Absonderung zur Gemeinschaft* baut er einen Gedanken weiter aus, der schon in seinem Roman *Der Todesprediger* angeklungen ist: Der Mensch müsse sich von seinen Bindungen an die Zufallsgemeinschaften der Gegenwart lösen. Erst durch den Rückzug in sich selbst könne er sich mit seinen Mitmenschen zu einer neuen Lebensgemeinschaft zusammenfinden.

> *Und wenn wir uns ganz gründlich absondern, wenn wir uns als Einzelne in uns selber tiefst hinein versenken, dann finden wir schließlich, im innersten Kern unseres verborgensten Wesens, die urälteste und allgemeinste Gemeinschaft: mit dem Menschengeschlecht und mit dem Weltall. Wer diese beglückende Gemeinschaft in sich selber entdeckt hat, der ist für alle Zeit bereichert und beseligt und endgültig abgerückt von den gemeinen Zufallsgemeinschaften der Mitwelt.*[20]

Durch Absonderung zur Gemeinschaft, Landauers wichtigster Beitrag zur Neuen Gemeinschaft, basiert auf einem Vortrag, den er im Juni 1900 im Schlosspark Steglitz gehalten hat. Unter den Zuhörern befand sich die Schriftstellerin Anselma Heine, die vorab sehr gespannt auf den Redner war, denn sie „hatte von ihm gehört als einem der konsequentesten und opferfreudigsten Feinde des bestehenden Staates". Jetzt bekam sie eine genauere Vorstellung von ihm: „Ein Anarchist mit Aufbauideen! Seine dunkle, vorgebeugte Gestalt hatte immer etwas von einem Wanderer, der sich gegen den Wind stemmt; seine süddeutsche Stimme redete warm und eifrig."[21] Dass Landauer als Redner seine Zuhörer fesseln und faszinieren kann, hat sein zeitweiliger Weggefährte Stefan Großmann schon einige Jahre zuvor festgestellt. Wie Großmann in seiner späteren „Lebensgeschichte" schreibt, hängt das mit Landauers ausdrucksvoller Mimik zusammen:

> *[W]eil die Szenerie des Gesichtes sich blitzschnell verändern konnte, von Schelmerei zur Schwermut und ebenso geschwind wieder zurück. Den entscheidenden Ausdruck aber bekam sein Gesicht, wenn er den Kneifer abnahm und sein kurzsichtiges Auge etwas Unfixiertes, Leeres, in der Luft Herumtastendes bekam. So war er: in die Wirklichkeit verirrt, so ist er geblieben: Er hat sich bis zuletzt in die gemeine Wirklichkeit nicht hineinfinden können.*[22]

Enttäuschter Rückzug

Erich Mühsam ist anfangs hingerissen von den „Prachtmenschen“[23] Julius und Heinrich Hart, durch die er nicht nur Gustav Landauer kennenlernt, sondern auch den Schriftsteller Peter Hille, den Jugendstilzeichner Fidus und viele andere prominente Persönlichkeiten, die in der Neuen Gemeinschaft ein und aus gehen: „Dichter und Schriftsteller wie Cäsar Flaischlen, John Henry Mackay, Bruno Wille, Wilhelm Bölsche, Karl Henckell, Wilhelm Hegeler, Max Kretzer; Maler und Bildhauer wie Franz Metzner, Max und Oskar Kruse, Oskar Zwintscher und viele andere; Bühnenkünstler wie Kayßler, Reinhardt, Gertrud Eysoldt, Irene Triesch.“[24]

Doch dann muss Mühsam feststellen, dass es mit der angestrebten Menschheitserneuerung der Neuen Gemeinschaft in der Praxis nicht weit her ist. Hat er anfangs geglaubt, dass „all das, was die Brüder Hart [...] in ihren Broschüren über das neue Land sagten, das sie gründen wollten, nicht nur Worte seien, sondern Aufstachelungen zu kräftigem Tun“[25], so entpuppen sich die erhofften Aktivitäten bald als bloße Rhetorik. Was noch schlimmer ist, Mühsam sieht sich von einzelnen Mitgliedern der Neuen Gemeinschaft bald regelrecht angefeindet: „Haltet Ihr mich für denselben überflüssigen Ignoranten, als den mich Michalski fortgesetzt hinzustellen bemüht?“, fragt er Heinrich Hart irritiert. „Ich möchte die Wertunterschiede nicht mitmachen, die Michalski und Stöber heut abend wiederholt aufstellten, indem sie ihren Nutzen für die N. G. als bei weitem größer darstellten als den meinen.“[26]

Kurz darauf zieht sich Mühsam aus dem „Orden vom wahren Leben“ zurück und gründet zusammen mit Albert Weidner die Zeitschrift *Der arme Teufel*, die er einige Zeit als Redakteur betreut.

Als Mühsam seinem Freund Gustav Landauer von den unerfreulichen Erfahrungen mit der Neuen Gemeinschaft berichtet, rät ihm dieser, das Erlebte einfach als Übung zu betrachten, um mit künftigen Enttäuschungen besser fertigzuwerden: „Wenn du nicht sentimental gegen Dich selber bist, gibt es nichts Besseres als solche bittere Tränke. Schlucks runter, alter Apotheker.“[27]

Noch einmal setzt Erich Mühsam seine Hoffnungen in die Neue Gemeinschaft, als er nach deren Umzug an den Schlachtensee einen neuen Zug positiver Schaffensfreude an ihr zu erkennen glaubt. Wieder wird er enttäuscht. Und so beschließt er im Sommer 1904, einen endgültigen Schlussstrich zu ziehen.

Gustav Landauer hat die Neue Gemeinschaft schon im Herbst 1901 verlassen, nachdem er sich mit Julius und Heinrich Hart heftig zerstritten hat. Seiner Ansicht nach wäre sein Cousin Hugo, der in der Nähe von Überlingen am Bodensee gerade ein Landgut erworben hat, „mit seinem großen Sinn fürs Praktische der Neuen Gemeinschaft wertvoller als die vielen Gedankentrunkenbolde".[28] Den Aufsatz *Durch Absonderung zur Gemeinschaft* wird Landauer später in großen Teilen in sein Werk *Skepsis und Mystik* übernehmen, in dem er sich auch mit den Brüdern Hart noch einmal kritisch auseinandersetzt.

DIE DICHTERIN HEDWIG LACHMANN

1899 lebt Gustav Landauer noch bis zum Frühling mit seiner Frau Grete und seinem Töchterchen Lotte in Friedrichshagen zusammen. Am 28. Februar dieses Jahres findet in der Berliner Kunstgalerie Keller & Reiner ein Vortrag des berühmten Dichters Richard Dehmel statt. Auch Landauer gehört zu den geladenen Gästen. An diesem Abend fällt ihm eine kleine, zierliche Frau mit graublauen Augen auf. Obwohl ihre Haare von grauen Strähnen durchzogen sind, wirkt sie sehr jung, geradezu mädchenhaft. Es ist die 34 Jahre alte Dichterin Hedwig Lachmann. Landauer spricht sie nicht an, doch er fühlt sich vom ersten Moment an zu ihr hingezogen.[1]

Verwirrung der Gefühle

Hedwig Lachmann stammt aus einem religiösen jüdischen Elternhaus. Sie ist am 29. August 1865 in Stolp, Pommern, als ältestes Kind des Kantors Isaak Lachmann und seiner Frau Wilhelmine zur Welt gekommen. Nach der Geburt des Sohnes Georg Josua übersiedeln Lachmanns nach Lauenburg, ebenfalls in Pommern; dort kommt ein weiterer Sohn, Julius, zur Welt. Im April 1873 zieht die fünfköpfige Familie ins schwäbische Hürben (später nach Krumbach eingemeindet), wo Isaak Lachmann die Stelle des Kantors übernimmt. Die leer stehende Wohnung im jüdischen Schulhaus, das in der Synagogengasse 3, in unmittelbarer Nachbarschaft der Synagoge liegt, wird zu ihrem neuen Zuhause. Hier werden mit Franziska, Noa Norbert und Bernhard drei weitere Kinder geboren.[2]

Hedwig Lachmann besucht das Fernsemer'sche Höhere Töchterinstitut in Krumbach, eignet sich dabei hervorragende Englisch- und Französischkenntnisse an und besteht mit 15 Jahren in Augsburg die Prüfung zur Sprachlehrerin. 1882 geht sie als Erzieherin nach England. Sie folgt damit dem Beispiel vieler Absolventinnen des Fernsemer'schen Töchterinstituts, die als gebildete Gouvernanten einige Jahre im Ausland verbringen, um dort ihre Sprachkenntnisse zu erweitern. 1885 zieht Hedwig nach Dresden und 1887 nach Budapest, wo sie auch die ungarische Sprache erlernt.

Mit 24 Jahren lässt sich Hedwig Lachmann in Berlin nieder, wo sie Verwandte hat. Sie arbeitet tagsüber als Erzieherin und Hauslehrerin, abends kümmert sie sich um den schwerkranken Onkel und die gehörlose Tante. Bei diesem Tagesablauf bleibt ihr kaum Zeit für eigene Interessen. Dennoch nutzt sie jede freie Minute, um sich ihrer eigentlichen Passion, der Lyrik, zu widmen. Sie übersetzt ungarische, englische und französische Gedichte, die in angesehenen Kulturzeitschriften veröffentlicht werden. 1891 erscheinen im Verlag des Bibliographischen Bureaus Berlin *Ausgewählte Gedichte von Edgar Allan Poe* und die Anthologie *Ungarische Gedichte* in ihrer Übertragung.[3]

Durch ihre Freundschaft mit der Malerin Julie Wolfthorn lernt Hedwig Lachmann die Schriftstellerin Paula Dehmel kennen, die sie wiederum mit ihrem Mann, dem „Dichterfürsten" Richard Dehmel in Verbindung bringt. Dehmel hat sich seit Beginn seiner literarischen Karriere um die Förderung junger Talente verdient gemacht; nun will er auch Hedwig Lachmann unter seine Fittiche nehmen. Zwischen beiden entwickelt sich ein intensiver, vorwiegend schriftlicher Austausch. Dehmel unterzieht Lachmanns lyrische Versuche in seinen Briefen einer strengen Bewertung, umgekehrt holt er ihre Meinung zu seinen Werken ein.[4] Bald bahnt sich eine Beziehung an, die – vor allem von seiner Seite – über einen rein literarisch-kritischen Dialog hinausgeht.

Richard Dehmel leidet unter seiner Lebenssituation ebenso wie Hedwig Lachmann unter ihrer: Der promovierte Volkswirtschaftler hat eine Anstellung beim Zentralverband Deutscher Privater Feuerversicherungen – ein reiner Broterwerb, der ihn nicht im Geringsten befriedigt. Privat steckt der dreifache Familienvater in einer Ehekrise, seitdem er eine Affäre mit der Haushaltshilfe seiner Frau hatte. In dieser angespannten Lage verliebt er sich in Hedwig Lachmann. Er spricht sogar offen mit seiner Frau darüber und gesteht ihr, er befinde sich „in einer Verwirrung der Gefühle und Gedanken wie seit Jahren nicht".[5]

Hedwig Lachmann wehrt das Werben des Dichters anfangs entschieden ab. Doch mehr und mehr muss sie sich eingestehen, dass ihre Gefühle für den Mann ihrer Freundin Paula Dehmel über eine bloße Freundschaft hinausgehen. Dennoch widersteht sie der Versuchung, Dehmels Geliebte zu werden, und lehnt sein Angebot einer Ehe zu dritt ab – was sein sinnliches Begehren nur umso mehr anheizt.

Die spannungsgeladene Beziehung zwischen Hedwig Lachmann und Richard Dehmel dauert mehrere Jahre und geht erst zu Ende, als Dehmel Ida Auerbach kennenlernt. Er wird sie später, nach seiner Scheidung von Paula, heiraten.[6]

Gerade als sich Hedwig Lachmann damit abzufinden beginnt, dass sie wohl weiterhin allein leben und keine eigene Familie haben wird, tritt Gustav Landauer in ihr Leben: wieder ein verheirateter Familienvater, der sich obendrein zum wiederholten Mal mit der Staatsgewalt angelegt hat.

Der Fall Ziethen

Tatsächlich steht Landauer, kurz nachdem er Hedwig Lachmann zum ersten Mal gesehen hat, wieder vor Gericht. Er hat sich der Sache eines Mannes angenommen, der seiner Überzeugung nach unschuldig im Zuchthaus sitzt: Vor 15 Jahren ist ein Barbier und Gastwirt namens Albert Ziethen wegen Mordes zum Tod verurteilt und danach zu lebenslangem Zuchthaus begnadigt worden. Dem Mann wurde zur Last gelegt, seine Ehefrau Marie mit einem Hammer erschlagen zu haben.

Auf den Fall Ziethen wurde Landauer durch den Publizisten Moritz von Egidy aufmerksam, der sich eingehend damit befasst hatte. Er war dabei zu dem Schluss gekommen, dass Ziethen zu Unrecht verurteilt worden sei, und bat Landauer, ihn in seinem Bemühen um ein Revisionsverfahren zu unterstützen. Dieser ging auf die Bitte ein, indem er einen Aufsatz mit dem Titel *Der Fall Ziethen – ein Appell an die öffentliche Meinung* publizierte. Nach dem Vorbild von Emile Zolas *J'accuse* (*Ich klage an*) in der Dreyfus-Affäre beschuldigte er in diesem und in weiteren Artikeln[7] den verantwortlichen Polizeikommissar, in der Untersuchung gegen Ziethen wichtige Beweisstücke gefälscht zu haben. Mehrere Monate vergingen, ohne dass eine Reaktion eintrat. Deshalb verschickte Landauer den Vorwurf in einem Rundschreiben auch an alle Reichstagsabgeordneten.

Der Versuch, eine Wiederaufnahme des Prozesses zu erzwingen, misslingt. Stattdessen erntet Landauer eine Beleidigungsklage. Doch nun ist kurz vor Verhandlungsbeginn sein Hauptzeuge Moritz von Egidy verstorben. Dieser Tod trifft Landauer hart, nicht nur, weil er weiß, dass er vor Gericht auf verlorenem Posten stehen wird. Der einstige Offizier von Egidy, der sich in der pazifistischen Bewegung engagiert und die Zeitschrift *Versöhnung* herausgegeben hat, war ihm auch ein väterlicher Freund und ein bewundertes Vorbild. In einem Nachruf bekennt Landauer: „Ich habe an dem Mann mehr verloren, als ich je im Leben noch einmal zu gewinnen hoffen darf. Ich habe ihn wie kaum je einen Mann geliebt und respektiert."[8]

Im März ergeht das Urteil: Gustav Landauer muss wegen verleumderischer Beleidigung für sechs Monate ins Gefängnis.

Die schönsten Liebesbriefe der deutschen Literatur

Während Landauer den Urteilsspruch hinnehmen muss, kreisen seine Gedanken ständig um Hedwig Lachmann. Die Erinnerung an sie lässt ihn seit der ersten Begegnung nicht mehr los.

Schon als er nach der Veranstaltung am 28. Februar nach Hause kommt, beginnt er, ihr Briefe zu schreiben. Er schickt diese jedoch nicht ab, sondern führt mit ihnen eine Art Tagebuch, in dem er der noch still Verehrten seine Gedanken und Sehnsüchte anvertraut: „Ich möchte dieser Seele, die mir in Ihren Zügen, Ihrem Wesen – bevor ich Ihren Namen erfuhr – so wohlgefallen, näher treten dürfen, ich bitte Sie um Ihren Umgang." Einige Zeilen weiter wird der Ton inständiger: „Wertes Fräulein, wer so vereinsamt ist, wer sich so nach der Güte und der Seele der Frau sehnt wie ich, wer eine so innige Zuneigung gefasst hat, wie ich zu Ihnen beim ersten Blick in Ihre Augen, der will nicht warten."[9]

Dieses vertrauliche Brieftagebuch ersetzt Landauer vorerst die Gespräche mit der Frau, die er um jeden Preis wiedersehen will. Dabei kennt er noch nicht einmal ihre Adresse und versucht zunächst vergebens, diese zu erfahren. Er durchforstet Adressbücher, fragt bei Hedwig Lachmanns Verleger nach – und erhält die ersehnte Auskunft am Ende ausgerechnet von Richard Dehmel.

Sein Tagebuch führt er noch monatelang weiter (auch während seines Gefängnisaufenthalts), doch nun kann er seine Briefe an Hedwig Lachmann auch abschicken. Diese Briefe werden Jahrzehnte später einmal als die „schönsten Liebesbriefe der deutschen Literatur in den letzten 50 Jahren“[10] bezeichnet werden:

> *Nein, fürchten Sie nicht, dass ich Sie bestürme. Ich werde warten können, denn ich liebe Sie wie mein Leben. [...] Ich habe das schöne Gefühl, weil Sie mir so sehr lieb sind, dass auch ich Ihnen tiefes Glück werde bringen können. Wir sind kein Paar, wir sind Pares. [...] Wir sind nicht zwei armselige Hälften, denen nichts als die Leidenschaft gebietet, sich zu vereinigen, und die dann doch immer auseinanderklaffen; wir sind zwei Ebenbürtige, die – so glaube ich – zu einander wollen, um zusammen zu gehn.*[11]

Hedwig Lachmann verhält sich anfangs sehr zurückhaltend. Sie geht weder auf Landauers Liebesbekundungen ein noch nimmt sie diverse Einladungen an, die er ihr zuschickt. Ihrer Freundin, der Schriftstellerin Anna Croissant-Rust, verrät sie in einem Moment der Ratlosigkeit, ein Mann habe sich ihr „einfach in den Weg geworfen“ und lasse sich nicht abweisen: „Er klammert sich an mich wie ein Verzweifelter.“[12]

Fürs Erste hält sie es so wie bei Richard Dehmel und tauscht sich mit Landauer vorwiegend auf literarisch-kritischer Ebene aus. Den Gedichten und Übersetzungen, die sie ihm schickt, zollt er hohes Lob, er bewertet sie als „ergreifend schöne Manifestationen einer starken Persönlichkeit“.[13] Umgekehrt sendet er ihr seinen Roman *Der Todesprediger* und die Novelle *Arnold Himmelheber* – sie zeigt sich von beiden Werken wenig angetan.

Flehende Briefe an die Eltern

Auch mit seinen Eltern korrespondiert Gustav Landauer im letzten Jahr des 19. Jahrhunderts wieder, und das ungewöhnlich oft. Dabei schlägt er einen auffallend warmen Ton an, der vor allem den Vater versöhnlich stimmen soll.

Im Mai 1899, als Landauer gerade aus der ehelichen Wohnung in Friedrichshagen ausgezogen ist, schreibt er regelrecht verzweifelt an seinen Vater:

Ich wünsche nichts sehnlicher, als daß die Eisrinde, die uns nun schon seit so langen Jahren trennt, endlich schmelzen möge! Das sage ich wahrhaftig nicht, um irgend etwas von Dir zu erreichen; ich bin daran gewöhnt, die Lasten des Lebens selbst zu tragen und bin bisher noch keinen Konsequenzen ausgewichen und werde es auch ferner so halten [...]. Mögest Du Dich nicht gar zu sehr gegen mich verhärten! Du hast drei Söhne, ich aber habe nur einen Vater.[14]

Der Versuch misslingt. Zwar beantwortet die Mutter die Briefe ihres Sohnes, der Vater aber schweigt eisern. Denn die Neuigkeiten, von denen sein Sohn berichtet, erzürnen ihn aufs Neue: Gustav umwirbt, obwohl er noch verheiratet ist, wieder eine Frau, deren Namen er für sich behält. Nur so viel verrät er: „[S]ie ist die Tochter eines schwäbischen Kantors und seit ihrem 17ten Jahre selbständig, als Lehrerin, Erzieherin und Schriftstellerin."[15]

Ein weiteres Reizthema ist der bevorstehende Gefängnisaufenthalt. Landauer versucht in seinen Briefen zwar nicht, seine erneute Verurteilung auszuklammern, vermeidet aber jede Formulierung, die neuen Unmut hervorrufen könnte. Er hätte seine Eltern vor Antritt der Strafe gern noch einmal gesehen, beteuert er. Doch er befürchtet, dass „bei der Stimmung des lieben Vaters" ein solches „Beisammensein nur unerquicklich" wäre; so bleibt ihm nur die Hoffnung, „daß es nach diesem halben Jahr besser steht".[16]

Diese Hoffnung wird sich nicht erfüllen, eine Aussprache oder gar Versöhnung mit dem Vater kommt nie zustande. Bei Gustav Landauers Entlassung aus dem Gefängnis wird sein Vater bereits tot sein.

Mystik in der Klosterzelle

Am 18. August 1899 tritt Gustav Landauer seine Haft im Strafgefängnis Tegel an. Zwei Jahre zuvor hat er seine Gefängniszelle einmal mit einer Klosterzelle verglichen. Dieser Vergleich erscheint ihm auch jetzt angebracht:

Was dem Mittelalter das Kloster, das kann uns Modernen das Gefängnis sein. Die Esel, die uns diese Kur vorschreiben, wissen gar nicht, welche Wohltat sie manchem schon erwiesen haben. Ich habe da innen früher einsame Wonnestunden ohnegleichen erlebt und die Kraft des Leids hat sich mir erprobt.[17]

Während seiner dritten Inhaftierung redigiert Landauer nicht nur Fritz Mauthners Manuskript zur *Sprachkritik*. Im Zusammenhang mit dieser Redaktionsarbeit vertieft er sich auch in die mittelhochdeutschen Texte des Theologen Meister Eckhart – der seiner Ansicht nach fälschlich als Mystiker bezeichnet wird: „Er war nämlich ein sehr klarer, nüchterner, sogar manchmal spitzfindiger Geist, bei dem das Verstandesleben das Empfinden durchaus überwog; ein Pantheist [...] mit einer entzückenden, schönen und schlichten Prosa."[18] Zur Vorbereitung bittet er Hedwig Lachmann, ihm eine Reihe von Büchern zu beschaffen: „Einige Bücher, die ich haben will, kennt Mauthner, er wird sie Ihnen wohl nennen; darunter wäre mir wertvoll der Meister Eckhart und ein mittelhochdeutsches Wörterbuch."[19] Innerhalb von knapp drei Monaten gelingt es Landauer, eine Auswahl von Eckhart-Texten zu übersetzen. Sie erscheinen 1903 im Verlag Karl Schnabel unter dem Titel *Meister Eckharts Mystische Schriften. In unsere Sprache übertragen von Gustav Landauer.*

Außerdem entsteht in Tegel eine neue Erzählung mit dem Titel *Lebendig tot.* Sie enthält deutlich biografische Elemente, in denen seine Beziehung zu Hedwig Lachmann zum Ausdruck kommt. „[E]s gibt für mich im Leben kein anderes Schicksal mehr als diese Verbindung", versichert er seinem Vetter Hugo Landauer. „Vielleicht glaubst du mir am ehesten, wenn du meine Novelle kennen lernst, in der ich all mein Seelenleben niedergelegt habe."[20] Erscheinen wird die Erzählung allerdings erst drei Jahre später im Novellenband *Macht und Mächte*, der auch die Novellen *Ein Knabenleben* und *Arnold Himmelheber* enthält.

Trauer um teure Menschen

Am 8. Februar 1900 bricht im Karlsruher Textilgeschäft „Brüder Landauer", das Hugo und Karl Landauer gehört, ein Großfeuer aus. Das Ereignis versetzt alle Verwandten in höchste Aufregung, vor allem diejenigen, die es aus nächster Nähe miterleben. Das Schuhhaus, das

Gustavs Vater Hermann Landauer vor einem Jahr an seinen Sohn Felix übergeben hat, liegt nur ein paar Minuten Fußweg vom Textilgeschäft seiner Neffen entfernt. Als Hermann Landauer einen Tag später erfährt, dass bei dem Brand drei junge Angestellte ums Leben gekommen sind, erleidet er einen Herzinfarkt und stirbt.[21] Gustav Landauer, der noch in Tegel einsitzt, erhält daraufhin eine Woche Hafturlaub, um an den Begräbnisfeierlichkeiten teilzunehmen. Es schmerzt ihn, die Gram seiner Mutter mitansehen zu müssen. „Sie hat ihr Lebenselement verloren und kann nur noch in der Erinnerung und im Kummer leben."[22]

Am 26. Februar wird Landauer aus dem Gefängnis entlassen und mietet sich in der Lindenstraße 38 in Dahlwitz, einige Kilometer östlich von Berlin ein. Hedwig Lachmann verabredet sich mit ihm zu einer „Vorlesestunde" und er ist hochbeglückt, dass er endlich wieder ihr Gesicht sehen und ihrer Stimme lauschen darf.[23]

Schon lange ist Hedwig Lachmann überzeugt, dass Gustav Landauers Absichten ihr gegenüber ernst gemeint sind. Trotzdem hegt sie Bedenken. Zu Beginn ihrer Bekanntschaft hat sie Landauer einmal darauf hingewiesen, dass sie fünf Jahre älter ist als er. Er kann darin kein Problem sehen: „[L]iebe Hedwig, wenn ich Ihnen nicht zu jung bin, mir ist's recht."[24] Weitaus größere Sorgen bereitet Hedwig Lachmann der Gedanke an ihre Eltern und Geschwister. Sie weiß, dass ihre Familie, insbesondere ihr strenggläubiger Vater, eine Beziehung zu Gustav Landauer niemals dulden würde.

Im Frühjahr 1900 erhält Hedwig Lachmann die telegrafische Nachricht, dass ihr Vater ernstlich erkrankt ist. Sofort macht sie sich auf den Weg nach Hürben. Als sie im Elternhaus ankommt, findet sie den Vater noch lebend vor, doch sie erkennt auf den ersten Blick, dass er dem Tod geweiht ist. Tatsächlich stirbt Isaak Lachmann am 15. Mai. Er wird in Hürben unter großer Anteilnahme der Bevölkerung bestattet.

„Daß nun auch Sie dieses Schwere durchmachen müssen!", schreibt Gustav Landauer in einem Brief, in dem er Hedwig sein aufrichtiges Mitgefühl ausdrückt.[25] Das traurige Ereignis lässt bei ihm selbst Schmerzhaftes wiederaufleben:

> *Mir sind in dieser letzten Zeit drei teure Menschen gestorben, mein Kind, Egidy und mein Vater. Ich weiß, wie ich an Egidys Grab in der Ekstase des Schmerzes ausrief: Lieber noch ein Kind verlieren als diesen Mann! Aber es ist nicht wahr. Ich habe es verwunden, diesen Verehrten, der unserm Volk noch so viel hätte sein können, bei den Toten zu wissen; das Bild meines Vaters steht mir in freundlicher Verklärung gern vor Augen […], aber der Schmerz über dies liebe Kind, dies Stück von mir, das nicht leben und wachsen durfte, ist noch heute frisch und bitter.*[26]

Eine weitere Wunde wird ein Todesfall schlagen, der Gustav Landauer knapp ein Jahr später trifft: Sein ältester Bruder Friedrich, der an Epilepsie leidet, stirbt am 5. Mai 1901 bei einer Wanderung auf dem Königstuhl an Herzversagen. Landauer fährt daraufhin nach Karlsruhe zu seiner trauernden Familie. „Meine gute Mutter! Sie kann kaum anderes denken als den furchtbaren Verlust und kommt in jedem Gespräch immer wieder darauf zurück."[27]

Einen Trost gibt es bei all den kummervollen Ereignissen dennoch: Zwischen Gustav Landauer und seiner Mutter wird sich in der kommenden Zeit wieder ein inniges Verhältnis einstellen. Und für Hedwig Lachmann ist die Last der Entscheidung, ob sie eine Beziehung mit Landauer eingehen kann, nach dem Tod des Vaters geringer geworden.

Die lang ersehnte Entscheidung fällt

Um den Jahreswechsel 1900/1901 sind Hedwig Lachmann und Gustav Landauer zum Du übergegangen. Doch weiter will sie ihm nach wie vor nicht entgegenkommen. Nach fast zweijährigem Warten und Werben ist Landauer allmählich der Verzweiflung nahe: „Jeder Händedruck, jede Liebe, die aus mir zu Dir gehen will, wird nur geduldet, ich ertrage es wirklich nicht mehr. – Ich bitte Dich, Dich zu entscheiden."[28]

Und sie entscheidet sich – für eine Zukunft mit ihm. Ihre Mutter und ihre Geschwister sollen vorerst nichts erfahren. Als Hedwig Lachmann im Mai zum ersten Todestag ihres Vaters nach Hürben fährt und

Landauer, der in ihrer Nähe bleiben will, seinen Vetter Hugo in Ulm besucht, vereinbart er mit ihr ein ungewöhnliches Zusammentreffen:

> *Ich will Mittwoch, 12 Uhr 14 in Hürben ankommen, ganz gemächlich auf Umwegen nach Krumbad gehen und mich dort in den Garten setzen; vielleicht an die Wasserquelle oder eine andere Stelle, die Du mir bezeichnest. Du kommst dann [...] dort vorbei, ohne mich zu beachten; eine Weile nachher stehe ich auf, folge Dir unauffällig und Du führst mich so dahin, wo wir uns ungestört sprechen können.*[29]

Das Krumbad liegt gut einen Kilometer außerhalb von Krumbach. Es ist ein Heilbad mit jahrhundertelanger Tradition und entsprechend gut besucht. Daher ist Vorsicht geboten: Das Liebespaar muss sich in die umliegenden Wälder zurückziehen, um den Blicken der zahlreichen Kurgäste auszuweichen.

Wenig später fährt Hedwig Lachmann unter dem Vorwand, ihre Freundin Anna Croissant-Rust zu besuchen, nach Ludwigshafen. In Wirklichkeit hat sie sich erneut mit Gustav Landauer verabredet. Und nun arbeiten die Liebenden einen Plan aus: Sie wollen zusammen nach England gehen. Auf diese Weise können sie Konflikte mit Gustavs Noch-Ehefrau Margarethe vermeiden.

Zuvor aber ist es Zeit, der Familie reinen Wein einzuschenken: Hedwig offenbart ihren überraschten Eltern und Geschwistern ihre Beziehung und erntet zunächst heftige Angriffe vonseiten ihrer Brüder. Doch bald akzeptieren alle die Situation und stimmen – soweit sie in den Plan eingeweiht sind – auch der Übersiedlung des Paars nach England zu. Hedwig Lachmanns Mutter erfährt nichts vom bevorstehenden Auslandsaufenthalt ihrer Tochter. Man will ihr unnötige Aufregung ersparen.

Kropotkin und Tarrida del Mármol – die Nachbarn in England

Im September treffen Hedwig Lachmann und Gustav Landauer in England ein. Der Erste, an den Landauer von seiner neuen Adresse in London einen Brief schreibt, ist Erich Mühsam. Er bittet den Freund, seinen Aufenthaltsort „jedermann gegenüber zu verschweigen".

Denn was einige Mitglieder der Neuen Gemeinschaft wie Hugo Jaeckel und die Brüder Hart angehe, so habe er „das Vertrauen zu ihrem öffentlichen und aufbauenden Wirken nahezu verloren". Der Brief endet mit warmen Worten: „Es soll mich sehr freuen, wenn wir in Verbindung bleiben; schreibe mir. [...] Du gehörst zu den Wenigen, denen ich mich anvertraue."[30] Allein aus diesen Zeilen wird deutlich, wie sehr Landauer nach seinem Austritt aus der Neuen Gemeinschaft von vielen bisherigen Weggefährten attackiert worden ist – nicht zuletzt wegen seiner Beziehung mit Hedwig Lachmann.

Die englische Hauptstadt finden Hedwig und Gustav grauenhaft, sie halten es dort nicht lange aus. In Bromley, eine halbe Stunde Zugfahrt von London entfernt, finden sie bald eine Wohnung. Hier lernen sie den emigrierten russischen Schriftsteller und Anarchisten Peter Kropotkin kennen, der in der Nachbarschaft lebt und den Landauer sehr verehrt. Die persönliche Begegnung wird ihn später veranlassen, die wichtigsten Schriften Kropotkins zu übersetzen.

Ein weiterer Bewohner des Orts ist Fernando Tarrida del Mármol, der als Anarchist in Spanien verfolgt wurde und deshalb 1896 aus dem Land geflohen ist. Durch ihn erfährt Landauer manches über die Geschichte der sozialen Bewegung in Spanien, das ihm bisher unbekannt war, obwohl er sich seit Jahren mit der Situation der spanischen Anarchisten befasst. 1897 hat er sogar ein Gedicht mit dem Titel *Spanische Ballade* verfasst, das in einer literarischen Beilage zum *Sozialist* erschienen ist:

Ihr wohnt in Glück und Frieden und in der Heimat Haus.
Wir wandern als Verbannte in die weite Welt hinaus.

Der düstre Kerker hinter uns, vor uns die bittre Not;
Die ihr das Elend kennet, ihr Brüder, gebt uns Brot.

Wir sahn die Schmach der Folter, wir spürten die Gewalt,
Uns wurden matt die Glieder, wir wurden krank und alt.

Euch ist noch nicht, ihr Brüder, die Manneskraft genommen,
So steht uns bei, soviel ihr könnt, dass wir zu Kräften kommen. [...][31]

Den Kontakt mit Tarrida del Mármol hat Landauer dem Anarchisten Max Nettlau zu verdanken, der in London lebt und zumindest einmal zu Besuch nach Bromley kommt. Abgesehen von solchen vereinzelten Begegnungen bestreiten Landauer und Hedwig Lachmann ihren Alltag in England jedoch weitgehend isoliert.

Es dauert nicht lange, bis Geldsorgen auftauchen. Das Leben in England ist teuer und die Einkünfte, vorwiegend aus Übersetzungsarbeiten, reichen bei Weitem nicht zum Leben. Zwar hat Fritz Mauthners Cousine Auguste Hauschner dem Paar großzügig 2.000 Mark Startgeld überwiesen. Doch kaum war die Wohnung in Bromley eingerichtet, war das Geld auch schon aufgebraucht. Vergebens bemüht sich Landauer darum, bei einer deutschen Zeitung eine Stelle als England-Korrespondent zu finden. Zu allem Überfluss verzögern sich auch noch die dringend erwarteten Zahlungen für Hedwigs Übersetzungen.

Trotz allem lässt es sich Landauer nicht nehmen, die aktuelle Lebenssituation von der angenehmen Seite zu betrachten: „Jawohl, es geht uns sehr gut. Und was das Kochen angeht, so ist das der einzige Punkt meiner Produktion, wo ich eitel auf meine Erzeugnisse bin. Es will aber auch etwas heißen, in so späten Jahren erst seine eigentliche Begabung kennen zu lernen.“[32]

Über kurz oder lang müssen er und Hedwig Lachmann dann doch einsehen, dass sie in England nicht bleiben können. Im Frühjahr 1902 beschließen sie, nach Deutschland zurückzukehren. Sie wollen die Reise möglichst bald antreten, denn im Sommer erwartet Hedwig Lachmann ihr erstes Kind.

FAMILIENLEBEN IN HERMSDORF

Im Juni 1902 kehrt Gustav Landauer mit seiner schwangeren Lebensgefährtin nach Berlin zurück. Vorab hat er Erich Mühsam gebeten, eine Wohnung in einem Berliner Vorort für sie ausfindig zu machen. In Hermsdorf, einem beschaulichen Ort inmitten von Kiefernwäldern nördlich der Hauptstadt, ist Mühsam fündig geworden. Das neue Domizil befindet sich in der Schlossstraße 17 im 1. Stock. Schon vor seinem letzten Haftantritt im August 1899 hat Landauer beschlossen, sein Leben in ruhigere Bahnen zu lenken, um nicht erneut in die Mühlen der Justiz zu geraten: „Und noch Eins, liebe gute Hedwig; ich glaube, ich habe das noch nie versprochen: ich werde dann nicht mehr ins Gefängnis gehen."[1] Dieses Versprechen wird Landauer halten.

Geburt – Scheidung – Wiederheirat

Am 16. August 1902 kommt Gustav Landauers und Hedwig Lachmanns erste gemeinsame Tochter zur Welt: Sie bekommt den Namen Gudula Susanne. Hedwigs Freundin, die Künstlerin Julie Wolfthorn, zeigt sich bei ihrem ersten Besuch hell entzückt von dem Kind: „Alle Frauen, die es gesehen, sind sich darüber einig, daß ein so schönes Kind noch nie gesehen ward. Es ist genau Hedwig in winzig klein. So fein wie ein kleines Elfenkind. Alles schon da und wohlgeformt. Und Hedwig strahlt so still für sich hin."[2]

Im Herbst erscheint im Verlag Schuster & Loeffler Hedwig Lachmanns Buch *Im Bilde – Gedichte, auch Nachdichtungen von Hedwig Lachmann*. Der Lyrikband ist Hedwigs verstorbenem Vater gewidmet. Sie hat jahrelang daran gearbeitet und konnte in den letzten Monaten kaum mehr etwas zustande bringen, weil ihr diverse Schwangerschaftsbeschwerden das konzentrierte Arbeiten erschwerten. Nun ist sie sehr stolz auf ihr „geistiges Kind", für das sie ein recht ansehnliches Honorar von 150 Mark erhält.

Gustav und Margarethe Landauers Ehe wird am 21. März 1903 geschieden. Der Heirat mit Hedwig Lachmann steht nun nichts mehr im Weg: Die Trauung findet am 18. Mai des Jahres in Hermsdorf statt.[3] Fritz Mauthner fungiert als Trauzeuge.

Skepsis und Mystik

1903 erscheint bei Egon Fleischel in Berlin Gustav Landauers sprachphilosophisches Hauptwerk *Skepsis und Mystik. Versuche im Anschluss an Mauthners Sprachkritik*. In den drei Kapiteln seines Werks bezieht er sich auf jeweils einen der drei Bände von Mauthners Sprachkritik.

Skepsis und Mystik gehören in Landauers Denken untrennbar zusammen: Die Skepsis, die radikale Verneinung, macht zunichte, „was zuvor unhinterfragt hingenommen wurde“; die Mystik „ermöglicht ein intuitives Wissen um Zusammenhänge“.[4] Mystik hat nach Landauers Verständnis nichts mit Weltabgewandtheit zu tun. In seinem Werk versucht er vielmehr, wie Siegbert Wolf schreibt, eine Antwort auf die Frage zu finden, „wie der Mensch ein sich selbst bestimmendes und eigenverantwortliches Subjekt werden könnte“[5]:

> *Ausgehend von den sprachkritischen Ansätzen [...] seines Freundes Fritz Mauthner, welcher den Sprachgebrauch als tyrannisch bezeichnete, da dieser nicht nur das Sprechen, sondern auch das Denken der Menschen beherrsche und daher zur Befreiung von der Sprache, zumindest im Denken, aufforderte, bemühte er sich um einen Weg, die verlorengegangene Einheit des Menschen mit seiner sozialen und natürlichen Umwelt wiederherzustellen. Hierbei führe die Skepsis an der Sprache zur verändernden Tat, während die Mystik in die Politik eingreife.*[6]

In *Skepsis und Mystik* knüpft Gustav Landauer nochmals an das an, was schon in seiner Schrift *Durch Absonderung zur Gemeinschaft* angeklungen ist: Durch zeitlich begrenzte Isolierung und mystische Versenkung soll der Mensch, innerlich erneuert, den Weg zurück in eine neue Gesellschaft finden, die auf Freiheit, Freiwilligkeit und sozialer Gerechtigkeit beruht. Zusammen mit der Befreiung von der Tyrannei des Sprachgebrauchs ist dies für Landauer eine wesentliche Voraussetzung für den Sozialismus: „Gewiss ist Sprachkritik untrennbar zu dem gehörig, was ich meinen Anarchismus und Sozialismus nenne, und ich wüsste auch nicht, wie es anders sein kann.“[7]

Vom Buchhändler zum Salonredner

Im selben Jahr erscheint im Insel Verlag Leipzig Hedwig Lachmanns bedeutendste Übersetzung: das Drama *Salome* von Oscar Wilde. Nach wenigen Monaten folgt eine zweite Auflage. Drei Jahre später liefert Lachmanns Text die Grundlage für die gleichnamige Oper von Richard Strauss.

Doch trotz des großen Erfolgs der *Salome*-Übersetzung seiner Frau muss sich Gustav Landauer nach einer Möglichkeit umsehen, die Existenz seiner Familie zu sichern. Seit dem Aufenthalt in England hat er sich verstärkt selbst mit Übersetzungsarbeiten beschäftigt und – zum Teil in Zusammenarbeit mit seiner Frau – weitere Werke von Oscar Wilde sowie von Peter Kropotkin übersetzt. Landauer ist von Wilde fasziniert, wie er Jahre später in einem Brief erkennen lässt: „Ich liebe diesen Menschen wie wenige und weiß, daß er mein Freund wäre, wenn er mit mir lebte; aber ich sage Dir: es lebt in diesem völlig genialen Menschen eine so innige Süßigkeit der Schwäche, daß man stark sein muß, damit seine holden Gaben nicht wie Gift ins Blut gehen.“[8]

Für eine langfristige wirtschaftliche Absicherung reicht die Übersetzungstätigkeit des Ehepaars Landauer allerdings nicht aus, zumal Hugo Landauer heiraten will und nicht mehr bereit ist, seinen Cousin weiterhin finanziell zu unterstützen.[9] Weil sich keine anderweitige Alternative auftut, nimmt Gustav Landauer eine Stelle als Verkäufer in der Axel Juncker Buchhandlung des Verlegers Karl Schnabel in der Potsdamer Straße in Berlin an, wo er auch als Teilhaber mit einsteigt. Diese Vernunftlösung fällt ihm alles andere als leicht. Er muss seinen Tagesablauf völlig umstellen und findet kaum noch Muße: „Ich stürme jeden Abend nach Hause, um zu mir und um zu Frau und Kind zu kommen.“[10] Tatsächlich kommt er nicht nur wegen seiner langen Arbeitszeiten, sondern auch wegen des beträchtlichen Arbeitswegs oft erst am späten Abend nach Hermsdorf zurück. Hedwig fällt die Umstellung ebenfalls nicht leicht, war sie es doch bisher gewohnt, ihren Mann immer um sich zu haben.

So kommt es, dass sich Landauer kaum noch mit Freunden trifft, weil er es vorzieht, zumindest die wenige verbleibende Freizeit mit seiner Familie zu verbringen. Im Grunde führt das Ehepaar Landauer in Hermsdorf ein ähnlich abgeschiedenes Leben wie während der neun Monate in England. Daran ändert sich auch nichts, als die Familie im Frühjahr 1906 in eine geräumigere Wohnung in der Kaiserstraße 26 des Orts umzieht.

Als Landauer im Herbst 1906 schließlich seine Stellung in der Berliner Buchhandlung kündigt, atmet er auf: „Einstweilen erlaube ich mir, in Mußestunden mich glücklich wie ein Neugeborener zu fühlen, da ich nun schon wieder zwei Jahre im Gefängnis war; allerdings mit wesentlichen Erleichterungen in den Abendstunden und besserer Kost."[11]

Wieder muss Landauer zusehen, wie er den Lebensunterhalt der Familie auf andere Weise sichert. Die gemeinsame Übersetzungstätigkeit mit seiner Frau wird erneut zu einer wichtigen Einnahmequelle. Außerdem hält er regelmäßig literarisch-philosophische Vorträge vor privaten Zuhörern. So zum Beispiel im Haus seiner Gönnerin Auguste Hauschner, die die Atmosphäre solcher Vortragsabende später in ihren Erinnerungen beschreibt:

> *Vor Beginn seiner Kollegien hat stets ein seltsam wehmütiger Gegensatz zwischen ihm und seinem Auditorium bestanden. Er kam immer wie vom Berge Sinai zu uns herunter – wir kamen zu ihm aus den Niederungen der Alltäglichkeiten [...] Nach Beendigung der Rede pflegten sich die Unterschiede etwas auszugleichen. Die Luft war so getränkt mit Geistigkeit, daß es schwer gewesen wäre, festzustellen: ob sie vom Rednerpult herunterströmte, ob sie aus den Reihen der im Saal Vereinten stieg.*[12]

In einer Schilderung des zeitweiligen Weggefährten Stefan Großmann stellt sich Landauers Rolle als „literarischer Salonredner" weniger würdevoll dar: „Landauer, geschaffen zum großen Universitätslehrer, mußte die Fülle seines universellen Wissens vor Damen ausschütten, die von Tee zu Tee klapperten und plapperten, wenn er mit Frau und Kindern nicht glatt verhungern wollte."[13]

Erinnerungen der jüngsten Tochter

„Gestern Abend hat sich ein kleines Mädchen bei uns eingefunden, das auf den Namen Brigitte hören soll“[14], schreibt ein glücklicher Gustav Landauer am 11. April 1906 an Fritz Mauthner.

Da Landauers Beziehung zu seinem eigenen Vater bis zu dessen Tod reichlich angespannt war, legt er umso größeren Wert auf ein gutes Verhältnis zu seinen Töchtern. Wie sehr sein Herz an den Kindern hängt, erschließt sich aus vielen seiner Briefe: „Wie soll man nur Kinder erziehen, wenn sie einem solche Freude machen und man so viel von ihnen lernen kann?“[15], äußerte er sich einmal über seine damals fünfjährige Tochter Charlotte, als er noch mit ihr und seiner ersten Frau zusammenlebte. Auch seinen jüngeren Töchtern Gudula und Brigitte schenkt Gustav Landauer viel Aufmerksamkeit und Zuwendung.

Jahrzehnte später wird die jüngste Tochter Brigitte, verheiratete Hausberger, in ihren Erinnerungen vom Familienleben in Hermsdorf berichten.[16] Aus ihren Schilderungen geht hervor, dass sie selbst nur kurze Zeit eine Schule besuchte, ihre Schwester Gudula gar nicht. Stattdessen holte ihr Vater Privatlehrer ins Haus; zum Teil unterrichtete er seine Töchter auch selbst. Im Sommer ging er mit seinen Kindern zum Schwimmen, im Winter zum Eislaufen, was allen große Freude machte. Und zur Schlafenszeit war es nach den Erinnerungen der Jüngsten ebenfalls stets der Vater, der nochmals nach ihr schaute, sie aufs Töpfchen setzte und danach wieder zu Bett brachte. Doch auch die liebevollen Umarmungen der Mutter, die sie als „eine sehr ruhige Person“ beschreibt, sind ihr in lebendiger Erinnerung geblieben.

Im Allgemeinen gab es Brigitte Hausberger zufolge jedoch wenig gemeinsame Unternehmungen der Familie, abgesehen davon, dass die Mahlzeiten regelmäßig zusammen eingenommen wurden. Im täglichen Ablauf galten klare Regeln, auf deren Einhaltung die Eltern strikt bestanden:

> *Vater duldete keine Beschwerden über das Essen. Die Mahlzeit, die auf den Tisch kam, musste gegessen werden. Alles mussten wir aufessen. Gudula und ich durften von der gekochten Milch nicht einmal die Haut entfernen, aber wir fanden einen Weg, es heimlich zu tun. [...] Vater und Mutter arbeiteten und wir*

mussten still sein. Unsere Hauptmahlzeit nahmen wir mittags ein, abends gab es nur ein leichtes Essen: Blaubeeren und Milch mochte ich besonders gern![17]

Bei aller Liebe konnte der Vater sehr streng sein, erinnert sich die jüngste Tochter. Drei Mal wurde sie von ihm wegen eines Fehlverhaltens sogar geschlagen: das erste Mal, weil sie „Scheiße!" schrie, als ein Spielkamerad sie anspuckte; das zweite Mal, als sie bei einer Mahlzeit sagte, die Suppe schmecke wie Seife vermischt mit Sand. Das dritte Mal, etliche Jahre später, versetzte Gustav Landauer seiner Jüngsten einen Schlag, weil sie den Singsang der Rosenkranzgebete imitiert und sich nach seiner Auffassung über gläubige Katholiken lustig gemacht hatte. Offenbar hatte er in diesem Moment vergessen, dass er sich als junger Mann selbst einmal mokiert hatte über die „Kapuziner, Nonnen verschiedener Gewandung und die heilloseste Pfaffenwirtschaft, die sich einer vorstellen kann".[18]

Sonntags fanden sich regelmäßig Gäste bei Landauers ein: Martin Buber, Richard Dehmel oder Julius Bab mit ihren Familien, aber auch andere Freunde aus Künstler- und Literatenkreisen. Die Kinder spielten den ganzen Tag zusammen und abends wurde zur Klavierbegleitung der Mutter gemeinsam gesungen. Von den anarchistischen Freunden des Vaters tauchte dagegen kaum einer in der Familienwohnung in Hermsdorf auf. Doch einmal, so erzählt Brigitte Hausberger, stand ein „zerlumpter Mann", ein vermeintlicher „Bettler", vor der Tür. Gustav Landauer ging, um nachzusehen, und rief aus: „Aber es ist der Mühsam!"[19]

Ein Gedicht zum Geburtstag

Wenn Hedwig Lachmann und Gustav Landauer auf der Straße nebeneinander gehen, drehen sich die Leute nach ihnen um. Sie misst keine 1,60 Meter, er ist fast zwei Meter groß und trägt mit Vorliebe eine Pelzmütze, die ihn noch größer erscheinen lässt. Doch bei allen äußerlichen Gegensätzen kann kein Zweifel daran bestehen, dass diese beiden Menschen füreinander geschaffen sind.[20]

Das Geheimnis ihres Eheglücks wird Landauer seiner Tochter Gudula viele Jahre später in einem Brief verraten: „Was Deinen Vater und Deine Mutter zusammengeführt und in den Jahren unserer Gemeinschaft so ganz glücklich gemacht hat, daß wir darin in unserem Wesen so ganz gleich waren: Wir brauchten in großen und kleinen Lebensfragen die Unruhe und Verständnisfragerei der Bewußtheit nicht, wir ruhten sicher in unserer Unbewußtheit, in unserem Wesen."[21]

Wie viel innere Harmonie Hedwig Lachmann aus dem Leben an Landauers Seite schöpft, geht aus einem Gedicht hervor, das sie ihrem Mann zu seinem 35. Geburtstag schenkt:

Aus deiner Liebe

Aus deiner Liebe kommt mir solch ein Segen,
Sie macht mein Herz so sorglos und so fest,
Ich kann so ruhig mich drin niederlegen,
Wie sich ein Kind dem Schlafe überlässt.

Ich geh dahin von Zuversicht getragen,
Seit neben deiner meine Seele schweift;
So, wie man wohl an schönen Sommertagen
Durch reife Ährenfelder sinnend streift.

Da gleiten sanft die Finger über Blüten
Und Halme hin, wie eine Mutter pflegt,
Und alles Leben möchte man behüten,
Das seine heil'ge Saat zum Lichte trägt.[22]

Das Schicksal von Charlottes Mutter

Im Februar 1899, als Landauer zum ersten Mal Hedwig Lachmann begegnet, liegt seine Frau erneut im Krankenhaus – wieder mit einer Nierenerkrankung, die diesmal kritischer ist denn je, weil Grete schon einen Teil ihrer linken Niere verloren hat. Am Tag ihrer Entlassung zeigt sie ihm ihre „entsetzliche Wunde"; er ist erschüttert – „es ist ja nicht zu sagen, wie grässlich das ist, was diese Frau in der Zeit geduldig ertragen hat und was ihr vielleicht an Leiden noch bevorsteht".[23] Landauer nimmt sich vor, Grete bis auf Weiteres seine neue Liebe zu verschweigen. Solange es seiner Frau gesundheitlich so schlecht geht, will er sie nicht im Stich lassen. Doch dann ist sie es, die sich trennen will. Sie hat einen Brief ihres Mannes an Hedwig Lachmann gefunden, aus dem sie klare Schlüsse gezogen hat. Sie besteht darauf, dass er sofort aus der gemeinsamen Wohnung auszieht. Nur um seine Tochter soll er sich weiterhin regelmäßig kümmern, damit das Kind nicht zu sehr unter der Trennung leiden muss. Landauer ist mit allem einverstanden.

Charlotte erlebt in den kommenden Jahren alle Traurigkeit und Verzweiflung ihrer Mutter hautnah mit. Sie wird später ihrem Ehemann Max Kronstein davon erzählen:

> *[I]ch fühlte doch die Zerrissenheit und sah die Qual meiner Mutter. Nie hörte ich über Mutters Lippen ein böses Wort über den Vater. Immer sprach sie in Liebe und ließ mich zu ihm hinwachsen. Immer war sie heiter, auch wenn sie die schwersten Nahrungssorgen hatte, heiter und mich mit Liebe überschüttend. Aber ich fühlte doch ihren Kummer, denn abends im Bett weinte sie oft still vor sich hin. Dann schlüpfte ich zu ihr und herzte sie und erzählte schöne Märchen, weil ich mir als so kleines Mädel nicht anders zu helfen wußte.*[24]

Eineinhalb Jahre nach ihrer Scheidung von Gustav Landauer verheiratet sich Margarethe Landauer ein weiteres Mal. Ihr zweiter Mann, der Kunstmaler Gustav Melcher, ist sechs Jahre jünger als sie. Im November 1904, einen Monat nach der Hochzeit, kommt die gemeinsame Tochter Maria Katharina Melcher zur Welt.

Zwei Jahre später fasst Landauer den Entschluss, die inzwischen zwölfjährige Charlotte zu sich zu holen; sie hält sich seit der Wiederverheiratung ihrer Mutter ohnehin sehr oft in der Landauer'schen Wohnung in Hermsdorf auf, weil es den Stiefvater stört, das Kind ständig um sich zu haben. Doch Grete weigert sich, ihr Einverständnis zu geben. Charlotte leidet unter den unklaren Verhältnissen so sehr, dass sie krank wird. Im Winter wird sie wegen eines tuberkulösen Lungenkatarrhs zur Kur nach Davos geschickt.

Gretes zweite Ehe hält nicht lange. 1907 verlässt Gustav Melcher seine Frau und zieht mit der kleinen Maria in seine Heimatstadt Düsseldorf. Am 15. Januar 1908 stirbt Margarethe Melcher an Lungentuberkulose und Nierenversagen.[25] Nach ihrem Tod nimmt Gustav Landauer seine älteste Tochter endgültig in seine Familie auf.

AUFRUF ZUM SOZIALISMUS

Anfang 1907 veröffentlicht Gustav Landauer in der Zeitschrift *Die Zukunft* eine Thesensammlung mit dem Titel *Volk und Land. Dreißig sozialistische Thesen.* Mit diesem Beitrag signalisiert er, dass er nach jahrelanger Abstinenz zur politischen Agitation zurückkehren will.

Der Sozialistische Bund

Am 26. Mai 1908 hält Landauer vor mehreren hundert Menschen einen programmatischen Vortrag über Sozialismus. Danach berichtet er Fritz Mauthner: „Mein Eindruck von der Wirkung war: Die Leute – radikale Sozialdemokraten und Anarchisten – waren vor den Kopf gestoßen und begierig, mehr zu hören, und das ist alles, was ich für den Anfang wünschen kann.“[1]

Am 14. Juni setzt Landauer seinen Vortrag fort und fasst den Inhalt am Ende in „Zwölf Artikeln des Sozialistischen Bundes“ zusammen.[2] Unmittelbar im Anschluss an die Rede kommt es zur Gründung des Sozialistischen Bundes, der als Zusammenschluss dezentral und basisdemokratisch organisierter Ortsgruppen konzipiert ist. „Jede Gruppe ernennt ihren Gruppenwart, der die Geschäfte führt, die Verbindung mit den anderen Gruppen unterhält und seinen Namen öffentlich bekannt gibt“, heißt es im Organisationsentwurf. Und weiter: „Jede Gruppe beschließt selbständig. Jede Gruppe kann die anderen Gruppen am Platze zu gemeinsamer Tagung der Gruppengemeinde einladen.“[3]

Nach diesem Entwurf entstehen erste Ortsgruppen, allen voran die „Gruppe Arbeit“ in Berlin, deren Mitglieder sämtliche organisatorische Arbeit erledigen, wie etwa die Herstellung und den Vertrieb von Flugblättern und Broschüren. Erich Mühsam soll ebenfalls eine Ortsgruppe bilden. Landauer erläutert ihm in wenigen Zeilen, was zu tun ist:

> *Ich schlage Dir vor, du fängst an, geeignete Menschen zu bearbeiten, besinnst Dich auf Namen und berichtest mir Sonntag. Geeichte Anarchisten kommen für Dich nicht in Betracht, die*

gruppieren sich schon selbst. Die 12 Artikel d[es] S[ozialistischen] B[undes] erhältst Du, sowie sie gedruckt vorliegen.[4]

Eine folgenreiche Vortragsreise

Im Sommer 1908 plant Gustav Landauer, den alljährlichen Ferienaufenthalt mit seiner Familie in Süddeutschland mit einer Reihe von Vorträgen zu verbinden, um den Aufbau lokaler Gruppen des Sozialistischen Bundes voranzubringen. Nach den langen Jahren des Rückzugs freut er sich darauf, endlich wieder öffentlich aufzutreten. Als er eine Einladung zu einer Vortragsreise in die Schweiz erhält, sagt er ohne Zögern zu. Der Einladungsbrief ist mit dem Namen „Mark Harda" unterschrieben. Doch als Landauer in Bern eintrifft, entpuppt sich der vermeintliche Herr Harda zu seiner Überraschung als gutaussehende junge Frau: Es ist die 26-jährige Schweizer Gewerkschaftssekretärin Margarethe Faas-Hardegger.

Seinen ersten Vortrag hält Gustav Landauer in Bern zum Thema „Die Verwirklichung des Sozialismus". Danach geht es weiter nach Zürich, wo er über den „Aufruf zum Sozialismus" referiert. Im Lauf der anschließenden Diskussion erhitzen sich die Gemüter derart, dass ein Tumult ausbricht und die Veranstaltung vorzeitig beendet werden muss.

Aufregend sind die Tage in der Schweiz für Landauer jedoch nicht nur deshalb. Die zwölf Jahre jüngere Margarethe Faas-Hardegger weckt leidenschaftliche Gefühle in ihm. Sie ist verheiratet und hat zwei kleine Töchter, lebt jedoch getrennt von ihrem Mann. Nach einer gemeinsamen Bergtour ins Berner Oberland geht Landauer ein Liebesverhältnis mit ihr ein.

Gleich nach seiner Abreise schreibt er den ersten von vielen Liebesbriefen an Margarethe. Er hat sich fest vorgenommen, seiner Frau von diesem Verhältnis zu erzählen: „[M]öglichst bald muß ich jetzt schon mit ihnen, mit Hedwig und auch mit Gudula, von Dir sprechen. Und dann kommst Du bald zu uns [...] dann mußt Du mit Deiner Person in ihr Leben kommen."[5] Im September bestätigt er Margarethe: „Ich habe meiner Frau alles gesagt und erzählt; es waren, ich wußte es, erst ein paar schwere Stunden, bis sie alles verstanden hatte und wußte und fühlte, daß ihr nichts genommen, daß ihr gegeben sein soll."[6]

Alles scheint Landauer seiner Frau aber doch nicht gesagt zu haben, denn ein paar Wochen später gesteht er: „[E]in Gewisses, Letztes, weiß sie nicht und soll sie nie wissen.“[7] So groß Landauers Bedürfnis ist, Margarethe Faas-Hardegger von seiner Frau zu erzählen und umgekehrt seiner Frau von Margarethe, sein Ehe- und Familienglück will er unter keinen Umständen aufs Spiel setzen. Er gibt Margarethe daher zu verstehen, dass jeder von ihr eintreffende Brief zuerst durch Hedwigs Hände geht: „[S]ie liest jeden Deiner Briefe. Aber nie meine. Ich kann das beides nicht: ihr das zeigen, was nur Dir gehört, und ihr das vorenthalten, was mich so selig macht.“[8]

Doch nicht nur Liebesbriefe schreibt Gustav Landauer an Margarethe Faas-Hardegger. Nachdem sie sich voller Eifer in die Organisation des Sozialistischen Bundes gestürzt hat, erhält sie von ihm auch entsprechende Anweisungen: „Wir brauchen überall kleine Kristallisationspunkte; gründe mir einen in Bern und auch in Zürich; und wenn's nur ein paar Menschen für den Anfang sind. Im Oktober soll der Bund richtig konstituiert werden; die einzelnen Gruppen, die das durch ihre Abgesandten besorgen, müssen vorher da sein. Komm Du dann zur Konstituierung nach Berlin.“[9]

Es wird dann doch Dezember, bis Margarethe nach Berlin reist. Obwohl der Anlass ihres Besuchs nicht vorrangig privat ist – es geht ja in erster Linie um die Arbeit des Sozialistischen Bundes –, stellt die Begegnung mit Landauers Familie sie vor eine heikle Situation. Hedwig Lachmann bemerkt das Knistern zwischen der attraktiven Schweizerin – die immerhin 17 Jahre jünger ist als sie selbst – und ihrem Mann sehr wohl. Umso mehr erstaunt es, dass sie Margarethe Faas-Hardegger mit aufrichtiger Freundlichkeit begegnet. Landauer ist selig über das harmonische Miteinander, das er sich erhofft, aber keineswegs erwartet hat, und betrachtet Margarethe nun gar als ein Mitglied der Familie: „Fühlst du mir's an, wie freudig ich bin, Margaretenmensch, daß Du jetzt bei uns zu Hause bist?“[10], schreibt er ihr gleich nach ihrer Rückkehr in die Schweiz.

Es dauert dennoch nicht lange, bis Landauers Leidenschaft abzukühlen beginnt. Nach ein paar Monaten nimmt die Arbeit des Sozialistischen Bundes in seinen Briefen einen immer größeren Raum ein, der Ton wird zunehmend sachlicher, geradezu „grauenhaft streng“, wie Margarethe Faas-Hardegger einmal traurig bemerkt. „Grauenhaft streng?“, wundert er sich. „Ach, das ist ja aber dasselbe, was Dir schon so sehr gut getan hat.“[11]

Der dritte Sozialist

Margarethe Faas-Hardegger ist es zu verdanken, dass der *Sozialist* nun zum dritten Mal gegründet wird, jetzt mit dem Untertitel *Organ des Sozialistischen Bundes*. Sie übernimmt zunächst auch die Redaktion unter ihrem Pseudonym „Mark Harda“. Angekündigt wird die neue Zeitschrift durch ein Flugblatt, auf dem zu lesen ist: „Der Sozialist will das Denken, das eigene Denken seiner Leser schöpferisch machen.“[12]

Am 15. Januar 1909 erscheint in Bern das erste Heft, mit einem Gedicht von Erich Mühsam auf der Titelseite. Die zweite Ausgabe im Februar enthält ein Gedicht von Hedwig Lachmann. Von März an erscheint der *Sozialist* halbmonatlich.[13] Nach einiger Zeit übernimmt erneut Gustav Landauer die Redaktion; er ist es auch, der die meisten Artikel für die Zeitschrift verfasst.

Martin Buber wird später einmal sagen, dass der *Sozialist* „das charaktervollste, also das beste Blatt Deutschlands“ gewesen sei.[14] Die Auflage bleibt allerdings gering; vielen Lesern ist der Stil zu anspruchsvoll. Doch in diesem Punkt will sich Gustav Landauer auf keinen Kompromiss einlassen: „Die Artikel des ‚Sozialist‘ sind den Arbeitern keineswegs wirklich unverständlich; sie müssen sich daran gewöhnen, daß es ernst zu arbeiten gilt, um die Dinge zu sehen, wie sie sind. [...] Es ist doch unmöglich, dass wir uns da von den Lesern sagen lassen, was sie lesen wollen.“[15]

Die Münchner „Gruppe Tat“

Inzwischen hat Erich Mühsam seinen Wohnsitz nach München verlegt. Dort ruft er gleich nach seiner Ankunft einen eigenen Ableger des Sozialistischen Bundes ins Leben – die „Gruppe Tat“. Unterstützung bekommt er dabei von Margarethe Faas-Hardegger. Sie hält während eines München-Aufenthalts im Mai 1909 einen Vortrag, den Mühsam als „ganz ausgezeichnet, ruhig, klug, instruktiv und doch erregend“[16] bewertet. Und so kann Mühsam tags darauf stolz an

Landauer vermelden: „Gestern ist nun die neue Gruppe tatsächlich begründet worden. Es waren im ganzen 10 Personen da, lauter gebildetere Leute, denen es um positives Tun, um wirklich sozialistische Arbeit zu tun ist. Es ist noch viel Zweifel und Einwand bei ihnen, aber ich denke, es ist willfähriges Material."[17]

Mühsam ist voller Elan. Die neue Aufgabe reizt ihn und er genießt es, weitgehend unabhängig zu sein, denn er ist weit genug von Berlin und Landauers wachsamem Blick entfernt, um unter der Schirmherrschaft des Sozialistischen Bundes auch eigene Ideen zu verwirklichen.[18] Seine Begeisterung hat dazu noch einen anderen Grund: Margarethe Faas-Hardegger hat es ihm mächtig angetan. Zu seinem großen Bedauern will sie München schon nach zwei Wochen wieder verlassen:

> *Morgen will Mark Harda nach Bern zurück. Wie ungern ich sie fortlasse, kann ich nicht in Worten sagen. Nicht nur der sozialistischen Zusammenarbeit wegen möchte ich sie hierbehalten. Für mich ganz persönlich wär es ein großes Glück, wenn sie länger bliebe.*[19]

Erich Mühsam unter Beschuss

Am 21. Oktober, einige Stunden nach einer Demonstration gegen die Hinrichtung des spanischen Anarchisten Francisco Ferrer, der in Barcelona einen Aufstand angezettelt haben soll, explodiert in der Münchner Burgstraße eine Sprengpatrone. Dabei entsteht erheblicher Sachschaden, es wird jedoch niemand verletzt. Die Polizei nimmt als Hauptverdächtigen den 17-jährigen Monteurshelfer Heinrich Kellner fest. Die Ermittlungen der Staatsanwaltschaft ergeben, dass der junge Mann mit etlichen Mitgliedern der „Gruppe Tat" in Verbindung steht, unter anderem mit Erich Mühsam und dem Gruppenwart Karl Morax. Gegen beide wird sofort ermittelt.

Obwohl sich Mühsam seit Wochen in Berlin aufhält, findet in seiner Münchner Wohnung eine polizeiliche Durchsuchung statt, eine Tage später auch in Landauers Wohnung in Hermsdorf. Die Berliner Zeitungen stürzen sich auf die Neuigkeiten und reichern ihre Artikel zum Thema mit allerlei Falschmeldungen an. Allein das *Berliner*

Tageblatt bleibt in seiner Berichterstattung sachlich, was Erich Mühsam veranlasst, sich mit einem Brief an die Redaktion dieser Zeitung zu wenden, um „der Legendenbildung entgegenzutreten, die sich in anderen Berliner Blättern schon jetzt bemerkbar macht".[20] Mit Galgenhumor lässt er die Redakteure wissen: „Von dem Attentat erfuhr ich zuerst durch die Berliner Zeitungen, die ich jetzt eifrig lesen werde, um von meiner Beteiligung daran mehr zu erfahren."[21]

Am 29. Oktober wird Mühsam in Berlin verhaftet und ins Charlottenburger Gerichtsgefängnis gebracht. Nach nur elf Tagen kommt er frei, im Gegensatz zu Morax, der ein halbes Jahr lang in Untersuchungshaft bleibt. Die Sache verläuft jedoch auch für Mühsam weniger glimpflich, als es zunächst scheint. Denn in der Tagespresse kursieren nun gehäuft Skandalberichte über ihn. Es heißt unter anderem, er sei homosexuell. Diesem Vorwurf kann Mühsam kaum etwas entgegensetzen, da er einen homosexuellen Freund hat, mit dem er lange durch Europa gereist ist: Der junge Mann heißt Johannes Nohl. Außerdem hat Mühsam 1903 eine Streitschrift mit dem Titel *Die Homosexualität* verfasst, von deren Inhalt er sich nach heftigen Protesten in einem offenen Brief distanzieren musste. Gustav Landauer, der eine konservative Auffassung von Ehe und Familie vertritt und daher die Homosexualität ablehnt, begrüßte diesen Rückzieher damals sehr, wie er Mühsam in einem Brief zu verstehen gab: „Mit großer Freude habe ich – zufällig von zwei Seiten – gehört, daß Du über Deine Broschüre zerknirscht bist. Die Herkunft dieses Schamgefühls möchte ich gerne von Dir erfahren; es ist schwer, über diese Dinge zu reden, aber ich möchte Dir gerne noch einiges sagen."[22]

Am 10. März 1910 steht Heinrich Kellner neben weiteren Angeklagten vor Gericht, um sich für das Sprengstoffattentat zu verantworten. Auf die Fragen, ob er mit einem gewissen Erich Mühsam bekannt sei und ob dieser möglicherweise homosexuell sei, antwortet Kellner beide Male mit Ja. Mühsam, der im Zuschauerraum sitzt, springt von seinem Platz auf und beantragt, als Zeuge einvernommen zu werden. Sein Antrag wird abgelehnt. Tatenlos muss er die weitere Befragung mit ansehen. Diese ergibt allerdings, dass weder Kellner noch die anderen Angeklagten jemals sexuelle Beziehungen mit Mühsam unterhalten haben.[23] Ein Verstoß gegen §175 des Reichsstrafgesetzbuches, der sexuelle Handlungen zwischen Männern unter Strafe stellt, liegt demnach nicht vor.

Am Ende des Prozesses wird der Hauptangeklagte Kellner wegen Sprengstoffdelikten zu 13 Monaten, die anderen Angeklagten wegen Begünstigung zu einigen Wochen Gefängnis verurteilt.[24] Erich Mühsam muss noch ein paar Monate auf seinen Prozess warten. Er hat als Autor von jetzt an einen schweren Stand, weil ihn die bürgerliche Presse gnadenlos boykottiert.

Ein schweres Zerwürfnis

Gustav Landauer ist über die Vorgänge in München höchst beunruhigt. Er fürchtet um den Ruf des Sozialistischen Bundes. Um sich von den Skandalberichten zu distanzieren, veröffentlicht er im *Sozialist* einen Artikel mit dem Titel *Tarnowska.* Dies ist der Name einer russischen Gräfin, die nach einer Mordanklage in Venedig vor Gericht steht. Landauer nutzt den Skandal um die äußerst freizügig lebende Gräfin, um zum Angriff gegen Homosexualität und freie Liebe zu blasen, die er als „kultur- und würdelose Schweinerei"[25] bezeichnet. Seine außereheliche Liebesbeziehung mit Margarethe Faas-Hardegger, die noch nicht allzu lange zurückliegt, scheint er erfolgreich verdrängt zu haben. Und in der aktuellen Situation bekommen die Worte, die er damals in seiner Verliebtheit an Margarethe richtete, einen geradezu demütigenden Beiklang: „Du bist der erste Mensch leichten Sinnes, dem ich Verehrung und Liebe bringe. Was sonst an Frauen Verführerisches, Nixenhaftes oder so was war, ist an mir abgeflossen [...]. An Dir aber ist der Sinn, die Haut, das Heidnische mir eine Lebendigkeit, ein Ausdruck, fast gar ein Symbol liebeschönster Innigkeit."[26]

Erich Mühsam ist von Landauers Artikel tief verletzt. Doch Landauer will das nicht verstehen: „Ich persönlich habe nur meine Meinung ausgesprochen, was ich für Verfallserscheinung und was ich für kulturwesentlich halte, und ich glaube, Du würdest viel, viel besser daran tun, meine Anschauung in sachliche Erwägung zu nehmen, als persönlich gekränkt zu sein."[27] Fast zerbricht die Freundschaft der beiden Männer an diesem Zerwürfnis, obwohl Mühsam das im Nachhinein nicht mehr so recht wahrhaben will, wenn er in versöhnlichem Ton schreibt:

> *Der einzige tiefgreifende Konflikt, den ich in den langen Jahren unserer Freundschaft mit Gustav Landauer hatte, betraf unsere weit auseinandergehende Auffassung über Ehe, Familie, geschlechtliche Ausschließlichkeit, Eifersucht und Promiskuität, ein Konflikt, der zwar das persönliche Verhältnis zwischen uns nicht lange trüben konnte, sachlich aber nie überbrückt wurde.*[28]

Am 22. Juni 1910 beginnt der Prozess gegen Erich Mühsam und seine Mitangeklagten. Auf Seiten der Verteidigung ist Gustav Landauer als Zeuge geladen, ebenso Margarethe Faas-Hardegger. Auch sie fühlt sich durch Landauers *Tarnowska* verletzt, da sie ihm vor einem Jahr einen Artikel für den *Sozialist* über die freie Liebe angeboten hat, den er jedoch abgelehnt hat. Als Margarethe bei ihrer Vernehmung gefragt wird, ob sie der freien Liebe huldige, antwortet sie: „Ich denke, Herr Staatsanwalt, dass Liebe niemals unfrei sein kann!“[29]

Nachdem die Staatsanwaltschaft am ersten Verhandlungstag eine lange Liste von Anklagepunkten vorgetragen hat, die belegen soll, dass die „Gruppe Tat“ ein Geheimbund im Sinne des Strafgesetzbuches ist, wird diese Anklage schon am nächsten Tag fallengelassen. Für die übrigen Delikte verhängt das Gericht Strafen, die bereits durch die Untersuchungshaft abgegolten sind.[30]

Ein paar Monate nach dem Prozess veröffentlicht Erich Mühsam mit dem Artikel *Frauenrecht* eine Antwort auf Landauers *Tarnowska*-Beitrag. Darin betont er, „daß Landauers Ansicht von der Heiligkeit der Ehe, der Familie und der Vaterschaft nicht etwa ein Postulat des Sozialistischen Bundes ist, und daß seine Meinung innerhalb des Bundes mit Gründen bestritten wird“.[31] Landauer legt in der nächsten Ausgabe des *Sozialist* mit dem Aufsatz *Von der Ehe* nach, der in einem überraschend milden, kompromissbereiten Ton gehalten ist.

Die Beziehung zwischen Mühsam und Landauer bleibt dennoch weiterhin stark belastet. Das zeigt sich ein Jahr später, als im *Sozialist* ein Beitrag von Mühsams Freund Johannes Nohl erscheint mit dem Titel *Fichtes Reden an die deutsche Nation und Landauers Aufruf zum Sozialismus.* Landauers Neuerscheinung[32] bespricht Nohl darin ausdrücklich lobend. Es ist „ein schöner, starker, klarer Aufsatz“, wie

Mühsam findet, „dazu der erste, den der Freund mit Unterzeichnung seines ganzen Namens veröffentlicht hat".[33] Landauer antwortet darauf völlig unerwartet in einem Ton, der Mühsam zutiefst empört:

> *Er wirft Johannes durch die Blume Pose, Mache, Abhängigkeit von George, Empfindungslosigkeit und selbst Unehrlichkeit vor und polemisiert in einem Ton, den ich nur gehässig nennen kann. [...] Ich bin wütend über Landauer. Das war wirklich nicht nötig, und wenn Johannes ihn jetzt heimtückisch, untreu, wortbrüchig nennt, so weiß ich kaum, wie ich ihm widersprechen kann. Ich erkläre mir Landauers Vorgehen psychologisch mit einer gewissen Eitelkeit. Er will unbestechlich sein, auch einem Lobe gegenüber, in dem er mit Fichte verglichen wird. Dadurch wird er ungerecht bis zur Gemeinheit.*[34]

Als Landauer in der folgenden Nummer des *Sozialist* „seine Frechheiten gegen Johannes fortsetzt"[35], ist das Maß für Mühsam voll: Er schreibt Landauer einen Brief „frei von allem diplomatischen Einlenken und Brückenbauen", denn er will wissen, „ob unsre Freundschaft fortbestehen kann oder nicht".[36] Gleichzeitig glaubt er zu wissen, wie die Antwort ausfallen wird, denn: „Landauer ist kein Mensch, der imstande wäre, sich Unrecht zu geben. Ich kenne seine Art zu gut: er wird alles [...] durch rabulistische Erklärungen mit seinem Privatverhalten in Einklang bringen, [...] um nur nicht Unrecht haben zu müssen. Wie wollte ich froh sein, wenn ich ihn falsch taxierte!"[37]

In den folgenden Tagen gehen noch etliche Briefe hin und her. Landauer gibt sich zunächst unnachgiebig, genau wie Mühsam befürchtet hat. Doch dann lassen beide Seiten erkennen, dass sie an ihrer Freundschaft festhalten wollen. Langsam nähern sich die zwei Männer einander wieder an. Der Konflikt wird beigelegt.

Sozialismus versus Marxismus

Gustav Landauers Vortrag, der 1908 zur Gründung des Sozialistischen Bundes geführt hat, erscheint 1911 als politische Schrift mit dem Titel *Aufruf zum Sozialismus*. In dieser Schrift fordert der Autor die Menschen dazu auf, sich mit anderen in selbstorganisierten Gemeinschaften zu assoziieren. An die Stelle von Autorität und Hierarchie, wie sie in einem Staat herrschen, sollen Solidarität, Kooperation und Selbstbestimmung treten:

„Sozialismus ist Umkehr; Sozialismus ist Neubeginn; Sozialismus ist Wiederanschluss an die Natur, Wiedererfüllung mit Geist, Wiedergewinnung der Beziehung".[38] An die Stelle des Staats soll ein föderalistisches Gefüge treten, ein „Bund von Bünden von Bünden; ein Gemeinwesen von Gemeinschaften von Gemeinden".[39]

Landauer rechnet in seinem Werk auch mit dem Marxismus ab, der aus seiner Sicht „nicht eine Wissenschaft ist, wofür er sich ausgibt, sondern ein negierender, zersetzender und lähmender Appell an die Ohnmacht, die Willenlosigkeit, die Ergebung und das Geschehenlassen".[40] Der „Vater des Marxismus" ist für ihn nicht das Geschichtsstudium, sondern „der Dampf. Alte Weiber prophezeien aus dem Kaffeesatz. Karl Marx prophezeite aus dem Dampf."[41] Nicht die Diktatur des Proletariats oder die Gesellschaftsordnung eines marxistischen Staatskommunismus kann aus Landauers Sicht die Welt verbessern, sondern vielmehr die Abschaffung des Proletariats und ein humaner Umgang der Menschen miteinander.

Landauer hat sich übrigens schon als junger Mann eingehend mit Karl Marx beschäftigt. Dabei kam er, trotz aller Ablehnung, nicht umhin, diesem bedeutenden Mann auch Respekt zu zollen. So notierte er während seines ersten Gefängnisaufenthalts:

> *[K]ein anderer Schriftsteller hat für mich so etwas Widerspruchsvolles wie Marx. [...] Bald ist er kalt, bald glutvoll, bald geistreich, bald unerträglich ermüdend. Alles in allem aber, und das ohne jeden Zweifel, ist und bleibt er ein ganz und gar ungewöhnlicher Mensch.*[42]

Nie kommt man durch Gewalt zur Gewaltlosigkeit

Aufruf zum Sozialismus wird eines der erfolgreichsten und meistgelesenen Werke von Gustav Landauer. Zu den zahlreichen Lesern gehört der junge Schriftsteller Oskar Maria Graf, der erst kürzlich von seinem Heimatort Berg am Starnberger See nach München gezogen ist. Durch einen Nachbarn kommt Graf in Kontakt mit Erich Mühsams „Gruppe Tat". Dabei locken ihn zunächst vor allem Neugier und Abenteuerlust, weil er sich unter Anarchisten nichts anderes als Bombenattentäter und „furchtbare Verbrecherverbindungen"[43] vorstellen kann. Dass „Anarchismus" nichts anderes als „Freiheit von Herrschaft" bedeutet und dass dieses Ziel nach Landauers Vorstellung ausschließlich auf gewaltlosem Weg anzusteuern ist, ist für Graf neu. Erst als ihm ein Mitglied der „Gruppe Tat" Landauers Schrift *Aufruf zum Sozialismus* zu lesen gibt, wird er eines Besseren belehrt. Zu Beginn wirkt die Lektüre allerdings reichlich verwirrend auf ihn, wie er später in seinem autobiografischen Roman *Wir sind Gefangene* schildert:

> *[W]as hatte denn das mit Anarchismus zu tun? Da kam doch gar nichts vor von Bomben und von Fürstenmord. Immer hieß es da nur ganz harmlos: „Der Sozialistische Bund ist eine Gemeinschaft von Menschen, die mit Hilfe eines Ideales eine neue Wirklichkeit schaffen wollen." Es wurde ferner von Gruppen, die diese Gemeinschaft, diese neue Menschengesellschaft allmählich gestalten sollten, geredet, von Aufteilung des Bodens und von Umstellung unserer ganzen Lebensart durch den Geist usw. Zuletzt kam ich auf den Gedanken, dass diese schlauen Füchse von Anarchisten vielleicht eine ganz andere Anwendung der Sprache hätten, damit man ihnen nicht auf die Spur komme.*[44]

Die Forderung nach einem gewaltlosen Anarchismus ist bei Gustav Landauer keineswegs erst im *Aufruf zum Sozialismus* aktuell. Als 1901 der amerikanische Präsident William McKinley einem anarchistischen Attentat zum Opfer fiel, beklagte Landauer in seiner Schrift *Anarchische Gedanken über Anarchismus*, „daß es fast zum anarchistischen Dogma geworden ist, die Tötung von Staatsoberhäuptern, wenn erst vollbracht, als etwas Anarchistisches anzusehen". Er selbst grenzte sich von einer terroristischen Taktik eindeutig ab, „denn was hat es mit Anarchismus, der Lehre von einer zu erstrebenden Gesellschaft ohne Staat und ohne autoritären Zwang, was mit der

Bewegung gegen den Staat und gegen legalisierte Gewalt zu tun, daß Personen ums Leben gebracht werden? Gar nichts." Stattdessen müssten die Anarchisten einsehen: „[E]in Ziel läßt sich nur erreichen, wenn das Mittel schon in der Farbe dieses Zieles gefärbt ist. Nie kommt man durch Gewalt zur Gewaltlosigkeit."[45]

Dank der viel beachteten Schrift *Aufruf zum Sozialismus* befindet sich der Sozialistische Bund im Hinblick auf die Zahl seiner Mitglieder und Ortsgruppen im Jahr 1911 auf dem Höhepunkt seiner Entwicklung. Und doch zeichnet sich schon da der Niedergang der Organisation ab: Zu Beginn des Jahres schreibt Martin Buber, Mitbegründer des Sozialistischen Bundes, an Gustav Landauer, dass er „keine rechte Freude mehr daran habe, nämlich an den Gruppenzusammenkünften. Und das liegt im Grunde nicht an der Gruppe, sondern an mir. In der Sache stehe ich genauso wie vorher, aber ich werde immer untauglicher zu dieser Art von Gemeinschaft."[46]

Das wichtigste Organ des Sozialistischen Bundes ist der *Sozialist*, dem Landauer als Autor und Übersetzer fremdsprachiger Artikel enorm viel Zeit opfert.[47] Als die Zeitschrift im März 1915 wegen der Einberufung des Schriftsetzers Max Müller zum Kriegsdienst ihr Erscheinen einstellen muss, bedeutet dies zugleich das Ende des Sozialistischen Bundes. Die Organisation wird zwar formal nicht aufgelöst, verliert jedoch völlig an Bedeutung.[48]

PAZIFISMUS IN KRIEGSZEITEN

„Unsere Zukunft liegt auf dem Wasser“, hat Kaiser Wilhelm II. am 23. September 1898 bei der Eröffnung des Stettiner Hafens gesagt. Mit dieser Losung hat das deutsche Kaiserreich seine Flotte seither zur zweitgrößten Kriegsmarine der Welt nach Großbritannien ausgebaut. Da der Kaiser internationalen Bedenken zum Trotz nicht zu einer Flottenbegrenzung bereit ist, verschärfen sich die Spannungen mit den Nachbarstaaten England und Frankreich. Europa wird zu einem Pulverfass, das beim kleinsten Funken explodieren kann. Als Wilhelm II. im Juli 1911 ein deutsches Kriegsschiff nach Agadir entsendet und Anspruch auf Westmarokko erhebt, steht Europa am Rand eines großen Krieges.

Anfang September 1911 veröffentlicht Gustav Landauer im *Sozialist* einen Aufruf zum Generalstreik gegen die drohende Kriegsgefahr. Vor 700 Menschen hält er eine Rede über die Möglichkeiten eines solchen Massenstreiks, der den Krieg verhindern soll. Diese Rede soll als Flugschrift mit dem Titel *Die Abschaffung des Krieges durch die Selbstbestimmung des Volkes* in einer Auflage von 100.000 Exemplaren gedruckt werden. Doch mitten in den Vorbereitungen platzt das Vorhaben durch den Hinweis eines Polizeispitzels. Die Staatsanwaltschaft lässt die Druckplatten, Druckbögen und alle schon fertigen Broschüren beschlagnahmen.[1] Es gelingt Landauer jedoch, seine Flugschrift im *Sozialist* zu veröffentlichen. 1919 erscheint der Text auch in seinem Buch *Rechenschaft*.

Der Forte-Kreis

Im Juni 1914 treffen sich in Potsdam acht Intellektuelle aus verschiedenen Nationen: der Dichter und Arzt Frederik van Eeden, der Psychiater Poul Bjerre, der Sinologe Henri Borel, der Dichter Theodor Däubler, der Schriftsteller Erich Gutkind, der preußische Staatsrat Florens Christian Rang sowie Martin Buber und Gustav Landauer. Drei Tage lang arbeiten die Männer an der Vorbereitung eines Kreises, der mit dem Ziel, kriegerische Konflikte zu verhindern, einen Beitrag zur Einung der Völker leisten will.[2] Gustav Landauer trägt sieben Thesen für einen „Bund der Aufbruchsbereiten" vor. Zu diesem Bund sollen Menschen gehören, „deren jeder seinen besonderen Weg, von sich aus das Seine zur Gestaltung des rechten Lebens zu tun, schon kennt und beschritten hat".[4] Der elitäre Kreis von Potsdam soll noch um einige Personen erweitert werden; man legt auch schon die Namen derer fest, die als zusätzliche Mitglieder vorgesehen sind. Es wird beschlossen, im August im namengebenden Ort Forte dei Marmi in Italien wieder zusammenzukommen.[3]

Auf der Liste der ausgewählten Kandidaten für den künftigen Kreis steht auch Richard Dehmel. Doch der nimmt die Einladung nicht an. Er habe nur mit Mühe die „redseligen neomessianischen Gründungsprojekte durchlesen können", schreibt er im Juli zurück. „Was mich natürlich nicht hindern wird, als Gast in euerm Klub mitzureden."[5]

Dann bricht der Erste Weltkrieg aus. Das Treffen des Kreises in Forte dei Marmi kommt nicht zustande. Ein neuer Termin wird für die Jahreswende 1914/1915 anvisiert. Auch dieses Treffen fällt aus, denn in kürzester Zeit entstehen enorme Spannungen zwischen den Beteiligten, die eigentlich die Völker einen wollten. Die Geister scheiden sich am Krieg. Florens Christian Rang schreibt kurz nach Kriegsausbruch an Frederik van Eeden: „Mein lieber Freund, ich bin mit mobil gemacht, hurrah! Und darf an diesem Kampf des edelsten und friedfertigsten Volkes gegen Neid und Rachsucht, die ihm die Kehle zuschnüren wollen, im Felde mittun – Gott sei gedankt."[6]

Nur ganz wenige Mitglieder des Kreises bleiben entschieden pazifistisch, allen voran Gustav Landauer. Enttäuscht über den Sinneswandel fast aller anderen, zieht er im Sommer 1915 die Konsequenzen und nimmt Abschied vom Forte-Kreis: „Ich gedenke mich jetzt mit solchen zu verbinden, deren Gefühl, Einsicht und Wille wesentlich mit mir geht", so begründet er seine Entscheidung.[7]

Das Weihnachtsfest muss ausfallen

Wie jedes Jahr verbringen Landauers den Sommer 1914 in Süddeutschland. Sie besuchen Freunde, Bekannte und die beiden Großmütter in Krumbach und Karlsruhe. Dieses Mal endet der Sommerurlaub vorzeitig. „Wir brechen unsere Erholungsreise ab und reisen nach Hause“, schreibt Landauer an den befreundeten Philosophen Ludwig Berndl. „Es ist nichts mehr zu hoffen und nichts zu fürchten; es ist da.“[8] Der Krieg ist ausgebrochen.

Brigitte Hausberger, die jüngste Landauer-Tochter, beschreibt viele Jahre später in ihren Erinnerungen ein Erlebnis, das die Familie auf der Heimreise nach Berlin hatte. In ihrem Zugabteil saßen einige englische Touristen und Hedwig Lachmann begann auf Englisch ein Gespräch mit ihnen.

> *Der Zug wurde in Weimar angehalten. Die Mobilmachung hatte begonnen. Ich erinnere mich an die feindselige Haltung der Mitreisenden gegen die Engländer, die plötzlich unsere „Feinde“ geworden waren, und gegen meine Mutter, die sich so freundlich mit ihnen unterhielt. Mutter begann leise zu weinen.*[9]

Bisher ist in der „freireligiösen“ Familie Landauer jedes Jahr Weihnachten gefeiert worden – mit einem großen, reich geschmückten Christbaum. Und immer hat der Vater für die Kinder den Weihnachtsmann gespielt und ihnen danach Märchen von Clemens Brentano vorgelesen. In diesem und in den folgenden Jahren fällt das Weihnachtsfest bei Landauers aus. Wenn Menschen im Krieg leiden und sterben, soll in ihrem Zuhause keine Feier stattfinden, beschließen die Eltern.[10]

Die Kinder akzeptieren die Entscheidung, auch wenn es ihnen vermutlich schwerfällt. Denn es bedeutet, dass sie auch auf die Weihnachtsgeschenke verzichten müssen, mit denen sie Freunde der Eltern – insbesondere Auguste Hauschner und Fritz Mauthner – immer reichlich bedacht haben. Ihr Vater hat den Freunden die Entscheidung gerade noch rechtzeitig vor Weihnachten mitgeteilt: „Ihr wart sonst so freundschaftlich, Groß und Klein bei uns mit einem Weihnachtspaket zu erfreuen. Bitte, nicht in diesem Jahr. Wir haben unsern Kindern gesagt, daß wir Weihnachten erst feiern werden, wenn der Krieg zu Ende ist, und sie verstehen es; laßt uns dabei.“[11] Tatsächlich bleibt die Entscheidung bis zum Kriegsende gültig.

Mit 51 Jahren an die Front

Hedwig Lachmann und Gustav Landauer sind schockiert, als sie erfahren, dass sich Richard Dehmel freiwillig zum Militär gemeldet hat. Die nationale Begeisterung hat ihn mit Haut und Haaren erfasst. Dabei hat er mit 51 Jahren die Altersgrenze längst überschritten. Nur dank einer Sondergenehmigung schafft er es, ins Infanterieregiment „Graf Bose" aufgenommen zu werden. Er lässt sich in Soldatenuniform fotografieren und verfasst kriegsverherrlichende Gedichte: „Sei gesegnet, ernste Stunde, / Die uns endlich stählern eint; / Frieden war in aller Munde, / Argwohn lähmte Freund wie Feind – / Jetzt kommt der Krieg, / Der ehrliche Krieg!"[12]

Gustav Landauer kann es nicht fassen, dass sich Dehmel wie so viele andere von der Kriegseuphorie hat anstecken lassen:

> *Ja, sie sind fast alle umgefallen, die Dichter und Denker! Dehmel fast am schlimmsten von allen; er dichtet voller Ungerechtigkeit gegen die fremden Nationen und voller Überhebung; und was das Schlimmste ist: ... ist das Zeug schlechte, gequälte Dichterei. Er ist übrigens, obwohl über fünfzig Jahre und obwohl er nie gedient hat, als Freiwilliger mitgegangen, war schon beim Abmarsch Unteroffizier und liegt im Schützengraben.*[13]

Dehmels Entschluss, am Krieg teilzunehmen, beendet seine Freundschaft mit Hedwig Lachmann und Gustav Landauer. Beide haben den Dichter hoch geschätzt.

Im Januar 1915 wird Richard Dehmel zum Leutnant befördert. Dann zieht er sich im Graben eine Venenentzündung zu und wird 1916 aus dem Militärdienst entlassen. Noch kurz vor Kriegsende fordert er die Deutschen in einem Aufruf zum Durchhalten auf. Am 8. Februar 1920 stirbt Dehmel an den Folgen der Venenentzündung aus seinem Kriegseinsatz.

Todesangst um Deutschland

So groß Landauers Enttäuschung über Richard Dehmel ist, noch schwerer wiegt für ihn der aufbrechende Konflikt mit Fritz Mauthner.

Der alte Freund ist 1905 von Berlin nach Freiburg gezogen. Dort lernte er die 23 Jahre jüngere Ärztin Hedwig Straub, geschiedene O'Cunningham, kennen, die unter dem Pseudonym Harriet Straub auch als Schriftstellerin arbeitet. Nachdem die beiden beschlossen hatten, ein Paar zu werden, entdeckten sie auf der Suche nach einem gemeinsamen Domizil das „Glaserhäusle" in Meersburg am Bodensee, in das sie 1909 einzogen. Seit Februar 1910 sind Fritz Mauthner und Hedwig Straub verheiratet.[14]

Nun muss Landauer, der mit dem Freund nach wie vor in regem Briefkontakt steht, zu seinem Entsetzen feststellen, dass sich auch Mauthner auf die Seite der Kriegsbefürworter geschlagen hat. Ausgerechnet der Mann, dessen „wundervolle Besonnenheit" und „ruhig untersuchende Objektivität" aus Landauers Sicht so dringend nötig wäre, redet sich ein, „man müsse jetzt ein ‚Deutscher' sein".[15] In den ersten Kriegsmonaten versucht Landauer in seinen Briefen immer wieder, Mauthner umzustimmen:

> *Du entschuldigst Dich, daß Du „in dieser Zeit" Philosophie treibst! Wann denn soll man sie treiben? Gibt es denn ein besseres Mittel gegen Wahnsinn und Mord als Philosophie? Wir sind die Angegriffenen, sind von Feinden umstellt und müssen uns in höchster Lebensgefahr wehren? Nichts anderes gilt jetzt? – Gewiß: Nur daß die Philosophie zu sagen hat, daß alle anderen genau in derselben verzweifelten Stimmung zu sein genau dasselbe Recht haben, daß die Philosophie weiß, daß alle angegriffen und alle nur in Verteidigung sind; daß die Philosophie weiß, daß das Wahnsinn ist. Es ist genug! Das zu rufen, wäre jetzt die Aufgabe der Philosophie.*[16]

Nachdem er sich diesen eindringlichen Appell von der Seele geschrieben hat, bittet Landauer seinen Freund auch schon um Verzeihung, dass er nicht lieber schweigt. „Aber ganz von dem still zu sein, was die Welt bewegt, geht nicht; und so muß ich einen Augenblick lang an die Wahrheit rühren, da wir Freunde sind."[17]

Fritz Mauthner, dessen „deutsches Empfinden" nach eigenem Bekunden „jetzt überwuchert", lässt sich von Landauers beschwörenden

Worten nicht beeinflussen. „Bei mir ist Todesangst um Deutschland das beherrschende Gefühl, bei Dir offenbar nicht, da Du das mindestens unglückliche Wort von dem ‚europäischen Soldaten' gebrauchst", entgegnet er halsstarrig und fügt den ungeheuerlichen Satz hinzu: „Wenn ich mit einem Fingerdruck England in die Luft sprengen könnte, so täte ich's und wäre glücklich."[18]

Es macht die Sache nicht einfacher, dass sich auch die Ehepartnerinnen gelegentlich in die Auseinandersetzung einschalten und den Konflikt damit verschärfen: Hedwig Mauthner teilt den patriotischen Standpunkt ihres Mannes genauso entschieden, wie sich Gustav Landauer und seine Frau in ihrem konsequenten Antimilitarismus einig sind. Als am 1. Dezember 1914 Hedwig Lachmanns Gedicht *Marcia funebre* im *Sozialist* erscheint, mit dem die Dichterin gegen das Grauen und die Leichenfelder des Krieges anschreibt, befeuert das die briefliche Kontroverse der beiden Paare aufs Neue.

Trotz allem hofft Landauer, dass sich zwischen ihm und Mauthner nach dem Krieg wieder ein freundschaftliches Verhältnis einstellen wird. Deshalb rührt er mit der Zeit immer seltener an das strittige Thema. Stattdessen spricht er Mauthner weiterhin bewusst mit „lieber Freund" an (diese Anrede behält auch Mauthner bei) und lässt seine Briefe häufig mit einer gewohnten Wendung enden, die nun fast beschwörend klingt: „Mit herzlichen Grüßen von Haus zu Haus".

Jahre später, im Oktober 1918, hält sich Gustav Landauer für zwei Tage bei Mauthners am Bodensee auf. Nach seiner Rückkehr schreibt er an den Freund: „Wiewohl die Zeit zu kurz war, ist es doch sehr gut, daß wir nach so vielen Jahren wieder beisammen gewesen sind. Unsere Gespräche waren, wie es nicht anders sein konnte, eine Mischung aus Nachspiel und Vorspiel; wenn wir, ich hoffe nächstens, wieder beisammen sind, werden wir freier sein."[19]

Es kommt, wie Landauer erhofft hat: Nach dem Krieg finden er und Mauthner zu ihrer Freundschaft zurück. Und als ahnte er, dass für einen eng verbundenen Austausch nicht mehr viel Zeit bleibt, schreibt Mauthner Anfang April 1919 an Gustav Landauer: „[M]ir wurde ganz klar, daß Du Dich in den 30 Jahren unserer Freundschaft eigentlich nicht im mindestens gewandelt hast. Hoffen wir, ich hoffe es wenigstens, daß auch ich zu dieser Treue gehöre und gehören werde."[20]

„Kriegsbuber"

Ende September 1914 schreibt Martin Buber an den Philosophen und Historiker Hans Kohn: „[N]ie ist mir der Begriff ‚Volk' so zur Realität geworden wie in diesen Wochen. [...] Ich selbst habe leider gar keine Aussicht, [als Soldat] verwendet zu werden; aber ich versuche, auf meine Weise mitzutun."[21] Auch Buber steht also – zumindest für einige Zeit – auf Seiten derer, die den Krieg befürworten, ja sogar einen Sinn in ihm erkennen wollen.

Für Gustav Landauer bedeutet Bubers Engagement erneut eine bittere Enttäuschung, zumal kaum jemand seine eigene pazifistische Überzeugung besser kennt als der Freund, den er nun den „Kriegsbuber" nennt. Allerdings mischen sich in Bubers patriotischen Standpunkt auch Zweifel an der Rechtfertigung des Krieges. So schreibt er im Oktober 1914 an Frederik van Eeden, der wie er Mitglied des noch bestehenden Forte-Kreises ist: „Ja, ich glaube an einen künftigen Kampf gegen die Gewaltherrschaft, aber der wird anders ausgekämpft werden als in einem Krieg des aufstrebenden Militarismus gegen den vollendeten, anders als in einem Krieg von Staaten gegen Staaten: in der Seele und im Leben der Völker."[22] Dann wieder gibt er 1916 im Vorwort zur ersten Ausgabe seiner neuen Zeitschrift *Der Jude* der Hoffnung Ausdruck, dass das Kriegserlebnis zur Entstehung eines neuen Gemeinschaftsgefühls beitragen könne.[23] Noch scheint er in seiner Überzeugung zu schwanken.

Im Frühjahr desselben Jahres zieht Buber aus Berlin fort und lässt sich mit seiner Familie im südhessischen Städtchen Heppenheim nieder. Gustav Landauer besucht ihn dort im Mai und nimmt zu seiner Erleichterung den Eindruck mit nach Hause, dass der „Kriegsbuber" der Vergangenheit angehört.[24] Allerdings ist er mit Buber noch lange nicht im Einklang, solange dieser die aktuellen Ereignisse weiterhin in seine „schönen und weisen Allgemeinheiten" einordnet.[25] Es wird noch eine Weile dauern, bis sich das Verhältnis zwischen Buber und Landauer entspannt.

Hedwig, Frau, Jüdin, Meine

In den Kriegsjahren ist es für Gustav Landauer der größte Trost, Hedwig Lachmann an seiner Seite zu haben. Sie bleibt genau wie er beharrlich bei ihrer pazifistischen Grundhaltung. Und während der anfängliche Kriegsjubel allmählich nachlässt, drückt Hedwig Lachmann ihre Überzeugung immer kraftvoller durch ihre Lyrik aus. Von einem ihrer ersten Antikriegsgedichte, das sie im Sommer 1915 verfasst, ist Gustav Landauer tief bewegt: „Ich finde es wunderschön und bin innig gerührt, daß gerade dieses Gefühl solange in Dir nach dem vollendeten Ausdruck suchte. Ich danke Dir, Hedwig, Frau, Jüdin, Meine.“[26] In diesem ungewöhnlichen Gedicht bekundet Hedwig Lachmann ihre Solidarität und ihr Mitgefühl mit denen, die im Kampf unterliegen:

Mit den Besiegten

Preist Ihr den Heldenlauf der Sieger, schmückt
Sie mit dem Ruhmeskranz, Euch dran zu weiden –
Ich will indessen, in den Staub gebückt,
Erniedrigung mit den Besiegten leiden.

Geringstes Volk! verpönt, geschmäht, verheert
Und bis zur Knechtschaft in die Knie gezwungen –
Du bist vor jedem stolzeren mir wert,
Als wär' mit dir ich einem Stamm entsprungen!

Heiß brennt mich Scham, wenn das Triumphgebraus
Dem Feinde Fall und Untergang verkündet,
Wenn über der Zerstörung tost Applaus
Und wilder noch die Machtgier sich entzündet.

Weit lieber doch besiegt sein, als verführt
Von eitlem Glanz, und, wenn auch am Verschmachten,
Und ob man gleich den Fuß im Nacken spürt –
Den Sieger und das Siegerglück verachten![27]

Bund Neues Vaterland und Zentralstelle Völkerrecht

Wie es scheint, können Hedwig Lachmann und Gustav Landauer die Menschen, die auf ihrer Seite stehen und ihre pazifistische Grundhaltung teilen, an einer Hand abzählen. Einer von diesen wenigen ist Erich Mühsam, der den schweren Konflikt mit Landauer offenbar überwunden hat, obwohl er weiterhin manch harte Kritik von ihm einstecken muss. Im Sommer 1915 schreibt Mühsam in sein Tagebuch: „Hoffentlich komme ich bald nach Berlin. Der Mann, an dessen Seite ich gehöre, ist Gustav Landauer."[28]

1915 wird Landauers politische Schrift *Aufruf zum Sozialismus* verboten. Landauer fährt in die Schweiz, wo er mit pazifistischen Künstlern wie Hugo Ball und Emmy Hennings zusammentrifft – die Atmosphäre in diesem Kreis ist Balsam für seine Seele.[29]

In dieser Zeit knüpft Landauer auch Kontakte zum Bund Neues Vaterland. Es handelt sich um eine pazifistische Vereinigung, die gegen Ende des ersten Kriegsjahres in Berlin gegründet worden ist und für Völkerverständigung und eine möglichst schnelle Beendigung des Krieges eintritt. Unter den Mitgliedern finden sich etliche prominente Persönlichkeiten wie Clara Zetkin, Stefan Zweig und Albert Einstein, über den sich Landauer sehr respektvoll äußert: „Was Einstein angeht, so gefällt er mir ausnehmend gut. [...] Aber [...] ich hatte nicht den Mut, ihn aus seinen Studien über Gravitation u[nd] dergl[eichen] auch nur für eine Stunde herauszureißen und in so was wie Tageskampf zu holen."[30]

Als der Bund Neues Vaterland 1916 verboten wird, gründen einige seiner Vertreter in Frankfurt am Main die Zentralstelle Völkerrecht, die für einen Verständigungsfrieden eintritt. Gustav Landauer und der liberale Politiker Ludwig Quidde verfassen gemeinsam den Gründungsaufruf. In dieser Zeit lernt Gustav Landauer ein weiteres Mitglied der Friedensorganisation Bund Neues Vaterland näher kennen. Dieser Mann wird seinem Werdegang eine bedeutende Wendung geben: Kurt Eisner.

Ein sozialdemokratischer Querulant

Kurt Eisner, geboren am 14. Mai 1867, stammt aus einer bürgerlich-jüdischen Berliner Kaufmannsfamilie. Nach dem Studium der Germanistik und Philosophie arbeitet er als Journalist, zuerst in Frankfurt, dann in Marburg. Unter Pseudonym schreibt er nebenbei Glossen und Essays für Berliner Zeitschriften, bis er 1897 für einen bissigen Artikel gegen die preußischen Behörden wegen Majestätsbeleidigung für neun Monate ins Gefängnis muss.

1898 wird Eisner Mitglied der SPD. Im selben Jahr holt ihn Wilhelm Liebknecht wegen seiner geschliffenen Sprache und seiner politischen Kompetenz zur SPD-Zeitung *Vorwärts* nach Berlin. Doch die endlosen Streitereien in der Redaktion und die Attacken der Parteikollegen zermürben Eisner; man ordnet ihn dem revisionistischen (reformerischen) Flügel der Partei zu – ein Vorwurf, den er lange nicht loswird. Schließlich lässt ihn August Bebel fallen. Eisner wird nach sieben Jahren zum Ausscheiden aus dem *Vorwärts* gezwungen. Er verlässt daraufhin nicht nur Berlin, sondern nach 13-jähriger Ehe auch seine Frau Lisbeth und die gemeinsamen fünf Kinder.

Anderthalb Jahre lang arbeitet Eisner als freier Schriftsteller, bevor er 1907 in Nürnberg Chefredakteur der *Fränkischen Morgenpost* wird. Wieder gerät er unter Beschuss: Als zwar getrennt lebender, aber noch verheirateter Familienvater beginnt er ein außereheliches Liebesverhältnis mit der 20 Jahre jüngeren Else Belli. Lisbeth Eisner versucht mit allen Mitteln, gegen dieses Verhältnis anzukämpfen; sie schaltet dazu sogar die SPD-Parteiinstanzen ein. Der daraus resultierende Klatsch und die Witzeleien über den „Casus Belli" machen Eisner in seiner Partei vollends zum Gespött.[31]

1910 lässt sich Kurt Eisner in München nieder und zieht in das Haus seiner Geliebten im Vorort Großhadern. Auch in München arbeitet er als Journalist für ein sozialdemokratisches Parteiblatt, diesmal die *Münchner Post*. Zu diesem Zeitpunkt hat Eisner mit Else Belli bereits zwei Töchter: die dreijährige Freia und die einjährige Ruth. Heiraten kann er seine Lebensgefährtin jedoch erst 1917, nach seiner Scheidung von Lisbeth.

Als der Erste Weltkrieg ausbricht, stimmen die Sozialdemokraten im Reichstag einstimmig für die Bewilligung der Kriegskredite. Auch Eisner reiht sich anfangs in die patriotische Front ein. Doch er schwenkt bald zu einem kriegskritischen Kurs um – sehr zum Unmut der Sozialdemokraten, die auf einen „Burgfrieden" mit dem nationalen Lager bestehen. Weil Eisner der Überzeugung ist, dass Deutschland am Krieg die Hauptschuld trage, wird er bei der *Münchner Post* von der Mitarbeit am politischen Teil ausgeschlossen; er darf fast nur noch Theaterkritiken verfassen. Seinen beabsichtigten Aufklärungskampf gegen die deutsche Kriegspolitik kann er nur noch in seinem eigenen *Arbeiter-Feuilleton* führen. Doch auch hier kann er wegen der Zensur nicht viel bewirken. Schließlich tritt Eisner in den Bund Neues Vaterland ein, wo er mit pazifistisch gesinnten Verbündeten zusammentrifft, unter ihnen Gustav Landauer. Die beiden Männer, die sich vielleicht schon während ihrer Zeit in Berlin kannten, aber damals kaum etwas miteinander gemeinsam hatten, schließen in diesem Moment Freundschaft.

Judentum und Sozialismus

Dass Gustav Landauer nach seinem Austritt aus der jüdischen Religionsgemeinschaft einen neuen Zugang zum Judentum gefunden hat, verdankt er, wie schon erwähnt, in erster Linie seinem Freund Martin Buber. Aus der Lektüre von Bubers *Legende des Baalschem* hat Landauer gelernt, „dass das Judentum nicht eine äußere Zufälligkeit, sondern eine unverlierbare innere Eigenschaft ist, deren Gleichheit eine Zahl Individuen zu einer Gemeinsamkeit verbindet".[32]

Am 18. Mai 1916 wird im Berliner Scheunenviertel das Jüdische Volksheim eröffnet. Die Einrichtung verfolgt mit Beratungs- und Bildungsangeboten das Ziel, die Begegnung verarmter osteuropäischer Einwanderer mit assimilierten deutschen Juden zu fördern. Der Leiter des Hauses ist der Arzt und Pädagoge Siegfried Lehmann, der bei der Konzeption der Einrichtung eng mit Martin Buber zusammengearbeitet hat und sich gern als dessen Schüler bezeichnet.[33] Bei der Eröffnungsveranstaltung hält Gustav Landauer einen Festvortrag zum Thema *Judentum und Sozialismus*. Er macht dabei deutlich, dass „nicht nur die ostjüdischen Benutzer von den länger Eingesessenen lernen könnten, sondern daß der ‚jüdische Geist' der Ostjuden für die westlichen Juden gleichfalls fruchtbar werden könne".[34]

Am nächsten Tag berichtet Landauer seiner Tochter Charlotte in einem Brief von der Veranstaltung:

> *Es war eine große Menge Menschen gekommen und in drei oder vier nicht zu großen Zimmern drängten sich an die 200 Menschen. Ein paar junge Leute haben da mit verhältnismäßig*

> *geringen Mitteln etwas Reizendes geschaffen. Die Wohnung ist ganz entzückend ausgestattet, wohltuend, traulich und ernst zugleich. Es sollen da Studenten, Kaufleute, Arbeiter beiderlei Geschlechts zusammenkommen, zu belehrenden Gesprächen und Vorlesungen; Mütter werden beraten, ein Kinderhort ist da, und zwei Stuben werden als Werkstätten für Tischlerei usw. eingerichtet, was gerade für die Juden, die aus dem Osten kommen und oft nichts als Hausierer und dergleichen gelernt haben, sehr wertvoll ist.*[35]

Es folgen weitere sieben Vorträge im Jüdischen Volksheim, in denen Landauer darlegt, wie sich Sozialismus und Judentum miteinander vereinbaren lassen, und in denen er seine Ideen zu sozialistischen Genossenschaftssiedlungen erläutert. Unter den Zuhörern befindet sich der junge Gershom Scholem, der sich später als bedeutender Religionshistoriker, Essayist und Dichter einen Namen machen wird. Er ist von den Ausführungen des Redners tief beeindruckt.[36]

Landauers Siedlungsideen haben auch einen wesentlichen Einfluss auf die Kibbuz-Bewegung in Palästina.[37] Mit dem Zionismus kann sich Landauer allerdings nicht identifizieren. Als Libertärer, der Anarchie als Freiheit von Herrschaft versteht und daher jedes Staatsgebilde ablehnt, stellt er den Sinn einer nationalpolitischen Erneuerung des Judentums infrage.[38] „Die starke Betonung der eigenen Nationalität, auch wenn sie nicht in Chauvinismus ausartet, ist Schwäche“[39], äußerte er schon in seinem Artikel *Sind das Ketzergedanken?*, der 1913 im Sammelband *Vom Judentum*, herausgegeben vom Jüdischen Studentenverein Bar Kochba in Prag, erschien.

Umzug nach Krumbach-Hürben

„[H]offen wir, daß es mir auch noch einmal im Leben gelingt, aus der schändlichen Unmoral des städtischen Federfuchser- und Mietswohnungsdaseins hinauszukommen“, schreibt Landauer im Juni 1916 an Fritz Mauthner, der in seinem „Glaserhäusle“ am Bodensee ein zufriedenes Dasein führt. „Meine Lage ist einigermaßen humoristisch im Sinne des Worts: ‚'s geschieht meinem Vater ganz recht, daß ich mir die Hände erfrier!‘; denn all diese Folgen des Stadt- und Literatenlebens, die ich jetzt recht kläglich miterlebe, habe ich vorausgesagt.“[40]

Von Erfrieren kann in diesem Moment zwar keine Rede sein, denn es ist Sommer. Doch in den letzten Wintern hatten Landauers unter der Kälte viel zu leiden. Als die kriegsbedingte Versorgungskrise im Winter 1916/1917 ihren Höhepunkt erreicht, wird die Lage unerträglich: „Ich friere an den Händen; das Zimmer ist nicht warm zu bekommen“, klagt Gustav Landauer. „Noch ein Glück, daß ich nicht mit den Füßen schreiben muß; da friere ich noch mehr.“[41] Außer an Brennstoff mangelt es auch an Lebensmitteln. Ein Glück, dass Vetter Hugo vor Kurzem in Daisendorf am Bodensee ein neues Gut erworben hat und auf seine Großzügigkeit nach wie vor Verlass ist: Er schickt große Pakete mit Kartoffeln, Karotten und Käse nach Hermsdorf.[42]

Anfang Februar 1917 erkrankt Hedwig Lachmanns Mutter in Krumbach schwer. Hedwig macht sich sofort auf den Weg dorthin. Doch sie kommt zu spät. Als sie eintrifft, ist ihre Mutter bereits verstorben.

Nun steht die Lachmann'sche Wohnung in der Synagogengasse 3 in Krumbach-Hürben leer. Gustav Landauer und Hedwig Lachmann beschließen deshalb, im Frühjahr, wenn Landauers Vortragssaison in Berlin zu Ende ist, für einige Monate mit Gudula und Brigitte dort einzuziehen. Im Mai ist es so weit. Die älteste Tochter Charlotte bleibt in Berlin, wo sie als Kindermädchen arbeitet. Sie soll sich um die Wohnung in Hermsdorf kümmern, bis ihre Eltern und Geschwister zurückkommen. Geplant ist eine Rückkehr im September.

Doch im Herbst fährt Gudula Landauer allein nach Berlin. Sie hat dort beim Pianisten und Musikpädagogen Leo Kestenberg eine Ausbildung zur Pianistin begonnen und will ihr Musikstudium fortsetzen. Ihr Onkel Adolf Otto und ihre Tante Franziska Otto, Hedwig Lachmanns Schwester, nehmen Gudula in ihrer Wohnung in Berlin-Grünau auf. Der Rest der Familie richtet sich auf längere Zeit in Krumbach ein. Hedwig Lachmann ist an den Ort ihrer Kindheit zurückgekehrt, wo ihr jeder Winkel vertraut ist. Auch Brigitte, die Jüngste, lebt sich schnell in Krumbach ein. Sie genießt die Freiheit, mit anderen Kindern durch die Natur zu streifen, und eignet sich im Handumdrehen den schwäbischen Dialekt an.[43]

Gustav Landauer fühlt sich ebenfalls wohl in der neuen Umgebung, nicht nur wegen der deutlich besseren Versorgungslage. Er empfindet die Menschen auf dem Land als längst „nicht so ekelhaft“[44] wie die Bewohner Berlins. Doch wie mag Landauer auf die Einwohner von Krumbach wirken? Als einen der Ihren betrachten sie ihn wohl kaum. Zu sehr hebt er sich von der ländlichen Bevölkerung ab, nicht nur in seinem Denken und Verhalten, sondern auch in seinem auffallenden Äußeren, das zu seinen Berliner Zeiten selbst für die Großstädter einen ungewöhnlichen Anblick bot:

> *Wie eine Mischung von Christus und Don Quixote sah er aus. Leidend und in sich gekehrt. Aber doch verträumt glücklich. Sanft und abgeklärt. Struppiger kleiner Spitzbart. Volles Haupthaar. Fast in Locken fiel es ihm auf den Kragen. Bauschige Halsschleife. Lässige Kleidung. Bohemien ohne gewollte, affichierte Genialität. Charakteristisch der mächtig weit ausgreifende Gang des übergroßen Mannes, dessen hagerer Körper in einem Pelerinenmantel schlotterte.*[45]

Auch Charlotte Landauer würde Berlin gern den Rücken kehren. Sie ist unglücklich in ihrer Anstellung als Kindermädchen. Da eines der von ihr betreuten Kinder im Dezember krank wird, bekommt Charlotte von ihren Arbeitgebern nicht einmal an Weihnachten die Erlaubnis, zu ihrer Familie nach Krumbach zu fahren. Ihre Eltern und Geschwister leiden mit ihr: „Du fühlst selbst, wie sehr nun gerade Du uns fehlen mußt. Leider ist es nicht zu ändern; und Du bist in dieser Kriegsweihnacht unsere Vermißte.“[46]

EIN SCHICKSALSSCHLAG IM JAHR DER REVOLUTION

Zu Beginn des Jahres 1918 ist im hundert Kilometer entfernten München von der anfänglichen Kriegseuphorie der Bevölkerung schon lange nichts mehr zu spüren. Wie in Berlin und anderen Städten herrscht Hungersnot. Und mit der steigenden Zahl verwundeter und gefallener Soldaten werden die Rufe nach einer Beendigung des Krieges immer lauter.

Der Januarstreik

In der Nähe des Münchner Hauptbahnhofs gibt es seit Dezember 1916 einen festen Treffpunkt von Kriegsgegnern: das Gasthaus „Zum goldenen Anker“ in der Schillerstraße. Jeden Montag finden in diesem Lokal Diskussionsabende statt, die Kurt Eisner eingeführt hat in der Absicht, die Teilnehmer zu einem „selbständigen politischen Denken und Urteilen“[1] anzuregen.

Eisner hadert seit Langem mit seiner Partei, der SPD, die der Kriegspolitik des Reiches von Anfang an zugestimmt hat. Als sich nach langen Kämpfen schließlich am 6. April 1917 der linke Flügel von der Partei abspaltet und aus ihm die Unabhängige Sozialdemokratische Partei Deutschlands (USPD) hervorgeht, wird Eisner zum Protagonisten der bayerischen USP[2]. Seine Montagstreffen im „Goldenen Anker“ bekommen immer größeren Zulauf. War es anfangs nur ein kleines Grüppchen von Teilnehmern, so finden sich bald hundert und mehr Gäste ein, um den brillanten Redner Kurt Eisner zu hören.

Eines der vorrangigen Ziele Eisners ist ein politischer Massenstreik, der eine Revolution herbeiführen und den Krieg beenden soll. Es kostet ihn mühsame Überzeugungsarbeit und etliche Anläufe – doch am 31. Januar 1918 scheint er dieses Ziel erreicht zu haben: Etwa 8.000 Arbeiter aus den Münchner Rüstungsbetrieben treten in einen Streik, der bis zum 3. Februar dauern wird.

Um 1 Uhr mittags begann der Straßenumzug der streikenden Arbeiter. In ruhiger und ernster Stimmung marschierten sie.

> *Es wurde nicht gesungen, kaum gesprochen. Sie trugen keine Fahnen, keine Plakate. An Fabriken, Kasernen, Lazaretten ging es vorbei. Zurufe hallten zu den dicht besetzten Fenstern hinauf: „Kommt mit! Wir wollen den Frieden!“*[3]

Am Abend versammeln sich die Streikenden im „Schwabinger Bräu“ und fordern das sofortige Ende des Kriegs. Kurt Eisner, der Hauptinitiator des Streiks, und etliche seiner Mitstreiter werden unter dem Vorwurf des Landesverrats noch in derselben Nacht verhaftet.

Hedwig Lachmanns jäher Tod

In Krumbach naht währenddessen auf leisen Sohlen das Verhängnis. Hedwig Lachmann leidet an einem grippalen Infekt, der zunächst nicht heftig und für die Jahreszeit auch nichts Ungewöhnliches ist. Nach ein paar Tagen scheint sich ihr Zustand zu bessern.

Genau zu diesem Zeitpunkt erfährt Gustav Landauer, dass sein Neffe Walter Landauer als Soldat eingezogen wurde und sich auf der Durchreise in Ulm aufhält. Er möchte Walter gern treffen und bittet Hedwig, ihn nach Ulm zu begleiten. Als sich der Zug vor der Heimfahrt verspätet, müssen sie eine Stunde lang auf dem kalten, zugigen Bahnhof warten und dann nochmals eineinhalb Stunden in der ungeheizten Bahn verbringen.[4]

Am nächsten Tag kann Hedwig Lachmann nicht mehr aufstehen, sie hat hohes Fieber. Der Arzt stellt eine Lungenentzündung fest. Sechs Tage lang wacht Gustav Landauer an ihrem Bett und muss hilflos zusehen, wie ihre Kräfte nachlassen.

> *Die Lungen keuchten, das Herz wurde schwach, sie war nur noch zu Zeiten bei uns; das Gestalten der Worte wurde ihr allmählich schwer, und was sie dann sagte, wurde ein Rufen aus der Tiefe herauf und war oft verwischt mit Phantasien, deren sie sich nicht erwehren konnte.*[5]

Am frühen Morgen des 21. Februar hört Hedwig Lachmanns Herz zu schlagen auf. Sie wird in aller Stille auf dem israelitischen Friedhof in Hürben beigesetzt.

„Eine Teilnahme an der Beerdigung wünschen meine Kinder und ich nicht“, schreibt der gramgebeugte Gustav Landauer in einer Todesanzeige, die er persönlich an Verwandte und Freunde versendet, „wer von denen, die diese Zeilen erhalten, im Laufe der nächsten Monate zum Gedächtnis unserer Toten zu uns kommen will, soll uns willkommen sein.“[6] Seinen Töchtern Charlotte, Brigitte und Gudula (die in Begleitung ihrer Tante Franziska Otto aus Berlin angereist ist) erlaubt Landauer nicht, den Leichnam der Verstorbenen noch einmal zu sehen. Sie sollen ihre Mutter beziehungsweise Stiefmutter so in Erinnerung behalten, wie sie sie zu ihren Lebzeiten gekannt haben.[7] Die jüngste Tochter Brigitte darf auf Anordnung ihres Vaters nicht einmal an der Beerdigung teilnehmen. Er möchte ihr den schmerzhaften Abschied am Grab ersparen. Sie wiederum glaubt, ihrem Vater am ehesten ein Trost zu sein, wenn sie ihren Kummer verbirgt. Und so versucht das erst elfjährige Kind mit herzzerreißender Anstrengung, nach außen hin ein lächelndes Gesicht zu zeigen.[8]

Nach der Beerdigung verfasst Gustav Landauer eine Gedenkschrift mit dem Titel *Wie Hedwig Lachmann starb,* die er im engsten Freundeskreis verteilen möchte. Die gedruckten Exemplare lassen jedoch auf sich warten, weil im April zu allem Unglück auch noch eine Postsperre über Landauer verhängt wird. Erst Ende des Monats kann er die Broschüre verschicken. Danach fällt er in eine Depression und ist für einige Monate außerstande zu schreiben.

Besuch in aller Heimlichkeit

Während Gustav Landauer und seine Töchter in Krumbach in Trauer versinken, sitzt ein junger Mann in der Münchner Militärarrestanstalt Leonrodstraße und wandelt sich durch die Lektüre politischer Schriften zu einem überzeugten Sozialisten.

Der Gefangene heißt Ernst Toller, ist 25 Jahre alt und stammt aus Samotschin in der Provinz Posen. Im August 1914 hat er sich freiwillig zum Kriegseinsatz gemeldet, weil er als Jude endlich einmal vorbehaltlos in die nationale Gemeinschaft aufgenommen werden wollte, aus der er sich immer ausgegrenzt fühlte. An der Front wird Toller jedoch bald zum Kriegsgegner. Die Schrecken des Stellungskriegs setzen ihm derart zu, dass er einen physischen und psychischen

Zusammenbruch erleidet. Im Januar 1917 wird er als nicht mehr „kriegsverwendungsfähig" aus dem Heer entlassen.

So kommt es, dass auch er im Januar 1918 an der Seite Kurt Eisners beim Streik der Munitionsarbeiter dabei ist. Nach Streikende wird Toller inhaftiert, später weist man ihn für einige Tage in die Klinik des völkisch gesinnten Psychiaters Emil Kraepelin ein. Er wird sogar nochmals zum Kriegsdienst eingezogen, kommt allerdings nicht mehr zum Einsatz an der Front, sondern in die „Genesendenbatterie Neu-Ulm".

Dort stiehlt er sich eines Sonntags aus der Kaserne und macht sich heimlich auf den Weg nach Krumbach. Er will Gustav Landauer aufsuchen, dessen Schrift *Aufruf zum Sozialismus* ihn tief beeindruckt hat, mit dem er auch schon einige Briefe gewechselt hat und den er sehr verehrt:

> *Ich frage mich, warum in dieser Zeit, in der die Menschen auf die Stimme der Wahrheit warten, dieser glühende Revolutionär schweigt. „Ich habe", sagt er, „mein Leben lang gearbeitet, daß diese Gesellschaft, die auf Lug und Trug, auf der Ausbeutung und Unterdrückung des Menschen ruht, zusammenbreche, jetzt weiß ich, der Zusammenbruch wird kommen, morgen oder in einem Jahr, ich habe das Recht und den Atem, mich für diese Zeit zu bewahren."*[9]

Verbannungsort mit Alpenblick

Auch Erich Mühsam hat am Januaraufstand teilgenommen und auch für ihn hat die Beteiligung Folgen – allerdings mit einiger Verzögerung. Er wird erst am 27. April 1918 verhaftet: zum einen, weil er angeblich gegen das politische Betätigungsverbot verstoßen hat, zum anderen, weil er sich im März geweigert hat, der Einberufung zum „Vaterländischen Hilfsdienst" Folge zu leisten.

Am nächsten Tag bringt man ihn nach Traunstein in Oberbayern, wo er auf unbestimmte Zeit in der Verbannung leben soll. Mühsam muss zumindest nicht im dortigen Zivilgefangenenlager übernachten, „in dem Engländer, Franzosen, Belgier, Russen, Rumänen, Serben, Italiener und wer weiß was noch für Landsleute interniert sind"[10], sondern darf sich frei in der Stadt bewegen. Allerdings muss er sich vier Mal täglich bei der Kommandantur melden:

> *Man nennt das gegen mich angewandte Verfahren „Aufenthaltsbeschränkung", es handelt sich also um eine Variation der „Schutzhaft" im Festungsstil. Ekelhaft genug ist die Geschichte für mich. Denn in der öden Junggesellenbude, die ich hier bewohne, ist meine Arbeit stark behindert …*[11]

Mühsams Unterkunft ist eine Wohnung direkt am Stadtplatz. „Traunstein ist sehr schön gelegen und ein nettes Städtchen mit guter Luft"[12], schreibt er in einem ersten Brief an seine bedrückte Frau Zenzl, mit der er seit 1915 verheiratet ist. Doch der muntere Ton ist aufgesetzt. Mühsam kann es trotz der idyllischen Lage des Orts am Rand der Chiemgauer Alpen kaum erwarten, wieder nach Hause zu kommen, denn „was Traunstein anlangt, so scheint es mir wie ein schönes Mädchen, das sich bei näherer Bekanntschaft als tückisch, hundsgemein und kuhdumm erweist".[13] Mühsam vermisst nicht nur Zenzl, die immerhin einmal wöchentlich zu ihm nach Traunstein kommt, sondern auch seine Freunde. Und so bittet er sie in seinen Briefen immer wieder darum, ihn an seinem Verbannungsort zu besuchen. Gustav Landauer, dessen Trauer um Hedwig Lachmann bleischwer auf seinem Gemüt lastet, antwortet ihm: „Deiner Einladung käme ich wahrhaftig gerne nach; aber ich darf an so etwas nicht denken, solange ich nicht richtig wieder zur Arbeit zurückgefunden habe."[14]

Ein Angebot aus Düsseldorf

Tatsächlich kann sich Landauer noch Monate nach dem Tod seiner Frau kaum aufraffen, seine Arbeit wiederaufzunehmen. Das ändert sich erst, als er einen Ruf aus Düsseldorf erhält.

Mit den Intendanten des Schauspielhauses Düsseldorf, Louise Dumont-Lindemann und Gustav Lindemann, steht Landauer schon seit 1916 in Verbindung. Er hat bei den sonntäglichen Matineen des Hauses regelmäßig Vorträge gehalten, die das Publikum begeistert aufnahm. Doch trotz der guten Beziehung zum Ehepaar Lindemann lehnte Landauer ab, als ihm im Frühjahr 1917 eine feste Dramaturgenstelle in Düsseldorf angeboten wurde. Da er zu dem Zeitpunkt noch mit seiner Familie in Hermsdorf lebte, zog er es vor, im Umfeld der Berliner Volksbühne zu bleiben.

Nun hat sich die Situation grundlegend geändert. Der trauernde Witwer in Krumbach muss sich nach einer Tätigkeit umsehen, mit der er den Lebensunterhalt für sich und seine Töchter bestreiten kann. Im April nimmt er erstmals alle Kraft zusammen und reist zu Vorträgen nach Düsseldorf und Frankfurt. Zufrieden über den Verlauf fasst er nach seiner Rückkehr vorübergehend wieder etwas Mut. Er nimmt sich vor, sein Buch über William Shakespeare zu vollenden, das auf einer Vortragsreihe der letzten Jahre basiert und im Februar schon zu drei Vierteln fertig war. Doch wieder verfällt er in Apathie und kommt weder mit diesem noch mit anderen Projekten auch nur einen Schritt voran.[15] „Es ist nicht zu leugnen: ich bin ein Wrack", klagt Landauer deprimiert.[16]

Im September hält er erneut einen Vortrag am Düsseldorfer Schauspielhaus, der beim Publikum die gewohnt gute Resonanz findet. Kurz darauf tritt ein unerwartetes Ereignis ein: Hans Franck, der Dramaturg des Schauspielhauses, muss wegen eines öffentlichen Skandals das Haus verlassen. Unter seiner Redaktion sind in der Theaterzeitschrift *Masken* Beiträge erschienen, an deren erotischem Inhalt die Schulbehörde und die Kirche Anstoß nehmen. Wieder erhält Gustav Landauer von den Intendanten ein Angebot. Und diesmal sagt er zu. Er übernimmt ab sofort die Redaktion der *Masken* und richtet sich darauf ein, die Nachfolge von Hans Franck anzutreten. „Bis sich die Verhältnisse einigermaßen klären, bleibe ich hier", schreibt er an Auguste Hauschner; „dann, wenn sich eine geeignete Wohnung findet, übersiedele ich mit den Kindern, natürlich auch Gudula, nach Düsseldorf."[17] Bald gelingt es ihm, in Benrath südlich von Düsseldorf ein Haus mit Garten anzumieten. Doch zum Umzug soll es nicht mehr kommen. In München überschlagen sich die Ereignisse.

Die Revolution nimmt ihren Lauf

Am 14. Oktober 1918 kommt Kurt Eisner aus dem Gefängnis frei und beginnt sofort, den Wahlkampf zu führen. Denn am 17. November soll eine Nachwahl zum Reichstag stattfinden und Eisner kandidiert für die USP. Erschreckend abgekämpft sieht er aus: Haare und Bart wuchern wild, sein Gesicht ist zerfurcht, er scheint um viele Jahre gealtert zu sein. Die achteinhalb Monate im Gefängnis haben ihn gezeichnet.

Kurze Zeit später, am 31. Oktober, endet auch Erich Mühsams Verbannung. Er kehrt aus Traunstein in seine Wohnung in der Münchner Georgenstraße zurück und ist voller Tatendrang: Für den 15. November plant er eine neue Ausgabe seiner Zeitschrift *Kain* – als Agitationsblatt für die Revolution, an der nach seiner Überzeugung kein Weg vorbeiführt.

Doch die Ereignisse kommen ihm zuvor, denn schon am 7. November ist es so weit: Die Revolution in München beginnt mit einer Friedenskundgebung auf der Theresienwiese, zu der SPD, USP und Gewerkschaften aufgerufen haben. Die königlich-bayerische Regierung hat die Versammlung sogar genehmigt; sie will der Bevölkerung ein Ventil zum Dampfablassen bieten. An die 60.000 Menschen nehmen an der Veranstaltung teil, bei der Kurt Eisner, Erhard Auer und etwa zehn weitere Redner an verschiedenen Plätzen zu ihren Zuhörern sprechen.

Nachdem SPD-Führer Erhard Auer seine Rede beendet hat, marschiert er mit einem Teil der Demonstranten durch die Innenstadt; am Friedensengel löst sich die Gruppe auf. Ein anderer Teil der Demonstranten dagegen zieht mit Kurt Eisner zu den Kasernen. Sie können die kriegsmüden Soldaten überzeugen, sich dem Zug anzuschließen. Innerhalb kürzester Zeit gibt es in der Stadt keine militärischen Einheiten mehr, die gegen die Revolutionäre mobilisiert werden könnten.

Bayern ist fortan ein Freistaat

Am frühen Abend desselben Tages konstituiert sich im „Mathäserbräu", einer großen Bierhalle in der Nähe des Münchner Hauptbahnhofs, ein Arbeiter- und Soldatenrat, zu dessen Vorsitzenden Kurt Eisner gewählt wird. Hinzu kommt auf Ansuchen des Bauernführers Ludwig Gandorfer ein Bauernrat.

Rasch werden kleine Trupps zusammengestellt, die das Telegrafenamt, das Kriegsministerium und andere strategisch wichtige

Einrichtungen besetzen. Währenddessen zieht Kurt Eisner weiter zum Landtag, wo er die Monarchie für beendet erklärt. Es ist die Geburtsstunde des Freistaats Bayern.

König Ludwig III., der tagsüber noch durch den Englischen Garten spaziert ist, flieht in derselben Nacht mit seiner Familie nach Schloss Wildenwart im Chiemgau. Die Monarchie ist gestürzt, die Herrschaft der Wittelsbacher in Bayern beendet – und es ist kein Tropfen Blut geflossen.

Am nächsten Morgen wird mittels Flugblättern und Aushängen die Republik verkündet und auf der Titelseite der *Münchner Neuesten Nachrichten* ist Eisners Proklamation zu lesen:

> *Bayern ist fortan ein Freistaat. […]*
> *Helft alle mit, daß sich die unvermeidliche Umwandlung rasch, leicht und friedlich vollzieht.*
> *In dieser Zeit des sinnlos wilden Mordens verabscheuen wir alles Blutvergießen. Jedes Menschenleben soll heilig sein.*[18]

An diesem 8. November wird auch ein provisorischer Nationalrat gebildet. Er setzt sich aus parlamentarischen Elementen und Elementen des Rätesystems zusammen. Eisner versucht so, zwei Systeme miteinander zu verbinden: auf der einen Seite das parlamentarische System mit den für einen festgelegten Zeitraum gewählten Abgeordneten, auf der anderen Seite die von Arbeitern, Soldaten und Bauern direkt gewählten Vertreter (Räte), die jederzeit wieder abberufen werden können. Der politische Einfluss der Arbeiter-, Soldaten- und Bauernräte, die ab sofort auch außerhalb Münchens entstehen (bis Dezember 1918 wächst ihre Zahl auf 7.000 an), ist allerdings stark eingeschränkt. Da die neue Regierung exekutive und gesetzgeberische Vollmachten weitgehend für sich in Anspruch nimmt, kommt den Räten ebenso wie dem Parlament kaum mehr als eine beratende Funktion zu.

Am 9. November stellt Eisner sein Kabinett vor – mit sich selbst als Ministerpräsident und Außenminister. Erhard Auer von der SPD wird Innenminister und erhält damit ein sehr einflussreiches Amt. Die übrigen Ministerposten verteilen sich auf drei weitere Sozialdemokraten, zwei Parteilose und ein Mitglied der USP; die SPD ist damit am stärksten im Kabinett vertreten.[19]

Von Eisner nach München gerufen

Ernst Toller ist im September aus der Armee entlassen worden. Als ihn die Nachricht vom Umsturz in München erreicht, liegt er mit hohem Fieber im Haus seiner Mutter in Landsberg an der Warthe: Die Spanische Grippe hat ihn niedergestreckt. Trotzdem schickt er sofort ein Telegramm an Eisner, in dem er seine Bereitschaft bekundet, sich in den Dienst der Revolution zu stellen. Postwendend erhält er die Antwort, dass seine Mitarbeit willkommen ist.

Kurt Eisner geht es indessen vorrangig darum, einen anderen für seine Regierung zu gewinnen, auf dessen Unterstützung er keinesfalls verzichten will: Gustav Landauer. Doch der ist ebenfalls durch die Spanische Grippe ans Bett gefesselt. Auf Eisners Einladungstelegramm antwortet er, er müsse sich zuerst „noch schonen, um am Leben zu bleiben".[20] Einige Tage später folgt ein weiterer Brief Eisners und obwohl Landauer noch nicht auskuriert ist, fährt er am 15. November in einem Zug, der so kurz nach Kriegsende völlig überfüllt ist mit heimkehrenden Soldaten, nach München. Im Hotel Wolff direkt gegenüber dem Hauptbahnhof mietet er sich ein.

Was er sich von der Revolution erwarten kann und welche Rolle er selbst im weiteren Geschehen spielen wird, darüber ist sich Landauer nicht im Klaren. Kurz vor seiner Abreise nach München hat er an Auguste Hauschner geschrieben: „Was ich dort vorfinden und also tun werde, wie lange ich bleibe, das alles weiß ich noch nicht. Für mich hat sich noch absolut gar nichts in der Welt geändert, nur die Möglichkeit zur Änderung ist noch da, und das wäre freilich viel ..."[21] Martin Buber gegenüber hat er sich am selben Tag konkreter und dezidiert kritisch geäußert: „[I]ch bin schärfster Gegner der baldigen Einberufung der sogenannten Nationalversammlung. Dahinter versteckt sich nur das vermoderte Parteiwesen, das mit größter Schamlosigkeit schon wieder so tut, als habe es Existenzberechtigung."[22]

Gustav Landauer geht es um die Durchsetzung eines basisdemokratischen Rätesystems. Darin liegt er mit Erich Mühsam auf einer

Linie; Mühsam arbeitet bereits im Revolutionären Arbeiterrat (RAR) mit, der nach der Revolutionsnacht „sofort zur praktischen Arbeit" geschritten ist:

> *Schon am zweiten Tag seines Bestehens machte er [der RAR] von seinem Kooptierungsrecht Gebrauch, indem er – sehr gegen Eisners Wunsch – mich in seine Mitte berief. Kurz darauf kooptierten wir Gustav Landauer, der erst nach dem Umsturz nach München gekommen war.*[23]

Im Fokus der Pressehetze

Das Regieren wird Kurt Eisner von Anfang an nicht leicht gemacht. Er sieht sich sowohl von radikalen Linken als auch von Konservativen und Rechten unter Druck gesetzt. Vor allem die Presse hat ihn sich zur Zielscheibe erkoren und lässt keine Gelegenheit aus, gegen den Ministerpräsidenten Stimmung zu machen. Bald geht das Gerücht um, Eisner heiße in Wirklichkeit Salomon Kosmanowsky und sei ein galizischer Jude. Dieses Gerücht glauben nicht nur konservative Politiker, sondern auch kirchliche Würdenträger, und helfen, es weiterzuverbreiten.

Eisner wehrt sich mit einer öffentlichen Erklärung gegen die Pressehetze. Seinen Mitstreitern genügt das nicht. Sie fordern eine Zensur der Presse im Dienst der Revolution. Am 6. Dezember sieht sich Erich Mühsam zu einer Aktion „gegen die Gemeinheit und die Prostitution der Presse" genötigt: Er beschließt, „einen Zug gegen eine besonders verhaßte klerikale Zeitung zu führen" (gemeint ist der *Bayerische Kurier*), und tatsächlich gelingt es ihm mit Unterstützung von etwa tausend Soldaten, „in dieser Nacht fast alle bürgerlichen Zeitungen Münchens zu besetzen".[24] Zu Mühsams Entsetzen macht Kurt Eisner diese Aktion jedoch unverzüglich rückgängig. „Die von ihm ‚befreite' Presse dankte ihm dadurch, daß sie eine Hetze gegen ihn veranstaltete, deren Wirkung am 21. Februar seine Ermordung durch den Grafen Arco war"[25], bemerkt Mühsam Jahre später noch immer fassungslos.

Gustav Landauer hat sich schon am Tag seiner Ankunft in München in einer Weise über die Lügen der Presse empört, wie man es von einem pazifistisch gesinnten Menschen wohl nicht erwartet hätte: „Wir brauchen ein völlig neues Zeitungswesen und ich würde keinerlei Gewalttat scheuen, um die alte Presse zu vernichten."[26]

Der Grund für Eisners Dilemma ist aus Landauers Sicht naheliegend: „Dass einer der verhassteste aller Menschen werden muss, der zugleich Pressfreiheit gibt und keiner Partei zur Herrschaft verhelfen will, wie könnte es anders sein, da die Parteien, die die Presse beherrschen, nicht das Rechte und Neue wollen, sondern ihre Herrschaft?"[27]

Wie es scheint, ist Landauer zunehmend bereit, die Revolution im Notfall mit Einsatz von Gewalt zu verteidigen. Denn als sich die Lage im Frühjahr des Jahres 1919 dramatisch zuspitzt, äußert er: „Das Problem der Gewalt macht mir nicht viel zu schaffen; blutige gebrauche ich keine; und das andere ist Notwehr gegen Gewalt."[28]

Weihnachten in Krumbach und München

Den Heiligabend 1918 verbringt Kurt Eisner mit seiner Familie und seinem Sekretär Felix Fechenbach bei Gustav Landauer und dessen Töchtern in Krumbach. „Seit 1913 der erste Lichterbaum, das erste Friedensfest!"[29], schreibt Landauer wehmütig an Auguste Hauschner. Möglicherweise erinnert er sich in dieser stimmungsvollen Atmosphäre daran, wie er früher, als seine Töchter noch klein waren, den Weihnachtsmann für sie gespielt hat.

> *Der Weihnachtsmann hat geklingelt und an die Tür geklopft und gefragt: Wer wohnt hier? Und Gudula ist blaß geworden und hat sich gleich straff zusammengefaßt und kräftig, mit leisem Zittern gerufen: Gudula Landauer. Und Brigitte hat lachend, wie über einen famosen Spaß, ihren Namen genannt und gemeint: Das ist ja der Papa! Darin habe ich die Natur und das Schicksal der zwei lieben Menschen beschlossen.*[30]

Jetzt, an diesem ersten Weihnachtsfest ohne seine Frau, überwältigt Gustav Landauer die Trauer um sie aufs Neue: „Die Revolution, nach der meine Frau mit mir so innig verlangt hatte, ist unser einziger Trost. Die Kinder sind ganz bei mir – in einer Welt von häßlichen Feinden."[31]

Was Landauer nicht wissen kann: Schon bald werden die Feinde dafür sorgen, dass dieses Weihnachten für Kurt Eisner und ihn das letzte ist. Ebenso wenig ahnen die beiden Männer, dass zur gleichen Zeit in München Eisners Gegenspieler Erhard Auer gefährliche Pläne schmiedet. Er will eine Bürgerwehr gründen, die den angeblich schädlichen Einfluss der Räte zurückdrängen soll. Gleich nach den Weihnachtstagen schreiten er und Justizminister Johannes Timm zur Tat. Gemeinsam mit den monarchistisch-reaktionären Kräften um Rudolf Buttmann, der als Leutnant im Ersten Weltkrieg gedient hat, rufen sie öffentlich zur Gründung einer Bürgerwehr auf.

Im provisorischen Nationalrat kommt es daraufhin zu einer scharfen Debatte. Wenig später ziehen Auer und Timm ihre Unterschriften unter den Aufruf zurück. „Was werdet Ihr nun wieder für Ungenügendes, Gefälschtes, Beschimpfendes über mich in den Zeitungen lesen?", schreibt Landauer seinen Töchtern nach Krumbach und fügt nicht ohne Genugtuung hinzu: „Wir haben heute im Nationalrat einen scharfen Vorstoß gemacht, der geglückt ist."[32]

Zumindest für den Augenblick ist die Gefahr abgewendet. Doch die Affäre bedeutet für Eisner einen tiefen Einschnitt: Er hat der Münchner Arbeiterschaft gegenüber an Glaubwürdigkeit eingebüßt, zumal er Auer weiterhin in seinem Kabinett behält, anstatt sich von ihm zu distanzieren.

Gustav Landauers Vater errichtete 1873 in Karlsruhe in der Langestraße 175b, später Kaiserstraße 183, ein mehrgeschossiges Wohn- und Geschäftshaus, in das er mit seiner Frau und den drei Söhnen einzog. Das Schuhhaus Hermann Landauer bestand bis 1932.

Landauer in jungen Jahren: Nach seinem Abitur studierte er Neuere Philologie und Philosophie in Heidelberg, Berlin und Straßburg.

„Ich bitte Sie um Ihr Bild", schrieb Gustav Landauer im Frühjahr 1899 an Hedwig Lachmann. Sie tat ihm den Gefallen und gab ihm dieses eigens angefertigte Porträt ins Strafgefängnis Tegel mit.

Mitglieder des Friedrichshagener Dichterkreises bei einem Gruppenausflug 1898: ganz links Wilhelm Bölsche, neben ihm Bruno Wille mit einer Handpuppe, links auf der Bank Gustav Landauer, neben ihm seine vierjährige Tochter Charlotte.

Vier Jahre lang war Erich Mühsam mit seinem Freund Johannes Nohl in mehreren europäischen Ländern unterwegs. „Neben mir der felsenbiedere Mühsam“, kommentierte der offen homosexuelle Nohl dieses Bild, das 1905 bei einem Fotografen in Zürich entstand.

Gustav Landauer auf dem Balkon: In diesem Haus in der Kaiserstraße 26, heute Fellbacher Straße, in Berlin-Hermsdorf wohnte Familie Landauer von Juni 1908 bis Juni 1914.

Das Familienbild schickte Gustav Landauer als Postkarte an den Philosophen Constantin Brunner. Hinten links Hedwig Lachmann, daneben Charlotte Landauer, vorn Brigitte, Gustav und Gudula Landauer.

Landauers Töchter Gudula, Charlotte und Brigitte (v.l.n.r.), um 1917.

„[D]ie Kinder zumal haben an Euch, Eurer Besitzung und dem Bodensee einen gewaltigen Narren gefressen", schrieb Gustav Landauer an Fritz Mauthner, nachdem Familie Landauer 1913 bei Mauthners zu Besuch gewesen war. Ein weiteres Treffen im Folgejahr verhinderte der Kriegsausbruch. V.l.n.r.: Fritz Mauthner, Charlotte Landauer, Hedwig Lachmann, Brigitte, dann Gustav Landauer und der Schriftsteller Emanuel von Bodman.

Landauer, um 1915.

Direkt neben der Synagoge in Krumbach-Hürben befand sich das jüdische Schulhaus, in dem Familie Landauer ab Mai 1917 wohnte. Nach Gustav Landauers Tod distanzierten sich die Ortsbewohner in einem Zeitungsbericht von ihm und seinen Angehörigen. Es hieß, Landauers seien zwar „geborene Juden“ gewesen, hätten jedoch „wie die Heiden“ gelebt.

Landauer 1917 in Krumbach.

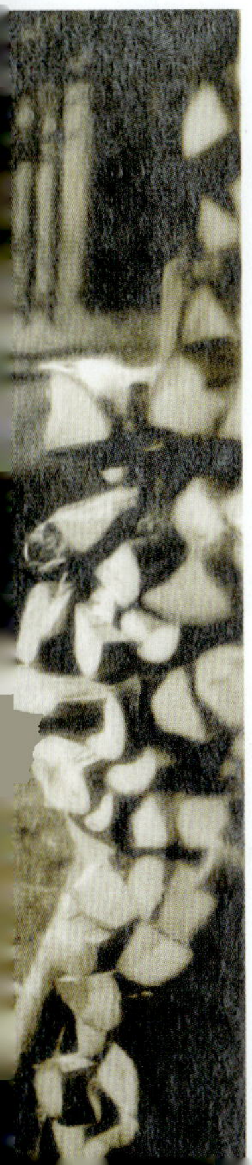

„Weine nicht mein Kind, man kann es nie zu Ende weinen", sagte Gustav Landauer zu seiner Tochter Gudula, als er mit ihr den jüdischen Friedhof in Krumbach-Hürben besuchte, wo Hedwig Lachmann ihre letzte Ruhestätte gefunden hatte. Die Verse auf ihrem Grabstein hatte sie einst ihrem verstorbenen Vater Isaak Lachmann gewidmet: O Geist, dagingegeben / Der dunkelsten Gewalt — / Wie sehnst du dich ins Leben, / Zurück in die Gestalt!

Ernst Toller auf einer erkennungsdienstlichen Aufnahme nach seiner Verhaftung im Juni 1919.

Der spätere Ministerpräsident Kurt Eisner kurz vor dem Januarstreik 1918.

Gustav Landauer und Erich Mühsam (halb verdeckt links neben Landauer) als Teilnehmer der Rätedemonstration am 16. Februar 1919 auf der Münchner Theresienwiese.

Am 26. Februar fand auf dem Münchner Ostfriedhof die Trauerfeier für den ermordeten Ministerpräsidenten Kurt Eisner statt. Gustav Landauer (neben dem Wagen) hielt eine Gedenkrede, die in fast allen Zeitungen erschien. Sein eigener Tod nur Wochen später wurde von der Presse nahezu übergangen.

„Du lieber Papa hast mir so ein schönes Bild von dir geschickt; vielen, vielen Dank dafür! Du bist wirklich sehr gut getroffen“, schrieb Brigitte Landauer am 6. April 1919 nach München. Sie sollte ihren Vater nie wiedersehen. Das Foto, das Landauer als Postkarte an seine Tochter geschickt hatte, stammte von dem Fotografen Heinrich Hoffmann. Er fertigte viele Porträts bekannter Revolutionäre an — und verwendete sie nach der Niederschlagung der Räterepublik für seine Hetzbroschüre *Ein Jahr bayrische Revolution im Bilde*.

Der Ideologe

(Th. Th. Heine)

„Der Kommunismus ist nur möglich, wenn alle ideale Menschen sind. Ich glaube von euch, daß ihr diese Voraussetzung erfüllt."

Der *Simplicissimus*, ein eigentlich brilliantes oppositionelles Satireblatt, schwenkte mit dem Ersten Weltkrieg auf einen nationalistischen Kurs um und zog nach dem Kriegsende auch über die Revolutionäre her. In der Ausgabe vom 13. Mai 1919 legte die Zeitschrift dem ermordeten Landauer unter der Karikatur „Der Ideologe" die Worte in den Mund: „Der Kommunismus ist nur möglich, wenn alle ideale Menschen sind. Ich glaube von euch, daß ihr diese Voraussetzung erfüllt."

Gustav Landauer nach seiner Verhaftung, umringt von konterrevolutionären Soldaten – einer davon direkt rechts von Landauer, mit Gewehr und fast vollständig von seinem großgewachsenen Gefangenen verdeckt. Über den exakten Ort und das Datum der Aufnahme liegen keine gesicherten Angaben vor; ihr Entstehen lässt sich am wahrscheinlichsten auf den etwa fünf Kilometer langen Fußmarsch vom Sendlinger Oberfeld zum Gefängnis Stadelheim am 2. Mai 1919 eingrenzen.

DER KURZE TRAUM VON DER RÄTEREPUBLIK

Obwohl Gustav Landauer von Anfang an eng mit Kurt Eisner zusammenarbeitet, ist er mit ihm nicht immer einer Meinung. Vor allem kritisiert er Eisners Festhalten am Parlamentarismus und seine allzu große Bereitschaft, sich auf Kompromisse mit der SPD einzulassen: „[E]r tut jetzt manches, um die Parteien und die zu ihnen gehörigen Ministerkollegen zu befriedigen, was ich für falsch halte."[1] So scheiterte etwa zu Beginn seiner provisorischen Regierungszeit Eisners Wunsch, neben dem Parlament auch ein basisdemokratisches Rätesystem verfassungsmäßig zu verankern, am Widerstand der SPD. Eisner lenkt ein: Als am 4. Januar 1919 auf seine Initiative ein vorläufiges Staatsgrundgesetz eingeführt wird, ist darin nur noch vom Landtag die Rede; die Räte werden mit keinem Wort erwähnt.

Eine herbe Wahlniederlage

Gustav Landauer hat im Übrigen schon vor seiner Ankunft in München vor allzu frühen Wahlen gewarnt: „Ganz anderes tut not; und ich hoffe, ich werde durchsetzen, dass Bayern es tut und Wahlen zur Nationalversammlung vor der Schaffung eines neuen Geistes ablehnt."[2]

Der SPD-Vorsitzende Erhard Auer nutzt jedoch weiterhin seinen einflussreichen Posten als Innenminister, um Eisners Position gezielt zu schwächen. Er und seine Partei (die Erich Mühsam in Anspielung auf seinen Namen gern als „Auerochsen" bezeichnet) sind es auch, die auf einen denkbar frühen Termin für die Landtagswahl gedrängt und sich damit durchgesetzt haben: Die Wahl soll am 12. Januar 1919 stattfinden.

Der provisorischen Regierung Eisners bleibt damit kaum Zeit, ihre Kompetenz unter Beweis zu stellen, zumal Hunger und Arbeitslosigkeit, Kriegszerstörungen und wirtschaftliche Not nach wie vor das Leben der Menschen bestimmen. Eisners Verdienste – etwa die Einführung des Frauenwahlrechts, des Acht-Stunden-Arbeitstages oder einer Arbeitslosenversicherung – treten in dieser Situation weit in den Hintergrund. Für „grundlegende Umwandlungen“ scheint kaum der rechte Zeitpunkt zu sein, denn „wie soll man an so etwas denken, wenn man zum Beispiel heute noch nicht weiß, ob Bayern Mitte nächster Woche noch Kohlen haben wird?“[3], sorgt sich Gustav Landauer.

Auch dafür, dass unter seiner Regierung die geistliche Schulaufsicht abgeschafft worden ist, erntet Eisner keinen Dank. Im Gegenteil, die katholische Kirche betrachtet diesen Schritt als Kampfansage und macht all ihren Einfluss geltend, um in ihrem Sinn auf die Wähler einzuwirken. Sie wünscht sich die neu gegründete Bayerische Volkspartei als Wahlsieger, da diese „in allen Fragen der Kultur auf dem Boden der christlichen Weltanschauung“[4] stehe. Am Wahlergebnis wird sich zeigen, dass die Kirche tatsächlich enormen Einfluss auf die bayerische Wählerschaft hat.

Womit Kurt Eisner aber den meisten Hass auf sich zieht, ist seine Haltung zur Frage der Kriegsschuld. Schon im zweiten Kriegsjahr ist er zu der Überzeugung gelangt, dass das Deutsche Reich den Krieg zu verantworten habe. Um dies zu belegen, hat er Ende November 1918 entsprechende Geheimakten an die Presse weitergegeben (was ihm während des Kriegs wegen der Pressezensur verwehrt war). Eisner erntet damit einen Sturm der Entrüstung. Weite Teile der Bevölkerung sehen in ihm einen Vaterlandsverräter.

Bei den Wahlen zur bayerischen Nationalversammlung bekommt Kurt Eisner die Rechnung serviert: Seine USP erreicht gerade einmal 2,5 Prozent der Stimmen. Wahlsieger wird die Bayerische Volkspartei mit 35 Prozent, gefolgt von der SPD, die 33 Prozent erreicht.

Auch für Gustav Landauer bringt das Wahlergebnis eine Niederlage. Er hat sich in seinem Wahlkreis Krumbach als Kandidat auf die USP-Liste setzen lassen, obwohl er keiner Partei angehört: „Stimmen bekomme ich hier natürlich nicht viel; es fehlt an jeder Organisation; ich muß alles allein machen. Mir liegt daran, daß der Bauernbündler gewählt wird statt dem Klerikalen; die beiden haben allein wirklich Aussicht.“[5] Tatsächlich fällt Landauers Ergebnis mit 57 Stimmen so schlecht aus, wie er es erwartet hat.[6]

Hoch das Rätesystem!

Im Deutschen Theater in München beginnt am 13. Februar 1919 unter dem Vorsitz des Sozialdemokraten Ernst Niekisch der erste landesweite Kongress der bayerischen Arbeiter-, Soldaten- und Bauernräte. Er hat das Ziel, den Fortbestand der Räte über den 21. Februar – den Tag der Einberufung des Landtags – hinaus zu sichern. Die Räte sollen nach Beschluss der Delegierten in der Verfassung verankert werden und man fordert eine umfangreiche Mitwirkung in der Exekutive und Legislative.[7]

Die Tagung, die bis zum 20. Februar dauert, wird am 16. Februar ausgesetzt: An diesem Tag versammelt sich auf der Theresienwiese eine große Menschenmenge, um für das Rätesystem zu demonstrieren. Die Demonstranten ziehen durch die Innenstadt bis zum Siegestor und wieder zurück zur Theresienwiese. Landauer, der diese Veranstaltung mit initiiert hat, erstattet seinen Töchtern anschließend Bericht:

> *Die Demonstration war großartig; der Vorbeimarsch dauerte über eine Stunde; alles wehte von roten Fahnen, eine Unzahl Tafeln mit Inschriften; ganz München erdröhnte von den Rufen „Hoch …" und „Nieder …", die rhythmisch aus den Gruppen kamen; und dazwischen wurden revolutionäre Lieder gesungen. Es waren mindestens 80.000 Menschen im Zug; die andern Einwohner Münchens standen, oft in dichten Reihen, als Zuschauer auf den Straßen, und die Begrüßung war meist sehr sympathisch.*[8]

Mitten im Demonstrationszug befinden sich in einem offenen Wagen Kurt Eisner, seine Frau Else und sein Sekretär Felix Fechenbach. Ein paar Schritte hinter dem Wagen halten Demonstranten eine Tafel hoch, auf der zu lesen ist: „Die Reaktion marschiert! Hoch das Rätesystem!" Damit bringen die Räteanhänger ihren Protest gegen Eisners Politik zum Ausdruck, mit der er die Räte ihrer Ansicht nach im Stich gelassen hat.[9]

Während der Rätekongress anschließend seine Arbeit wieder aufnimmt, bereitet der ehemalige Kriegsteilnehmer und Obermaat

Konrad Lotter, Mitglied im Landessoldatenrat und im provisorischen Nationalrat, mit 600 Matrosen einen Putsch vor. Sein Ziel: Erhard Auer soll als Ministerpräsident eingesetzt, Kurt Eisner verhaftet und in die Tschechoslowakei abgeschoben werden. Am 19. Februar besetzen die Matrosen das Münchner Telegrafenamt und bringen den Polizeipräsidenten und den Stadtkommandanten in ihre Gewalt. Dann versuchen sie, den Landtag zu erobern, scheitern jedoch am Widerstand der Landtagswachen. Bei einer letzten Schießerei vor dem Hauptbahnhof kommt ein unbeteiligter Mann ums Leben. Danach bricht der Putsch zusammen.[10]

Ein verhängnisvoller Tag

Am Vormittag des 21. Februar verlässt Kurt Eisner seinen Amtssitz, das Palais Montgelas am Promenadeplatz, und macht sich auf den Weg zum Parlamentsgebäude. Sein Sekretär, der Schriftsteller Felix Fechenbach, und zwei Leibwächter begleiten ihn. Heute, am Tag der Landtagseröffnung, will Eisner den Rücktritt seiner Regierung bekanntgeben.

Fechenbach mahnt zur Vorsicht: Er erinnert Eisner an die Hassartikel in der Presse und an die zahlreichen Drohbriefe, die noch in den letzten Tagen eingegangen sind. Reaktionäre Studenten haben kürzlich sogar Flugblätter mit der Aufforderung zum Mord an Eisner verteilt. Deshalb schlägt Fechenbach vor, einen Schleichweg über den Hinterausgang des Hotels Bayerischer Hof zu wählen. Von dort sind es nur ein paar Schritte über die Straße in den Landtag. Eisner will nichts davon wissen. „Man kann einem Mordanschlag auf die Dauer nicht ausweichen", meint er, „und man kann mich ja nur einmal totschießen."[11]

Kaum ist der Ministerpräsident in die Promenadestraße eingebogen, passiert es: Ein junger Mann springt aus einem Hauseingang hervor, läuft von hinten auf Eisner zu und schießt. Von zwei Kugeln getroffen, bricht Eisner zusammen; er ist auf der Stelle tot.

Der Attentäter wird von einem herbeigeeilten Wachsoldaten mit mehreren Schüssen niedergestreckt. Er kommt schwer verletzt ins Krankenhaus, wo ihn der berühmte Chirurg Ferdinand Sauerbruch notoperiert. Der 22-jährige Anton Graf Arco auf Valley überlebt. Er wird später angeben, den Mord an Eisner aus Hass auf den Bolschewismus und das Judentum verübt zu haben.

Im Landtag löst die Nachricht von der Ermordung des Ministerpräsidenten Entsetzen aus. Gerade hat Innenminister Erhard Auer beteuert, mit dem Attentat nichts zu tun zu haben, da stürzt der Schankkellner Alois Lindner, ein Mitglied des Revolutionären Arbeiterrats, in den Saal. Aus Überzeugung, Auer habe den Mord an Eisner veranlasst, feuert er zwei Schüsse auf ihn ab. Auer ist schwer verletzt, wird aber überleben. Es kommt zu einer wilden Schießerei; dabei werden zwei weitere Personen, der Abgeordnete der Bayerischen Volkspartei Heinrich Osel und Major Paul von Jahreis, Referent im Militärministerium, tödlich verletzt.

Gustav Landauer hält sich an diesem verhängnisvollen Tag nicht in München auf. Es ist der erste Todestag seiner Frau Hedwig Lachmann. Deshalb fährt er nach Krumbach zu seinen Töchtern, wo sich zu der Zeit auch die beiden Töchter von Else und Kurt Eisner aufhalten. Charlotte Landauer berichtet später, wie sie den 21. Februar 1919 erlebt hat:

> *Ruth Eisner und Brigitte lagen krank zu Bett. Ich ging fort, Blumen holen, um Mutters Schreibtisch zu schmücken. Vater wollte kommen, um am ersten Todestag mit uns zusammen zu sein, und ich wollte ihn von der Bahn abholen. Unterwegs zum Blumenladen kommt eine fremde Dame auf mich zu, sie kannte mich, und sagte mir die Schreckensbotschaft von Eisners Ermordung. Auf der Post war meine Depesche vorgelesen worden, und so wußten es schnell alle Menschen. Ich raste nach Haus, um vor der Botschaft da zu sein, kam aber eine Minute zu spät. Gudi stand leichenblaß mit der Depesche da. Ich riß sie ihr aus der Hand, aber die kleine Freia, die gerade mit Frühlingsblumen hereinkam, hatte die schnelle Bewegung gesehen, auch meine Augen, die voller Tränen standen, und sie schrie sofort schrecklich auf: „Ist mein Vater tot?" Diesen Schrei des Kindes vergesse ich nie.*[12]

Als Gustav Landauer in Krumbach aus dem Zug steigt, erfährt er von seiner ältesten Tochter, was passiert ist. Er beschließt, sofort nach

München zurückzufahren, doch der Zugverkehr ist bis zum nächsten Tag gesperrt. Die Nachricht von Eisners Ermordung erschüttert Landauer zutiefst: „Ich habe diesen Mann im Leben unter Schmerzen lieb gehabt", vertraut er Martin Buber an, „die Schmerzen sind nun weg; ich habe ihn in die Liebe und Treue aufgenommen, die mich am Morgen seines Todestages zu meinen Kindern rief."[13]

Am 26. Februar findet Eisners Beerdigung statt. Die Beteiligung der Bevölkerung ist enorm: 100.000 Menschen bilden einen kilometerlangen Trauerzug, der von der Theresienwiese zum Ostfriedhof führt. Angesichts der Feindseligkeit, die Eisner in seiner kurzen Amtszeit erfahren hat, hätte kaum jemand einen solchen Andrang erwartet.

Gustav Landauer hält für seinen Freund eine Trauerrede, die auch in der Presse veröffentlicht wird:

> *Kurt Eisner, der Jude, war ein Prophet, der unbarmherzig mit den kleinmütigen, erbärmlichen Menschen gerungen hat, weil er die Menschheit liebte und an sie glaubte und sie wollte. Er war ein Prophet, weil er mit den Armen und Getretenen fühlte und die Möglichkeit, die Notwendigkeit schaute, der Not und Knechtung ein Ende zu machen.*[14]

Wer soll nun regieren?

Nach den dramatischen Ereignissen des 21. Februar ist der Landtag in der Prannerstraße wie leergefegt. Die Mitglieder des Parlaments haben in Panik die Flucht ergriffen. Am Nachmittag des Mordtages versammeln sich auf der Theresienwiese an die 100.000 Menschen. Mit Plakaten fordert die aufgebrachte Menge, gegen alle Zeitungen vorzugehen, die mit ihren Artikeln gegen Eisner gehetzt haben. „Überall wiederholte sich das gleiche Schreien nach Rache", beschreibt der Schriftsteller Oskar Maria Graf die aufgeheizte Stimmung. „Die Massen kamen ins Treiben, der Strom floss durch die Stadt. Das war anders, ganz anders als am 7. November. Wenn jetzt einer aufgestanden wäre und hätte gerufen: ‚Schlachtet die Bürger! Zündet die Stadt an! Vernichtet alles!', es würde geschehen sein."[15]

Am Abend desselben Tages bildet sich ein „Zentralrat der Republik Bayern", der die Lage in der Stadt unter Kontrolle bringen soll. Den

Vorsitz übernimmt Ernst Niekisch von der SPD. Man ordnet eine nächtliche Ausgangssperre an und verhängt über München den Belagerungszustand: Raub, Plünderung und Diebstahl stehen unter Todesstrafe. Außerdem herrscht ab sofort Pressezensur, da den Zeitungen eine bedeutende Mitschuld an Eisners Ermordung angelastet wird. Diese Maßnahme ist ganz in Landauers Sinn: „Glaubt nur ja den Zeitungen kein Wort", schreibt er an seinen Schwager Julius Lachmann und seine Schwägerin Franziska Otto nach Berlin, „es seien denn die bayrischen, die vorläufig und hoffentlich noch lange zum Guten und Aufrichtigen gezwungen werden. Wäre es nur, wie ich immer verlangte, früher geschehen."[16] Um weiteren konterrevolutionären Angriffen vorzubeugen, beschließt der Zentralrat am Morgen des 22. Februar, einige zufällig ausgewählte Personen aus dem Münchner Bürgertum in Geiselhaft zu nehmen.[17] Die Geiseln werden im Hotel Bayerischer Hof untergebracht, jedoch nach kurzer Zeit wieder freigelassen.

Bis auf Weiteres übernimmt der Zentralrat der Arbeiter-, Soldaten- und Bauernräte die Regierung. Vom 25. Februar bis 8. März tagt der zweite Rätekongress, diesmal im Sitzungssaal des Landtags. Landauer beteiligt sich sehr aktiv an diesen Sitzungen.

Am 28. Februar beantragt Erich Mühsam im Kongress die sofortige Ausrufung der Räterepublik. Der Antrag wird mit großer Mehrheit abgelehnt. Auch Landauer stimmt dagegen, weil er „die Stimmung, das Mißtrauen, die Verhetzung und die Unbekanntschaft mit den Tatsachen im Lande"[18] kennt und den Zeitpunkt deshalb für verfrüht hält. Am Nachmittag desselben Tages dringen Soldaten der republikanischen Schutzwehr in das Landtagsgebäude ein. Sie verhaften Gustav Landauer, Erich Mühsam und den bayerischen KPD-Vorsitzenden Max Levien. Alle drei können kurz darauf von der Landtagswache befreit werden.[19]

Am 1. März bestimmt der Rätekongress eine neue Regierung unter dem Sozialdemokraten Martin Segitz. Der Landtag, der auf einer parlamentarischen Legitimierung der Regierung besteht, erkennt das Kabinett Segitz jedoch nicht an. Stattdessen wählt er am 17. März den Sozialdemokraten Johannes Hoffmann zum neuen Ministerpräsidenten. Hoffmann war als Kultusminister schon an der provisorischen Regierung Eisner beteiligt.

Mitten in diesem Tauziehen um den Regierungsanspruch trifft die Nachricht ein, dass am 21. März in Ungarn eine Räterepublik ausgerufen worden ist. Die Sensationsmeldung gibt den Anhängern der Rätebewegung enormen Auftrieb. Die Möglichkeit, auch in Bayern eine Räterepublik zu errichten, rückt aus ihrer Sicht in greifbare Nähe. Gustav Landauer hat dabei seine ganz eigenen Vorstellungen: Er strebt eine föderale sozialistische Räterepublik für ganz Deutschland an, die in Bayern ihren Anfang nehmen soll.[20]

Die erste Räterepublik

Am Abend des 6. April 1919 versammeln sich der Zentralrat und die Delegierten der sozialistischen Parteien, der Gewerkschaften und des Bauernbundes im ehemaligen Schlafzimmer der letzten bayerischen Königin Marie Therese im Wittelsbacher Palais. Nur die Kommunisten sind der Versammlung ferngeblieben, sehr zum Bedauern von Erich Mühsam, der zu Max Levien und der bayerischen KPD bisher einen guten Draht hatte. In das freundschaftliche Miteinander hat sich erst seit März ein Misston eingeschlichen, als die kommunistische Parteiführung in Berlin Eugen Leviné nach München geschickt und dem hiesigen KPD-Vorsitzenden Max Levien zur Seite gestellt hat. Für Leviné hat Mühsam in den Reihen der Kommunisten ebenso wenig verloren wie er selbst mit Anarchisten und Sozialisten gemeinsame Sache machen will.

Was ist nun der Anlass für die Versammlung am 6. April? Es geht darum, die Ämter für die zukünftige Räterepublik zu verteilen, nachdem die Rufe nach einer solchen Räterepublik in den letzten Tagen immer lauter geworden sind. Erich Mühsam, der heute seinen 41. Geburtstag feiert, schlägt sich selbst als Volksbeauftragten[21] für das Auswärtige vor. Er glaubt, dank seiner grundsätzlich guten Beziehungen zu den Kommunisten für diesen Posten wie geschaffen zu sein. Doch er wird zurückgewiesen; man hält ihn offenbar nicht für geeignet, dieses würdige Amt zu bekleiden. An seiner Stelle wird der bisher völlig unbekannte Franz Lipp von der USP berufen.

Im weiteren Verlauf des Abends erhält Gustav Landauer den Posten des Volksbeauftragten für Volksaufklärung. Zum Volksbeauftragten für das Finanzwesen wird der Anarchist Silvio Gesell bestimmt.

Vorsitzender des Zentralrats bleibt zunächst Ernst Niekisch, er tritt jedoch schon nach zwei Tagen zurück. An seine Stelle rückt Ernst Toller, der seit Eisners Ermordung auch Vorsitzender der bayerischen USP ist.

Am 7. April, Landauers 49. Geburtstag, ist die Proklamation der „Räterepublik Baiern"[22] in allen Münchner Zeitungen zu lesen. Landauer schreibt an seinen Freund Mauthner:

> *Die Bayrische Räterepublik hat mir das Vergnügen gemacht, meinen heutigen Geburtstag zum Nationalfeiertag zu machen. Ich bin nun Volksbeauftragter für Volksaufklärung, Unterricht, Wissenschaft, Künste und noch einiges. Läßt man mir ein paar Wochen Zeit, so hoffe ich, etwas zu leisten; aber leicht möglich, dass es nur ein paar Tage sind, und dann war es ein Traum.*[23]

Obwohl die insgesamt zehn Volksbeauftragten zunächst nur provisorisch eingesetzt sind (das Volk soll seine Vertreter in Kürze selbst wählen), stürzt sich Landauer sofort in die Arbeit. Sein oberstes Ziel ist eine Revolutionierung der Hochschulen. Gleich am 7. April wird die Münchner Universität geschlossen, um den Aufbau einer neuen sozialistischen Hochschule in die Wege zu leiten.[24] An der Akademie der bildenden Künste sollen praktisch arbeitende Künstler an die Stelle der Professoren treten. Der Theaterbetrieb soll ebenfalls erneuert und das Prinzregententheater in ein Volkstheater umgewandelt werden.[25] Außerdem sollen die Schulen zu Einrichtungen werden, in denen statt eiserner Disziplin ein freier Geist herrscht. Zu Landauers vorrangigen Plänen gehört hierbei die Abschaffung der Prügelstrafe. Darüber freut sich vermutlich niemand mehr als sein Freund Erich Mühsam, der aus eigener leidvoller Erfahrung den Standpunkt vertritt: „Wer seine Kinder prügelt, mißbraucht seine körperliche Überlegenheit zur Errichtung eines Machtverhältnisses, festigt dadurch die Macht und Autorität von Staat und Kapital und verseucht, indem er den Machtwahn in sein Kind hineinschlägt, auch das Geschlecht der Zukunft."[26]

Die bürgerlichen Zeitungen werden auf Landauers Anweisung hin erneut unter Zensur gestellt, um Artikel zu unterbinden, die sich gegen die Räteregierung richten. Die *Münchner Neuesten Nachrichten* werden zum Organ des Zentralrats.[27]

Auch in anderen Städten Bayerns wie Würzburg, Schweinfurt, Hof, Ansbach, Regensburg, Augsburg, Rosenheim und Passau wird in diesen Tagen die Räterepublik ausgerufen. Dort hat die Rätebewegung große Teile der Arbeiterschaft hinter sich, während sie auf dem Land kaum Anhänger findet.

Ein wüster Zeitungslandauer

Die Regierung Hoffmann ist in der Zwischenzeit ins fränkische Bamberg ausgewichen, will aber von einem Rücktritt nichts wissen. Im Gegenteil: Sie lässt die Münchner Bevölkerung in Flugblättern wissen, dass sie die einzige Inhaberin der Gewalt in Bayern sei und bleibe. Als Erstes verhängt sie eine Wirtschaftsblockade, die zu Versorgungsengpässen in Augsburg und München führt. Die Arbeiterschaft in Augsburg sagt sich daraufhin von der Räteverfassung los. Um ihre Position zu festigen, greift die Regierung Hoffmann überdies zu einem mehr als fragwürdigen Mittel: Verleumdung. Erich Mühsam erinnert sich später:

> *Am Samstag, den 12. April war die Lage offenkundig sehr ernst geworden. Die Regierung Hoffmann hetzte das Land in unglaublicher Weise gegen München auf, gegen uns bekanntere Führer wurden die ungeheuerlichsten Verleumdungen in die Welt gesetzt, von denen besonders die Behauptung, wir hätten in München die Kommunisierung der Frauen bereits eingeführt (jedem Bolschewisten müsse jede Frau nach Belieben zur Verfügung stehen), auf die naive Bevölkerung Eindruck machte.*[28]

Mühsam wird nach der Niederschlagung der Räterepublik und der Ermordung Landauers feststellen müssen, dass diese haarsträubende Lüge nicht aus der Welt zu schaffen ist: „[E]in Blatt leistet sich die Ruchlosigkeit, Landauer diesen Vorwurf nach seinem Tode noch zu machen, sozusagen als Nachruf. Es handelt sich um ein Berliner antisemitisches Erpresserblättchen, das bezeichnenderweise ‚Wahrheit‘ heißt.“[29] Landauers einstiger Weggefährte, der Schriftsteller Julius Bab, wird dazu voller Zorn sagen: „Nie ist Druckpapier mehr geschändet worden als durch diese Zeilen.“[30]

Mit ihrer infamen Lüge können die Zeitungen ihren Lesern nach dem abrupten Ende der ersten Räterepublik sogar glaubhaft machen, die Räteregierung habe durch ihr Vorgehen selbst zu ihrem Niedergang beigetragen. So heißt es etwa im *Berliner Tagblatt*: „Noch in der dem Sturz vorangehenden Nacht hatte eine kommunistische Versammlung nach einem Referat Dr. Landauers die Enteignung aller Wohnungen und die Kommunalisierung der Frauen, einschließlich der Ehefrauen, zum Beschluß erhoben.“[31] In Wirklichkeit hat „Dr. Landauer“ an besagtem Abend nicht an einer kommunistischen Versammlung, sondern an einer Sitzung des revolutionären Zentralrats teilgenommen.[32] Doch bei der unkorrekten Angabe handelt es sich nicht um einen versehentlichen Irrtum. In den Zeitungsberichten wird Gustav Landauer in letzter Zeit immer öfter als Kommunist, vereinzelt sogar als „Spartakistenführer“[33] bezeichnet. Die Presse legt es offenbar gezielt darauf an, ihn im Lager ihrer erklärten Feinde, der Spartakisten, zu verorten.

Die leise Verzweiflung über all diese Falschmeldungen ist zuweilen aus Landauers Briefen herauszulesen. Schon Mitte März hat er an seinen Freund Hugo Warnstedt geschrieben: „Habt ihr noch nicht bemerkt, daß man aus den Zeitungen kein Bild von Menschen und Sachen bekommt? Ich bin weder U. S. P. noch Spartakus. Ich denke, Ihr wüßtet, was ich bin.“[34] Und in einem Brief an die Schauspielerin Mary Schardt-Dietrich äußerte er: „Allen Menschen wünsche ich den Frieden, der in mir ist; lassen Sie sich nur den Mann, den Sie kennen und der ich bin, nicht von dem Zeitungslandauer verdrängen, der ein wüster Kerl wäre, wenn es ihn gäbe!“[35]

Die zweite Räterepublik

Am 13. April 1919, sechs Tage nach der Ausrufung der Räterepublik Baiern, kommt es zum sogenannten Palmsonntagsputsch. Die Republikanische Schutztruppe, die auf Seiten der Regierung Hoffmann steht, unternimmt in den frühen Morgenstunden einen Vorstoß, um die Räteregierung zu entmachten. Es gelingt den Soldaten, einige öffentliche Gebäude zu besetzen und 13 Personen in ihren Wohnungen festzunehmen, darunter die Volksbeauftragten Franz Lipp, Fritz Soldmann, August Hagemeister, Otto Killer und Arnold Wadler. Auch Erich Mühsam wird aus dem Bett heraus verhaftet und zusammen mit den anderen Gefangenen in einem Sonderzug nach Eichstätt gebracht. Später verlegt man ihn ins Zuchthaus Ebrach in Oberfranken.

Ernst Toller kann entkommen, ebenso Gustav Landauer, der sein bisheriges Quartier im Hotel Wolff kurz vorher verlassen hat und zu Else Eisner nach Großhadern umgezogen ist.

Im Lauf des Tages gelingt es den Räteanhängern, die Republikanische Schutztruppe zurückzudrängen. Nach stundenlangen Kämpfen, die 17 Tote und mehr als hundert Verletzte fordern, ist der Putschversuch vereitelt.[36]

Nun schlägt die Stunde der Kommunisten. Sie erklären den alten Zentralrat, der in ihren Augen versagt hat, für abgesetzt und rufen im Hofbräuhaus eine neue Räterepublik unter ihrer Führung aus. Erster Mann wird Eugen Leviné, der die bisherige Räteregierung ohnehin nur als „Schein-Räterepublik“ angesehen hat.

Am folgenden Tag setzt nach Aufforderung der Kommunisten in München ein Generalstreik ein. Nach der Entwaffnung des Bürgertums werden Gewehre und andere Waffen an die Münchner Arbeiter ausgegeben. So entsteht innerhalb kürzester Zeit eine „Rote Armee“, die der militärischen Sicherung der Räteherrschaft dienen soll. Am 22. April endet der Generalstreik mit einer großen Truppenschau vor dem Kriegsministerium in der Ludwigstraße.[37]

Gustav Landauer entschließt sich, auch der neuen Räteregierung seine Mitarbeit anzubieten, und bekommt nach einigem Hin und Her grünes Licht. In den ersten Tagen der zweiten Räterepublik arbeitet er zusammen mit seinem Nachfolger im Amt des Kulturbeauftragten, dem Kommunisten Fidelis (alias Felix Boenheim), sein kulturpolitisches Programm weiter aus, das er in der ersten Räterepublik begonnen hat. Darin sind die Trennung von Staat und Kirche sowie Neuerungen im Kunstbereich und im Schulwesen vorgesehen.[38] Doch Leviné lehnt das von Landauer vorgelegte Programm ab, es erscheint ihm nicht revolutionär genug.

Enttäuscht tritt Landauer von allen Funktionen zurück und begründet seinen Schritt in einem Brief an den Aktionsausschuss:

> *Ich habe mich um der Sache der Befreiung und des schönen Menschenlebens willen der Räterepublik weiter zur Verfügung gestellt. [...] Sie haben meine Dienste bisher nicht in Anspruch genommen. Inzwischen habe ich Sie am Werke gesehen, habe Ihre Aufklärung, Ihre Art, den Kampf zu führen, kennengelernt. Ich verstehe unter dem Kampf, der Zustände schaffen will, die jedem Menschen gestatten, an den Gütern der Erde und der Kultur teilzunehmen, etwas anderes als Sie.*[39]

Am 27. April ist die Führung der Kommunisten beendet. Nach einem Misstrauensvotum der Betriebs- und Soldatenräte tritt an diesem Tag der gesamte Aktionsausschuss unter Eugen Leviné zurück. Am nächsten Tag wählen die Betriebs- und Soldatenräte einen neuen Aktionsausschuss. Doch dieser kann die Räterepublik nicht mehr retten, da alle Versuche, mit der Regierung Hoffmann zu verhandeln, scheitern.[40]

KONTERREVOLUTION IM BLUTRAUSCH

Zu Beginn der zweiten Aprilhälfte erhält die Regierung Hoffmann in Bamberg Unterstützung aus Berlin. Der sozialdemokratische Reichswehrminister Gustav Noske schickt Reichswehrsoldaten, die gemeinsam mit Freikorpstruppen München einkesseln sollen. 35.000 konterrevolutionäre Soldaten und Freikorpskämpfer marschieren aus allen Richtungen auf München zu, während sich die etwa 12.000 Rotarmisten auf Seiten der Räterepublik darauf vorbereiten, die Stadt zu verteidigen. Unter ihnen befindet sich Ernst Toller, der sich nach dem Palmsonntagsputsch auch der kommunistischen Räterepublik zur Verfügung gestellt hat. Als Regierungstruppen von Norden her bis Dachau vorrücken, wird Toller zum Abschnittskommandanten ernannt. Es gelingt seinen Truppen, die Angreifer zurückzudrängen. Doch trotz des militärischen Erfolgs ist die Lage der Roten Armee aussichtslos. Der Militärgürtel um München zieht sich zusammen, in der Stadt bricht der Bürgerkrieg aus.

Rettungspläne für einen Todgeweihten

Zu diesem Zeitpunkt wohnt Gustav Landauer im Haus von Else Eisner in Großhadern. Den Entschluss, dorthin zu ziehen, hat er nicht erst gefasst, als die Unruhen in der Stadt für ihn immer mehr zur Bedrohung wurden. Entsprechende Pläne gab es vielmehr schon im März, als sich Else Eisner bei Familie Landauer in Krumbach aufhielt:

> *Wir haben Frau Eisner mit ihren beiden Kindern bei uns, ein schönes, friedliches Zusammenleben. Da aus der Übersiedlung nach Düsseldorf nichts wird, werden unsere beiden Familien wahrscheinlich auch fernerhin zusammenbleiben; wir werden wohl in die kleine Villa von Frau Eisner übersiedeln, an die noch etwas angebaut werden soll. Vorerst werden wir dort einmal unsere ganze Hermsdorfer Einrichtung unterstellen, die am 1. April dort hinaus muß.*[1]

Jetzt, da die Lage durch die Unruhen in der Stadt immer gefährlicher wird, machen sich Landauers Freunde ernsthafte Sorgen um ihn, zumal nach dem Palmsonntagsputsch kurzzeitig das Gerücht kursiert, er sei gefangengenommen worden. Martin Buber will sofort einen Ausschuss ins Leben rufen, der sich öffentlich für Landauer einsetzt. Diesem Ausschuss sollen neben ihm selbst Fritz Mauthner, Auguste Hauschner, Richard Dehmel, Albert Einstein, Louise Dumont-Lindemann, die Schriftstellerin Margarete Susman und der Schriftsteller Alfred Mombert angehören. Als sich herausstellt, dass Landauer noch frei ist, wird der Plan fürs Erste beiseitegelegt.[2]

Am Sonntag, dem 27. April, stattet der Arzt, Mathematiker und Physiker Theophil Christen gemeinsam mit Silvio Gesell der Villa Eisner einen Besuch ab. Gesell war in den sechs Tagen der ersten Räterepublik Volksbeauftragter für Finanzen, Christen sein mathematischer Beirat. Als Else Eisner die Tür öffnet, sehen die beiden Besucher zu ihrer Überraschung einen Revolver im Vorraum hängen. „Wie, Waffen bei dem friedliebenden Landauer?“ Nein, der Revolver gehört Else Eisner. „Eine Frau, deren Gatten man ermordete“, sagt sie, „hat schon Ursache, sich zu bewaffnen.“[3] Als Gustav Landauer den Raum betritt, bemerkt Theophil Christen erschrocken „die Hohlheit seines Gesichts“:

> *Er bekannte sich als chronisch darmleidend und ich machte ihm energische Vorwürfe über sein unvernünftiges Zigarettenrauchen, womit er den Rest seiner körperlichen Widerstandskraft vollends untergrub. Er lächelte müde, und ich sah, daß er nicht mehr die Kraft hatte, die Tabaksklaverei abzuschütteln, wußte auch, daß ich einen Todgeweihten vor mir hatte.*[4]

Tatsächlich ist Landauer seit Jahrzehnten starker Raucher und sein chronisches Darmleiden hat er sich als junger Mann durch eine Gelbsucht zugezogen.[5] Auch sonst ist seine Gesundheit, wie aus vielen seiner Briefe der letzten Monate hervorgeht, stark angegriffen – „immerzu Katarrhe und immerzu Abmagerung“.[6] Erst vor Kurzem hat ihm seine Tochter Charlotte geschrieben: „Papa, ich habe solche

Sorge, daß du diese ungeheuer anstrengende Arbeit gar nicht aushalten kannst!“[7]

Als immer mehr Freunde und Bekannte Landauer zur Flucht aus München raten, stimmt er nach einigem Zögern zu. Doch kurz darauf ändert er seine Meinung: Er will bleiben und auf seine Verhaftung warten. Danach, so glaubt er, wird sich seine Angelegenheit klären.[8]

Der Geiselmord und die Verhaftung

Die nun folgenden Entwicklungen werden als „Geiselmord“ in die Geschichte eingehen. Es beginnt damit, dass ein Kommando der Roten Armee eine größere Anzahl von Personen verhaftet, die an Sabotageakten gegen die Räterepublik beteiligt waren. Die meisten von ihnen sind Mitglieder der völkischen Thule-Gesellschaft.[9] Als am 30. April die Nachricht eintrifft, dass in Starnberg einige Dutzend Rotarmisten und Sanitäter der Roten Armee von konterrevolutionären Truppen getötet worden sind, werden zehn der Gefangenen, unter ihnen eine Frau, im Hof des Luitpoldgymnasiums erschossen.

Die Nachricht von den Exekutionen ist Wasser auf die Mühlen der gegenrevolutionären Propaganda, die der Bevölkerung Beweise für die unmenschliche Grausamkeit der roten Gewaltherrschaft liefern will. Am nächsten Tag „erzählen Plakate und Zeitungen, man habe die Leichen verstümmelt aufgefunden, die abgeschnittenen Geschlechtsteile in Kehrichtfässern entdeckt“[10], erinnert sich Ernst Toller in seiner Autobiografie.

Zwei Tage später wird die Nachricht von der Verstümmelung durch eine amtliche Bekanntmachung korrigiert; dennoch halten einige Zeitungen vorsätzlich an der Falschmeldung fest. Das *Neue Münchner Tagblatt* wird noch am 7. Mai behaupten, dass die „völlig unschuldigen Personen in bestialischer Weise gemordet und verstümmelt“ worden seien.

Während sich die Stimmung unter den Weißen – wie die Konterrevolutionäre mit ihren weißen Armbinden genannt werden – nach den Erschießungen im Luitpoldgymnasium nochmals enorm aufheizt, harrt Gustav Landauer im Haus der Witwe Eisner aus. Die beiden sind sich in den letzten Wochen nähergekommen und haben beschlossen, künftig als Paar zusammenzuleben. Das geht aus einer handgeschriebenen Mitteilung hervor, die später im Nachlass von Else Eisner gefunden wird:

An unsere Freunde,

[...] Um die Seele des Menschen ist es nicht so bestellt, daß sie ein Raum wäre, wo das eine weichen muß, damit das andere Platz findet. Das Gefühl, das in uns zueinander erwacht ist, nimmt der Verehrung und Liebe, die wir unseren Toten weihen, nichts weg.
Unsere Kinder leben in holder Eintracht miteinander und bilden seit langem eine Familie; wir zwei haben uns in dieser wilden Zeit, die in so stürmischem Tempo verläuft, still und fest in Liebe gefunden und werden ein Paar sein, solange das Leben währt.
Unseren Freunden sind wir diese Erklärung schuldig, der niederträchtig rechnenden Konvention stehen wir nicht Rede.

Else Eisner-Belli *Gustav Landauer*[11]

Am 1. Mai ist es mit den Zukunftsplänen vorbei. Eine Einheit des von Südwesten vorrückenden 1. Württembergischen Freiwilligen-Regiments dringt in das Haus von Else Eisner ein. Gustav Landauer, der in der Bibliothek am Schreibtisch sitzt, wird verhaftet. Als er es nicht auf Anhieb schafft, den Wagen vor der Haustür zu besteigen, wirft man ihn mit roher Gewalt hinein. Else Eisner erinnert sich später: „Die Leute schrien Hurra dazu, klatschten in die Hände und schwenkten die Taschentücher. Die Menge schrie: macht ihn hin, den Hund, den Juden, den Lump. Und die Eisnerin gehört auch niedergeknallt, sonst erzieht sie ihre Kinder auch wieder so."[12]

Ein Kapitel Bestialitäten

Über das Ende Gustav Landauers gibt es mehrere Berichte, die in einigen Details voneinander abweichen, aber alle darauf hinauslaufen, dass Landauer im Gefängnishof von München-Stadelheim mit Schlägen, Schüssen und Fußtritten ermordet wurde.

Einer dieser Berichte stammt aus der Denkschrift *Vier Jahre politischer Mord*, die 1922 von Emil Julius Gumbel veröffentlicht wird.[13] Ein weiterer Bericht, der sich auf die Beschreibung eines Mitgefangenen stützt, ist von Ernst Toller überliefert: Demzufolge wird Landauer am Abend des 1. Mai ins Amtsgefängnis Starnberg eingeliefert. Am nächsten Morgen muss er mit drei Mitgefangenen, unter ihnen der Augenzeuge, erneut ins Auto steigen. Es geht über Fürstenried und Solln in Richtung München-Stadelheim. Vor einer Fabrik auf dem Sendlinger Oberfeld ist die Fahrt zu Ende. Wegen der anhaltenden Kämpfe müssen die letzten fünf Kilometer des Wegs zu Fuß zurückgelegt werden.[14]

Was sich nach der Ankunft im Gefängnis Stadelheim abspielt, liest sich nach einem anderen – etwas ausführlicheren – Bericht, der von einem der Torwachen stammt, so:

> *Auf dem Gang vor dem Aufnahmezimmer versetzte ein Offizier – es soll Leutnant Geisler gewesen sein – dem Gefangenen einen Schlag ins Gesicht. Die Soldaten riefen inzwischen: „Der Hetzer, der muß weg. Erschlagts ihn." Landauer wurde dann mit Gewehrkolben an der Küche vorbei in den ersten Hof rechts hinausgestoßen. Landauer sagte zu den Soldaten: „Ich bin kein Hetzer. Ihr wißt selbst nicht, wie verhetzt ihr seid!" Im Hof begegnete der Gruppe ein Major in Zivil, der mit einer schlegelartigen Keule auf Landauer einschlug. Unter Kolbenschlägen und den Schlägen des Majors sank Landauer zusammen. Er stand jedoch wieder auf und wollte zu reden anfangen. Da rief ein Vizewachtmeister: „Geht mal weg!" Unter Lachen und freudiger Zustimmung der Begleitmannschaften gab der Vizewachtmeister zwei Schüsse ab, von denen einer Landauer in den Kopf traf. Landauer atmete immer noch. Da sagte der Vizewachtmeister: „Das Aas hat zwei Leben, der kann nicht kaputt gehen!"*
>
> *Ein Sergeant vom Leibregiment, der sich noch immer in Stadelheim befindet, rief: „Ziehen wir ihm doch den Mantel runter" und wollte auf den Ring hin, den Landauer am Finger trug. Ich sagte dem Sergeanten, er möge Landauer den Ring*

lassen. Der Mantel wurde ihm jedoch von dem Sergeanten ausgezogen.

Da Landauer immer noch lebte, legte man ihn auf den Bauch. Unter dem Ruf: „Geht zurück, dann lassen wir ihm noch eine durch!" schoß der Vizewachtmeister Landauer in den Rücken, daß es ihm das Herz herausriß und er vom Boden wegschnellte. Da Landauer immer noch zuckte, trat ihn der Vizewachtmeister mit den Füßen zu Tode. Dann wurde ihm alles heruntergerissen und seine Leiche zwei Tage lang ins Waschhaus geworfen.[15]

Diesen Augenzeugenbericht veröffentlicht die USPD-nahe *Neue Zeitung* am 3. Juni 1919 unter dem Titel *Ein Kapitel Bestialitäten.*

Bis zu diesem Zeitpunkt kursieren in den Zeitungen allerlei Halb- und Unwahrheiten über die Umstände von Landauers Tod. Die Meldungen sind gewöhnlich auch sehr kurz gehalten, denn fast alle Blätter beschäftigen sich in seitenlangen Berichten vorrangig mit den Erschießungen im Luitpoldgymnasium – mit denen sich das brutale Vorgehen gegen die Revolutionäre bestens rechtfertigen lässt. Das *Neue* Münchner Tagblatt berichtet in der Ausgabe vom. 4./5. Mai 1919 unter der bezeichnenden Überschrift *Das Schicksal der Volksverführer*, der Matrose Rudolf Egelhofer sei verhaftet und „bei einem Fluchtversuch" erschossen worden. Letzteres trifft ebenso wenig zu wie die Meldung, Ernst Toller sei im Kampf bei Dachau gefallen. Am Ende des Artikels wird noch erwähnt, dass Gustav Landauer „verhaftet und erschossen worden" sei. Man bezeichnet Landauer sogar korrekt als Anarchisten und räumt ein, dass er „in der kommunistischen Periode der bayerischen Räterepublik keine Rolle gespielt" habe. Doch schon am folgenden Tag ist im selben Blatt zu lesen, „daß das Ermittlungsverfahren wegen der auf der Flucht erfolgten Erschießung der Spartakistenführer Egelhofer und Landauer bereits im Gange" sei.

Erich Mühsam, der seit dem Palmsonntagsputsch in Haft ist, wartet im Zuchthaus Ebrach mit Bangen auf Nachrichten aus München. Am 6. Mai erfährt er zu seinem Entsetzen von Landauers Ermordung – aus einer Zeitungsnachricht, die teils falsche, teils schwammige

Angaben enthält und Details verschweigt: „Die Meldung – im ‚Bamberger Volksblatt' – lautet: ‚Landauer fiel in Pasing den Regierungstruppen in die Hände und wurde sicherem Vernehmen nach bei seiner Einlieferung ins Gefängnis von der Menge getötet.'"[16]

Da in der Öffentlichkeit lange keine Gewissheit über das Schicksal von Gustav Landauer herrscht, gehen an die bayerische Staatsregierung in Bamberg noch am 19. Mai mehrere Telegramme, die sich für Landauer einsetzen. Eines davon hat folgenden Wortlaut:

> *Wir bitten im Interesse des Rechtes, niemanden, der nicht von ordentlichem Gericht todeswürdigen Verbrechens überführt ist, erschießen lassen zu wollen. In Besonderheit nicht Landauer, der immer jede Anwendung der Gewalt in Wort und Schrift zurückgewiesen hat.*
>
> *Die Liga zur Beförderung der Humanität, i. A. Professor Albert Einstein, Professor Georg Nicolai, Dr. Helene Stöcker, Arthur Holitscher, Julius Kaliski, Dr. Adolf Grabowski*[17]

Ein aufsehenerregender Fund in Karlsruhe

Erst gut einen Monat nach Landauers Ermordung wird sein Tod an das Standesamt München II gemeldet. Danach dauert es weitere acht Tage, bis der Standesbeamte den Todesfall unter der Nr. 1382 in das Sterbebuch des Jahrgangs 1919 einträgt. Als Sterbeort wird die Stadelheimer Straße 12 genannt, eine Todesursache nicht vermerkt, der Todeszeitpunkt als „unbekannt" angegeben.[18]

Es sollen tatsächlich hundert Jahre vergehen, bis neue, detaillierte Informationen zum Mord an Landauer bekannt werden. Denn die Ermittlungs- und Prozessdokumente sind ein Jahr nach Landauers Tod plötzlich spurlos verschwunden – und tauchen erst 2019 im Generallandesarchiv Karlsruhe wieder auf. Die dort gefundenen Akten umfassen ausführliche Zeugenvernehmungen sowie Briefe an Eugen Digele, einen der Haupttäter, und berichten über die Gerichtsverhandlung am 19. März 1920 in Freiburg.[19]

Eugen Digele war zur Tatzeit Gefreiter bei den Ulanen der 1. Eskadron des 1. Württembergischen Freiwilligen-Regiments Abteilung

Haas. Er sagt vor Gericht aus, Landauer sei nach seiner Einlieferung in Stadelheim durch den ersten Hof geführt worden, gefolgt von einem Pulk von etwa 60 bis 100 Personen. Einige hätten gerufen: „Schlagt ihn tot!" Dann habe ein Offizier den Befehl gegeben, den Gefangenen sofort zu erschießen. Ein Soldat sei vorgetreten und habe Landauer in den Kopf geschossen. Als Nächster habe er selbst dem Gefangenen durch die rechte Schläfe geschossen. Nach weiteren Zeugenaussagen traf Landauer noch ein dritter Schuss in der linken Brust. Das Obduktionsprotokoll bestätigt die drei tödlichen Schussverletzungen.[20]

Das Militärgericht in Freiburg verurteilt Eugen Digele wegen Misshandlung und Hehlerei – er hat Landauers Uhr entwendet – zu fünf Wochen Haft, die zum Zeitpunkt der Urteilssprechung schon durch die Untersuchungshaft verbüßt sind. Die Begründung für das milde Urteil lautet: „So empörend die Misshandlung eines wehrlosen alten Mannes als Gefangenen ist, war doch zu Gunsten des Angeklagten strafmildernd zu berücksichtigen, dass der Angeklagte den Schriftsteller Landauer für den Urheber der Räterepublik und einen gewissenlosen Hetzer hielt."[21]

Reaktionen auf die Todesnachricht

Nicht nur die gezielt fehlinformierte Öffentlichkeit und emotional abgestumpfte Soldaten halten Landauers Tod für gerechtfertigt, selbst ein ehemaliger Freund teilt diese Ansicht. Es handelt sich um den Philosophen Constantin Brunner, der 1903 Landauers Werk *Skepsis und Mystik* las und von dieser Schrift so beeindruckt war, dass er Kontakt zum Autor aufnahm. Acht Jahre lang war die Freundschaft zwischen den beiden Männern von großer gegenseitiger Wertschätzung gekennzeichnet, bis sie 1911 wegen unüberwindbarer Differenzen in die Brüche ging. Für Brunner war Landauer der „hervorragendste Vertreter des Anarchismus in Deutschland".[22] Umgekehrt verehrte Landauer Constantin Brunner sehr und zählte ihn in seiner Berliner Zeit neben Fritz Mauthner und Martin Buber zu den drei Menschen, die ihm „geistig und menschlich sehr nah" seien.[23]

Als Brunner die Nachricht von Landauers Ermordung erhält, reagiert er mit unfassbarer Härte: „Landauer ist als ein mit unschuldigem Blut Befleckter aus der Welt gegangen. Auch wenn er nicht selber Mordtaten dekretiert hat. Wer nur Berührung hat mit dem kommunistischen Wahnsinn, ist schon ein Verbrecher [...] und für Hochverrat ist Lynchjustiz die einzig richtige Strafe."[24]

Unterdessen wartet Erich Mühsam in seiner Gefängniszelle noch wochenlang mit wachsender Verzweiflung darauf, Näheres über die Umstände von Landauers Tod zu erfahren. Die Nachricht, die er am 5. Juni erhält, trifft ihn wie ein Keulenschlag:

> *Wadler schickte mir heute die „Neue Zeitung" vom 3. Juni herüber, deren Lektüre mich stundenlang für meinen Verstand fürchten ließ. Da wird die Ermordung Landauers genau beschrieben. Sie ist noch bestialischer, noch grauenvoller als die Liebknechts und selbst Rosa Luxemburgs [...]. Die Einzelheiten der gräßlichen Leiden Landauers in seiner Sterbestunde mag ich nicht nachschreiben. Die Mörder, die als Leichenfledderer ihr Werk krönten, mögen ihr Urteil von der Weltgeschichte empfangen. [...] Etliche weitere Verbrechen in den ersten Maitagen werden in derselben Nummer geschildert, die einen an der ganzen Menschheit verzweifeln machen könnten.*[25]

Bei den genannten Verbrechen handelt es sich um die Hinrichtungen und Morde, die bei der Niederschlagung der Räterepublik verübt worden sind. Um die 600 Menschen sind nachweislich von Regierungstruppen oder Freikorps getötet worden, darunter viele Zivilisten, die man als Revolutionäre in Verdacht hatte, auch Frauen, ja sogar Kinder. Es ist allerdings von einer hohen Dunkelziffer auszugehen – Schätzungen zufolge könnten es sogar mehr als 1.000 Tote gewesen sein.

Ende Juni wird Erich Mühsam ins Gefängnis Stadelheim überführt, weil sein Standgerichtsprozess bevorsteht. Dort trifft er bei einem Hofspaziergang mit einem jungen Soldaten zusammen, der als Mitgefangener die Ermordung Landauers mit eigenen Augen gesehen hat: „Er bestätigte, daß die furchtbare Darstellung in der Neuen Zeitung im großen Ganzen richtig war [...]. Auf meine Frage, ob Landauer erschlagen oder erschossen worden sei, antwortete er: beides."[26] Mehr denn je wird Mühsam von Alpträumen geplagt: „Der

Gedanke an Landauers schreckliches Ende läßt mich nicht mehr los. Und an der Stätte seiner Ermordung eingesperrt zu sein!“[27]

Der an Landauer verübte Mord ist erst der Auftakt zu einer Serie von grausamen Exzessen. Nach ihm werden im Gefängnis Stadelheim noch etwa 30 weitere Gefangene erschossen, darunter etliche Frauen und Mädchen, die vorher brutal gefoltert werden. So zum Beispiel eine junge Frau, die verhaftet und nach Stadelheim abgeführt wird, weil sie freiwillig Sanitätsdienste in der Roten Armee verrichtet hat: „Augenzeugen bekunden, dass sie dort als Zielscheibe verwendet wurde. Zuerst wurde sie ins Fußgelenk, dann in die Waden, dann Oberschenkel, zuletzt in den Kopf geschossen.“[28]

Gustav Landauers Ende ist nicht nur für Erich Mühsam, sondern auch für Martin Buber und Fritz Mauthner ein tiefer persönlicher Einschnitt. Beide haben die Beteiligung ihres Freundes an der Revolution und Räterepublik in München mit großer Skepsis gesehen. Dennoch sind sie auf seiner Seite geblieben und bewahren ihm auch über den Tod hinaus die Treue. Buber ehrt Landauer mit den Worten:

> *Die zwei Mächte, denen der Kampf seines Lebens gegolten hatte, der Staat und die Partei, taten sich zusammen, das letzte irre Flackern der Revolution niederzutreten. Es ist ihnen, wie es nicht anders gehen konnte, geglückt. Ihr Sieg brachte es, wie es bei solchen Siegen zu gehen pflegt, mit sich, daß Gustav Landauer getötet wurde. Er starb aufrecht, wie er gelebt hatte.*[29]

DIE LEBENSWEGE DER TÖCHTER

In der Zeit von November 1918 bis Mai 1919, in der Gustav Landauer meist von zu Hause abwesend ist, übernimmt Charlotte Landauer in Krumbach mit Unterstützung ihrer Schwester Gudula die Aufgaben im Haushalt und kümmert sich um ihre jüngste Schwester Brigitte, von Januar 1919 an auch um die Kinder von Else Eisner. Eine unverzichtbare Hilfe ist ihr dabei Helma Rosenthal, die schon in Hermsdorf bei Landauers als Hausmädchen tätig war und 1917 mit der Familie nach Krumbach gezogen ist. Allerdings war Helma über den Umzug alles andere als glücklich. Es missfiel ihr sehr, so weit von zu Hause weg zu sein, und die Unzufriedenheit darüber war ihr so deutlich anzumerken, dass Gustav Landauer im Herbst 1917 an seine Tochter Gudula nach Berlin schrieb: „Wie viele in der schrecklichen Stadt wären froh, zu uns kommen zu dürfen, und würden gern bei dem bisschen Arbeit helfen! Erkundige Dich doch einmal in dieser Richtung für alle Fälle. In der nächsten Zeit wird es sich ja entscheiden müssen, wie wir mit Helma daran sind.“[1] Nun ist Gustav Landauer froh darüber, dass Helma Rosenthal sich damals entschieden hat, in Krumbach zu bleiben.

Letzte Briefe an den Vater

Anfang April 1919 ist nach einem vorzeitigen Frühlingseinbruch plötzlich der Winter zurückgekehrt: Krumbach liegt unter einer dicken Schneedecke. Während Brigitte Landauer und Ruth Eisner krank das Bett hüten, schreibt Gudula Landauer an ihren Vater: „Hoffentlich taut es bald. Aber dann wird man wohl beinahe Kahn fahren können.“ Gudula ist unglücklich, weil sie ihr Musikstudium in Berlin aufgeben musste. „Ich habe es immer noch nicht recht verschmerzt, daß der Unterricht bei Kestenberg für mich zu Ende ist.“ Und nun fehlt in der elterlichen Wohnung nicht nur die Mutter, sondern auch der Vater: „Ich freue mich so, bis Du wiederkommst. Wenn wir Dich auch wenig sehen den Tag über, es ist so beglückend, zu wissen, daß Du da bist.“[2]

Dass die drei Töchter ihren Vater sehr vermissen, wird aus allen ihren Briefen ersichtlich. Zu seinem 49. Geburtstag schreibt Brigitte:

„Das ist nun leider, leider der erste Geburtstag, den du nicht bei uns sein kannst. In Gedanken bist du ja ganz bei uns und hoffentlich kommst du recht bald. Dann wollen wir deinen, und auch nochmal meinen Geburtstag recht schön feiern.“[3]

Am Tag seines Geburtstags überrascht Landauer seine Kinder mit einem Telegramm: „Heute ist Nationalfeiertag, ich bin Volksbeauftragter für Volksaufklärung, früher Kultusminister.“[4] Die Töchter senden Glückwünsche nach München, jede in einem eigenen Brief. Die Jüngste schreibt:

Mein lieber, lieber Vater!
Meine allerherzlichsten Wünsche und Gedanken begleiten Dich immer. Wir hatten eine große, große Freude, als gestern Dein Telegramm kam! Möge Euer Werk bald ganz vollendet sein und Herrn Eisners schöne Worte: „Die Menschheit gesunde in schaffendem Bunde“ recht bald in Erfüllung gehn.
Ich küsse Dich von ganzem Herzen!
Deine Brigitte und Freia
auch Ruth[5]

Die Freude der Mädchen währt jedoch nicht lange. „Heut kam Herr Dietmayer aus Attenhausen. Er kann nirgends mehr Holz auftreiben“, schreibt Charlotte zwei Tage später an ihren Vater. Der Mann sei ganz aufgeregt über die Vorgänge in München. „Und du wärest nun auch dabei. Da könnten die Bauern nicht mitmachen. Alles sollten sie abgeben u[nd] sie müßten Tag u[nd] Nacht arbeiten u[nd] die in der Stadt wollten nicht arbeiten u[nd] bekämen noch so viel Geld.“[6]

Charlotte kann über „den Unverstand der Menschen“ nur seufzen. Dabei kommt es noch schlimmer. Am 12. April findet auf dem Viehmarkt in Krumbach eine Versammlung des Bauernrates statt.

Eben kommt die Helma u[nd] berichtet über die Versammlung. Es muß toll gehetzt worden sein u[nd] zwar rein persönlich: „Raus mit dem Landauer, dem Feigling“, war das Grundmotiv. Die Krumbacher sollten dich nicht dulden, er hätte hier nichts zu tun. Nur zum satt essen wärest du hier. Ein Feigling wärest du, der nur unter Bewachung ginge. Und wenn binnen einiger Tage die Regierung nicht gestürzt wird, gingen sie mit Gewalt vor. Der Högg u[nd] ein Bankbeamter Zink von hier haben so gemein gesprochen. Der Zink sprach ganz persönlich u[nd] gemein. Dürr sprach auch, aber sachlich, natürlich auch gegen das Rätesystem.[7]

Charlotte leidet wie ihre Schwestern sehr unter der feindseligen Stimmung in der Bevölkerung: „Oft habe ich den Wunsch, weit, weit fort von den Menschen zu sein u[nd] erst dann wieder zurückzukommen, wenn sie lieben gelernt haben u[nd] der häßliche Haß u[nd] Neid von ihnen ist. Aber da müßte man lang, sehr lange fort sein."[8] Während sie am 12. April diese Zeilen an ihren Vater schreibt, verlässt Gustav Landauer in aller Eile das Hotel Wolff am Münchner Hauptbahnhof; es ist kein sicherer Ort mehr für ihn.

So froh seine Töchter sind, ihn nun bei Else Eisner in Großhadern zu wissen, so gern wären sie selbst dort: „Was ist mit unserem Umzug?", fragt Charlotte ungeduldig. „Wenn nur unsere Sachen dort wären u[nd] du auch Zeit hättest, an den Umbau des Hauses zu denken."[9]

Umzug an den Bodensee

Am 15. April scheint der Wunsch in Erfüllung zu gehen. Gustav Landauer weist seine Töchter in einem Telegramm an, ihre Sachen zu packen und gemeinsam mit Helma Rosenthal und den Eisner-Kindern nach Großhadern zu kommen. Eisners Begleitsoldat, ein Mann namens Willy, fährt nach Krumbach, um sie alle abzuholen. Doch inzwischen hat die Reichswehr den Weg nach München abgeschnitten. Die Kinder müssen in Buchloe umkehren.[10]

Am nächsten Tag setzt Landauer einen Brief an seine Töchter auf: „Wenn ihr diesen Brief erhaltet, ist mein Wunsch, daß Ihr, wenn Ihr auch nur im geringsten belästigt werdet, Euch auf den Weg zu Onkel Hugo machet, alle miteinander. Er wird Euch herzlich gern aufnehmen."[11] Dieser Brief bleibt unvollendet. Landauer schickt aber noch am selben Tag ein Telegramm an seine Töchter, in dem er sie anweist, gemeinsam mit den Eisner-Kindern zu Hugo Landauer zu fahren.

Dieser nimmt die Kinder bereitwillig auf seinem Gut in Daisendorf am Bodensee auf.

Im Mai trifft dort die furchtbare Nachricht vom Tod des Vaters ein. Die jüngste Tochter Brigitte bricht noch Jahrzehnte später in Tränen aus, als sie erzählt, wie sie nach diesem neuerlichen Schicksalsschlag wieder einmal versuchte, ihre Gefühle anderen gegenüber zu verbergen und ihre Trauer im Stillen zu verarbeiten:

> *Später fand ich eine abgelegene Stelle im Wald, wo mich niemand sehen konnte, und dort errichtete ich in aller Heimlichkeit zwei kleine Gräber […], zwei Erdhügel, wie ich sie auf dem katholischen Friedhof in Hermsdorf gesehen hatte. Ich legte Blumen auf die beiden Gräber und fertigte für jedes Grab ein Kreuz aus Zweigen an. Niemand wusste davon. Doch mehrere Tage lang stahl ich mich immer wieder fort zu meinen geheimen Gräbern und legte frische Blumen darauf.*[12]

Mitte Mai erscheinen in einigen großen Zeitungen die Todesanzeigen der Angehörigen des Verstorbenen. Darunter findet sich ein reichlich merkwürdiger Anzeigentext von Gustav Landauers Bruder Felix: „Alle seine Freunde und Bekannten in den Kreisen der Wissenschaft, Literatur und Kunst wissen, daß Gustav, so unverständlich sein Denken auch sein mochte, stets nur aus den edelsten Motiven gehandelt hat.“[13]

Diese taktlosen Worte sollen nicht unwidersprochen stehen bleiben, beschließen Charlotte, Gudula und Brigitte Landauer. Sie verfassen mit Fritz Mauthners Hilfe eine Danksagung, die zwischen den Zeilen gegen Felix Landauers Anzeige Stellung nimmt: „Er fühlte brüderlich für alle schaffenden und beladenen Menschen; er lebte und starb für sie. Von warm Fühlenden wurde er gewürdigt, verehrt, geliebt und wohl verstanden.“[14]

Ein Denkmal für den Ermordeten

Mitte Mai 1919 fährt Charlotte nach München, um die Exhumierung ihres Vaters zu erzwingen, der in einem Massengrab verscharrt liegt. Sie muss im Viehwagen anreisen, weil nach den Ereignissen der letzten

Wochen noch keine Personenzüge verkehren. „Schon auf meiner Fahrt dorthin im Viehwagen konnte ich allerlei hören", berichtet sie ihrer Schwester Brigitte ein paar Jahre später in einem Brief. „Hätte man gewußt, wer ich war, man hätte mich zumindest verhauen und nicht weiterfahren lassen." Die junge Frau beweist mit ihrem Vorhaben enormen Mut, vor allem, als sie an ihrem Zielort Stadelheim ankommt:

> *Ich werde immer daran erinnert, wie ich vor dem Stadelheimer Gefängnistor stand, Stunden, und wartete, ich darf hinein, um nach Vater und seinen Sachen zu forschen. Mit mir standen viele Frauen und Kinder, und es war elend genug zum Tränen vergießen. Vor uns gingen Soldaten hin und her mit aufgepflanztem Bajonett, die uns anschrien ohne weiteren Grund. Und wie ich gar reinkam!! Ich könnte viel – viel erzählen.*[15]

Durch ihre Hartnäckigkeit gelingt es Charlotte, die Leiche des Vaters freizubekommen, ebenso seinen schriftlichen Nachlass, der bei einer Hausdurchsuchung in Krumbach beschlagnahmt wurde. Am 13. Juni 1919 wird der Leichnam des Ermordeten im Krematorium des Ostfriedhofs verbrannt, seine Urne im Nordfriedhof verwahrt.

Charlotte Landauer bemüht sich mit der Hilfe von Martin Buber um eine würdige Grabstätte. Im Mai 1923 wird die Urne auf dem Münchner Waldfriedhof beigesetzt. Zwei Jahre später entsteht an der Grabstelle mithilfe von Spenden eine mehr als fünf Meter hohe Pyramide als Denkmal für Gustav Landauer.[16]

1933 fällt Landauers Grabdenkmal der Zerstörung durch die Nationalsozialisten zum Opfer, ebenso das Grab von Kurt Eisner auf dem Ostfriedhof. Die Israelitische Kultusgemeinde zögert zunächst, die Urnen auf den Neuen Israelitischen Friedhof zu überführen, und weist darauf hin, dass nicht feststellbar sei, ob die Verstorbenen zum Zeitpunkt ihres Todes dem israelitischen Bekenntnis angehört hätten. Da der Gemeinde letztlich keine andere Wahl bleibt, erklärt sie sich bereit, „die Urnen entgegenzunehmen und sie einstweilen der Erde zu übergeben".[17] Ihre letzte Ruhestätte finden Gustav Landauer und Kurt Eisner erst nach der NS-Zeit in einem Doppelgrab auf dem Neuen Israelitischen Friedhof.

Briefe an Auguste Hauschner und Erich Mühsam

Nach dem Tod ihres Vaters hat Charlotte Landauer wochenlang alle Hände voll zu tun und findet kaum Zeit, das Geschehene zu verarbeiten. Im Juni schreibt sie an Auguste Hauschner, sie könne noch immer nicht begreifen, dass ihr Vater, „der nur das Edelste vor Augen hatte, solche Menschenliebe besaß und ein so seltener Mensch war, [...] auf so schreckliche Weise umgebracht wurde. [...] Als er verhaftet wurde, packte er sich noch einen Rucksack voll Bücher, weil er im Gefängnis arbeiten wollte. Selbst da konnte er sich noch nicht vorstellen, daß die Menschen Bestien werden können! Selbst da dachte er noch gut, weil er selbst die Güte und Reinheit war.“[18]

Doch nun gilt es, den Blick nach vorn zu richten: „Ich, wir drei, wollen stark sein, um weiter leben und wirken zu können im Sinne unseres Vaters“, versichert Charlotte Landauer. „Ich will uns ein Heim einrichten und den Mädels zu frohen Stunden verhelfen. Zu uns soll auch noch einmal die Sonne hereinscheinen.“[19]

An eine Rückkehr nach Krumbach ist angesichts der feindseligen Stimmung in der Bevölkerung nicht zu denken. Charlotte mietet deshalb eine Wohnung in Karlsruhe, wo ihre Großmutter Rosa Landauer lebt. Noch im Sommer ziehen die Töchter um. Brigitte kommt aufs Gymnasium, Gudula setzt ihr Musikstudium in Stuttgart fort. Zur Betreuung der noch minderjährigen Waisen gründet Louise Dumont-Lindemann mit ihrem Mann Gustav Lindemann ein Kuratorium, dem außer ihr selbst Hugo Landauer, Martin Buber, Fritz Mauthner und Auguste Hauschner angehören. Allmählich kehrt wieder etwas Normalität in das Leben der Landauer-Töchter ein.

Bei allem Schmerz haben Charlotte, Gudula und Brigitte die Menschen nicht vergessen, die ihrem Vater bis zum Ende die Treue gehalten haben. Zu diesen treuen Freunden gehört Erich Mühsam, der inzwischen wegen Hochverrats zu 15 Jahren Festungshaft verurteilt worden ist. Das Jahr 1920 beginnt für den Gefangenen mit einer besonderen Überraschung:

> *Neujahrsbriefe trafen in Massen bei mir ein, auch Pakete und Aufmerksamkeiten aller Art. Tiefe Rührung aber empfand ich, als heute von Lotte Landauer aus Karlsruhe ein Brief kam*

und eine Schachtel mit Zigaretten, den wohlbekannten Landauer Zigaretten mit dem langen papiernen Mundstück, die er, seit ich ihn kannte, bis zuletzt geraucht hat. Die guten Kinder haben für mich den Rest seines Vorrats davon zusammengesucht und ihn mir als Neujahrsgabe zugesandt. Keine Aufmerksamkeit in der Welt hätte mich so erschüttern können wie dieser schlichte Gruß von den Kindern meines herrlichen Freundes und Lehrers.[20]

Karlsruhe – Berlin – USA

Am 14. März 1922 heiratet Charlotte Landauer in Karlsruhe den jüdischen Chemiker Max Kronstein. Aus der Ehe geht eine Tochter, Marianne, hervor. Als Charlotte zum zweiten Mal schwanger ist, erkrankt sie schwer und muss sich einer Gallenoperation unterziehen. Am 13. August 1927 stirbt sie an den Folgen dieses Eingriffs. Der Witwer Max Kronstein flieht fünf Jahre nach der Machtübernahme der Nationalsozialisten mit Marianne in die USA, wo er ein zweites Mal heiratet.

Gudula Landauer schließt ihre Ausbildung zur Pianistin ab. Als 1933 die Nationalsozialisten an die Macht kommen, gelingt es ihr trotz aller Bemühungen nicht, in die USA zu emigrieren; jeder Versuch, eine Ausreisegenehmigung zu bekommen, scheitert an den sich ständig ändernden Vorschriften. Als ihre Wohnung in Berlin ausgebombt wird, findet sie Aufnahme bei einer Bekannten ihrer Schwester Brigitte. Sie muss Zwangsarbeit in einer Fabrik und Sekretariatsdienste für die SS verrichten, entgeht aber dem Konzentrationslager.[21] Dass sie die NS-Zeit überlebt, verdankt sie vermutlich ihrer Scheinehe mit einem amerikanischen Staatsbürger, dem homosexuellen Pianisten Henry Clay.[22]

„In nichts lebt Hedwig so fort wie in diesem Kind“[21], hat Gustav Landauer einmal über seine „Gudi“ geäußert. Als sie sich 1917 vor ihrem ersten Klavierauftritt ängstigte, gab er ihr den Rat: „Es kommt gar nichts darauf an – es kommt alles darauf an: diese beiden Stimmungen muß man zugleich in sich haben.“[24] Tatsächlich bewahrt sich Gudula, selbst als ihr in der NS-Zeit die Deportation droht, eine erstaunliche Gelassenheit und Zuversicht.[25]

Ein Jahr nach Kriegsende kann sie endlich in die Vereinigten Staaten auswandern und ihre Schwester in die Arme schließen. Doch es ist ein kurzes Glück: Sechs Wochen nach ihrer Ankunft in New York ereignet sich ein tragischer Unfall. Gudula wird auf dem Weg zu einem Konzert von einem Bus überfahren, weil der Fahrer eine rote Ampel missachtet hat. Sie stirbt am 29. Oktober 1946 im Krankenhaus.[26]

Brigitte Landauer, als Kind liebevoll „Brigittchen" genannt, macht in Karlsruhe ihr Abitur. Sie möchte Kinderärztin werden, muss den Plan jedoch aufgeben, weil sie sich kein Medizinstudium leisten kann. Später heiratet sie den jüdischen Arzt Paul Peschkowsky, mit dem sie zwei Söhne hat: Michael Igor kommt 1931, Robert 1935 zur Welt.[25] Brigittes Mann flieht 1939 mit den Kindern vor den Nazis in die USA, sie selbst kann wegen einer Erkrankung erst im folgenden Jahr nachkommen.

In den Vereinigten Staaten nimmt die Familie den Namen Nichols an. Als Paul Nichols 1944 an Leukämie stirbt, muss Brigitte zusehen, wie sie ihre Söhne allein großzieht. Um 1950 geht die Witwe mit dem Arzt Franz Xaver Hausberger, der nach dem Zweiten Weltkrieg nach Amerika eingewandert ist, eine zweite Ehe ein. Es gelingt ihr, zu diesem späten Zeitpunkt doch noch zu studieren, sogar zu promovieren, worauf sie an der Seite ihres Mannes am Daniel Baugh Institute of Anatomy des Jefferson Medical College of Philadelphia arbeitet.[28]

Als Brigitte Hausberger am 10. Januar 1985 stirbt, haben sich ihre beiden Söhne längst einen Namen gemacht: Robert (Bob) Nichols ist ein renommierter Psychiater. Sein älterer Bruder, der Regisseur Mike Nichols, hat 1966 mit seinem Oscar-nominierten Filmdebüt *Wer hat Angst vor Virginia Woolf?* einen ersten großen Erfolg gefeiert. Für die Regie seines zweiten Films *Die Reifeprüfung* mit Dustin Hoffmann in der Hauptrolle erhielt er nur ein Jahr später den Oscar und war danach noch weitere drei Male für den begehrten Filmpreis nominiert: 1983 für *Silkwood*, 1988 für *Die Waffen der Frauen* und 1993 als Produzent von *Was vom Tage übrigblieb*. Am 19. November 2014 stirbt Mike Nichols im Alter von 83 Jahren.

Dieses Leben müssen wir ausfüllen …

Gustav Landauer hat jede seiner Töchter zweifellos auf eine ganz besondere und einzigartige Weise geliebt. Über Gudula schrieb er einmal: „Das Kind ist der seelenvollste und der gütigste Mensch, den ich kenne.“[29] Diese Tochter war ihrer Mutter in ihrem ruhigen, bedachtsamen Wesen besonders ähnlich. Vielleicht liegt es daran, dass in den Briefen, die Landauer nach dem Tod von Hedwig Lachmann an Gudula richtete, so viel Innigkeit und Menschenliebe mitschwingen.

Es klingt geradezu wie ein Vermächtnis – die Zeilen, die Gustav Landauer sieben Monate vor seinem Tod an seine Tochter Gudula schrieb:

> *[D]ieses Leben müssen wir ausfüllen mit unserem besten Wesen. […] Unsere Aufgabe ist, gut zu sein; anzuerkennen, durch die Tat und den stillen Umgang im Kleinen und Täglichen, daß die Menschen und alles, was Leben hat, uns nicht als Gegenstände für unseren Genuß gegeben sind, sondern als solche, die in allem Wesentlichen gerade so beseelt sind wie wir.*[30]

ANHANG

Das gemeinsame Grab von Gustav Landauer und Kurt Eisner auf dem Neuen Israelitischen Friedhof in München wurde nach dem Zweiten Weltkrieg angelegt. Der Grabstein ist vermutlich ein Überrest des einstigen Landauer-Denkmals vom Waldfriedhof.

Seitlich am Eingang des Fremdspracheninstituts in der Amalienstraße 36 in München existiert seit 1997 eine Gedenktafel für Gustav Landauer. Sie trägt die Inschrift: „Gustav Landauer, 1870-1919, Philosoph, Übersetzer, Autor und für kurze Zeit Volksbeauftragter für Volksaufklärung, wurde nach dem Ende der Münchner Räterepublik als Radikalsozialist und gewaltloser Anarchist am 2. Mai 1919 in München-Stadelheim ermordet."

Am 29. Juni 2017 wurde auf dem Münchner Waldfriedhof ein neues Denkmal für Gustav Landauer eingeweiht. Es trägt – wie das frühere Denkmal – als Inschrift einen Satz aus Landauers *Aufruf zum Sozialismus*: „Jetzt gilt es noch andere Opfer anderer Art zu bringen, nicht heroische, sondern stille unscheinbare Opfer, um für das rechte Leben ein Beispiel zu geben."

ZEITTAFEL

1870 Am 7. April wird Gustav Landauer als dritter und jüngster Sohn von Hermann und Rosa Landauer in Karlsruhe geboren.

Am 19. Juli beginnt der Deutsch-Französische Krieg.

1871 Gründung des Deutschen Reiches: Der preußische König Wilhelm I. wird am 18. Januar zum Kaiser ausgerufen. Am 10. Mai endet der Deutsch-Französische Krieg mit dem Frieden von Frankfurt.

1872 Hermann Landauer zieht mit seiner Familie in die Kaiserstraße 183 in Karlsruhe um.

1875 Mai: Zusammenschluss des Allgemeinen Deutschen Arbeitervereins (ADAV) und der 1869 von August Bebel und Wilhelm Liebknecht gegründeten Sozialdemokratischen Arbeiterpartei (SDAP) zur Sozialistischen Arbeiterpartei (SAP) auf dem Parteitag in Gotha.

1876 Gustav Landauer tritt in die Grundschule ein.

1878 Oktober: Verbot der sozialistischen und sozialdemokratischen Organisationen im Deutschen Reich (Sozialistengesetz).

1879 Landauer tritt auf das Realgymnasium über.

1886 Landauer wechselt auf das Großherzogliche Gymnasium.

1888 „Dreikaiserjahr“: Nach dem Tod Kaiser Wilhelms I. folgt Kaiser Friedrich III., nach dessen Tod Kaiser Wilhelm II. auf den Thron.

Im Juli besteht Landauer das Abitur mit dem Gesamtprädikat „ziemlich gut“. Im Oktober nimmt er an der Universität Heidelberg das Studium der Philologie auf.

1889 Im September setzt Landauer das Studium der Neueren Philologie und Philosophie an der Friedrich-Wilhelm-Universität in Berlin fort.

1890 März: Erzwungene Abdankung des deutschen Reichskanzlers Otto von Bismarck.

1891 14. bis 21. Oktober: Auf dem Erfurter Parteitag der SPD wird das Erfurter Programm beschlossen; die Opposition der „Jungen“ konstituiert sich als „Verein unabhängiger Sozialisten“.

Dezember: Landauer nimmt die ständige Mitarbeit bei Fritz Mauthners *Magazin für Litteratur* auf.

1892 25. bis 27. Februar: Arbeiterunruhen in Berlin. Im Anschluss tritt Landauer dem Verein der unabhängigen Sozialisten bei.

Im Frühjahr verlobt er sich heimlich mit Clara Tannhauser.

Im Juli exmatrikuliert er sich. Im Dezember schließt man ihn „mangels sittlicher Befähigung“ von allen preußischen Universitäten aus.

Austritt aus der israelitischen Religionsgemeinschaft.

Im Oktober wird Landauer Mitbegründer der Neuen Freien Volksbühne.

Zur gleichen Zeit beginnt seine Beziehung mit Margarethe (Grete) Leuschner.

1893 Im Februar beginnt Landauer seine Tätigkeit als Redakteur und Mitherausgeber des *Sozialist* (Organ der unabhängigen Sozialisten).

Er nimmt an den 1.-Mai-Feiern in London teil, wo er die Einführung des 1. Mai als Feiertag fordert.

Teilnahme am Internationalen Sozialistenkongress, der vom 6. bis 12. August in Zürich stattfindet.

Am 13. Oktober wird Landauer verhaftet und am 1. November zu zwei Monaten Haft verurteilt. Die Haftstrafe wird im Dezember durch ein zweites Gerichtsurteil um weitere neun Monate verlängert.

Der Roman *Der Todesprediger* erscheint in Dresden.

1894 Am 5. Januar kommt die erste Tochter Charlotte zur Welt.

Am 11. Oktober heiraten Gustav Landauer und Margarethe Leuschner in Charlottenburg.

1895 Im Januar erscheint der Aufsatz *Der Anarchismus in Deutschland.*

Die Berliner Arbeiterkonsumgenossenschaft „Befreiung“ wird im Frühjahr mit Landauers Beteiligung gegründet.

Im Mai erscheint Landauers Broschüre *Ein Weg zur Befreiung der Arbeiterklasse* anonym im Verlag Adolf Marreck, Berlin.

Zu diesem Zeitpunkt übersiedelt Landauer mit Frau und Kind nach Bregenz.

Im Herbst kehrt die Familie nach Berlin zurück.

1896 Im Februar nimmt Landauer am Streik der Konfektionsschneiderinnen in Berlin teil.

Am 19. Mai wird die zweite Tochter Marianne, genannt Anna, geboren.

Vom 27. Juli bis 1. August nimmt Landauer am Internationalen Sozialistenkongress in London teil, bei dem die Anarchisten endgültig aus der Zweiten Internationale ausgeschlossen werden.

Aufgrund von drei Artikeln im *Sozialist*, die ihm zugeschrieben werden, wird Landauer am 23. Dezember verhaftet.

1897 Nach seiner Gerichtsverhandlung wird Landauer am 3. Februar aus dem Untersuchungsgefängnis entlassen.

Bei einer Agitationsreise durch Deutschland und Österreich wird er im August verhaftet und aus Österreich ausgewiesen.

1898 Am 14. August stirbt Marianne, die jüngere Tochter von Margarethe und Gustav Landauer an einer Gehirnhautentzündung.

1899 Bei einer Vortragsveranstaltung von Richard Dehmel begegnet Gustav Landauer am 28. Februar der Dichterin Hedwig Lachmann.

Anfang Mai trennt er sich von seiner Frau und zieht aus der gemeinsamen Wohnung in Friedrichshagen aus.

Im August muss er eine sechsmonatige Haftstrafe wegen „verleumderischer Beleidigung“ antreten.

1900 Kurz vor Landauers Haftentlassung stirbt am 9. Februar sein Vater Hermann Landauer.

Im Frühjahr wird die „Neue Gemeinschaft“ der Brüder Heinrich und Julius Hart gegründet, in der sich auch Landauer engagiert.

Im Juni hält er dort seinen programmatischen Vortrag *Durch Absonderung zur Gemeinschaft*.

1901 Hedwig Lachmann und Gustav Landauer ziehen im Herbst nach England. In Bromley (Kent) kommen sie in Kontakt mit Peter Kropotkin und dem kubanischen Anarchisten Fernando Tarrida del Mármol, die beide in diesem Ort leben.

Mit seinem Artikel *Anarchische Gedanken über den Anarchismus* grenzt Landauer den Anarchismus klar vom Terrorismus und der „Propaganda der Tat“ ab.

1902 Im Juni kehrt das Paar zurück und lässt sich in Hermsdorf bei Berlin nieder.

Am 17. August kommt die gemeinsame Tochter Gudula zur Welt.

1903 Landauer wird am 21. März von seiner Frau Margarethe geschieden.

Am 18. Mai heiraten Gustav Landauer und Hedwig Lachmann in Berlin-Hermsdorf.

Skepsis und Mystik, *Meister Eckharts mystische Schriften* und der Novellenband *Macht und Mächte* mit den Novellen *Ein Knabenleben*, *Arnold Himmelheber* und *Lebendig tot* erscheinen in Berlin.

1904 Landauer wird Mitarbeiter der Buchhandlung Axel Juncker in Berlin (bis 1906).

1906 Am 10. April wird die jüngste Tochter Brigitte geboren.

1907 Veröffentlichung des Buchs *Die Revolution*.

1908 Am 15. Januar stirbt Landauers erste Ehefrau Margarethe.

Im Frühsommer gründet Landauer mit Martin Buber, Erich Mühsam und anderen Gleichgesinnten den Sozialistischen Bund.

Bei einer Vortragsreise in die Schweiz lernt er die Gewerkschaftssekretärin Margarethe Faas-Hardegger kennen.

1909 Im Januar wird der *Sozialist* als Organ des Sozialistischen Bundes neu gegründet. Die Redaktion übernimmt zunächst Margarethe Faas-Hardegger.

1910 Im Juni tritt Landauer als Zeuge beim Prozess von Erich Mühsam in München auf.

1911 Zweite Marokko-Krise.

Der Vortrag *Aufruf zum Sozialismus* erscheint als politische Schrift.

Im September folgt der Aufsatz *Die Abschaffung des Krieges durch die Selbstbestimmung des Volkes*.

1912 Landauer wird Theaterkritiker beim Berliner Börsen Courier.

8. Oktober: Beginn des ersten Balkankriegs.

1913 Zweiter Balkankrieg mit der Folge eines gesamteuropäischen Wettrüstens.

Im Sammelband *Vom Judentum*, herausgegeben vom jüdischen Studentenverein „Bar Kochba“ in Prag, veröffentlicht Landauer den programmatischen Beitrag *Sind das Ketzergedanken?*

1914 Im Juni konstituiert sich der übernationale Forte-Kreis mit dem Ziel, kriegerische Konflikte zu verhindern.

18. Juni: Der österreichische Thronfolger Erzherzog Franz Ferdinand und seine Frau sterben bei einem Attentat in Sarajewo.

28. Juli: Kriegserklärung Österreich-Ungarns an Serbien.

1. August: Kriegserklärung des Deutschen Reichs an Russland.

3. August: Kriegserklärung des Deutschen Reichs an Frankreich.

4. August: Kriegseintritt Großbritanniens.

Landauer nimmt wie seine Frau Hedwig Lachmann im Gegensatz zur allgemeinen Kriegseuphorie eine konsequente Anti-Kriegs-Haltung ein.

1915 Der Sozialist stellt sein Erscheinen ein.

Landauer wird bei seiner Musterung als „dauernd untauglich“ eingestuft.

Seine politische Schrift *Aufruf zum Sozialismus* wird verboten.

1916 Bei der Eröffnung des Jüdischen Volksheimes in Berlin hält Landauer am 18. Mai den Festvortrag über Judentum und Sozialismus.

Landauer engagiert sich in der „Zentralstelle Völkerrecht“, die für einen Verständigungsfrieden und für demokratische Grundrechte eintritt.

Ein Weg deutschen Geistes erscheint in München.

In einem Brief an den amerikanischen Präsidenten Thomas Woodrow Wilson formuliert Landauer Vorschläge für eine neue Friedensordnung.

1917 Im April spaltet sich die USPD von der SPD ab.

Im Mai zieht Landauer mit seiner Familie von Berlin-Hermsdorf nach Krumbach.

1918 Am 21. Februar stirbt Hedwig Lachmann an einer Lungenentzündung.

Im Herbst erhält Landauer das Angebot, als Dramaturg am Düsseldorfer Schauspielhaus zu arbeiten. Er nimmt an, tritt die Stelle jedoch nie an. Ab sofort übernimmt er außerdem den Posten als Herausgeber der Halbmonatssschrift *Masken*.

7. November: Revolution in München und Ausrufung des Freistaats Bayern durch Kurt Eisner.

9. November: Abdankung Wilhelms II. und Ende des deutschen Kaiserreichs; Proklamation der „Freien Sozialistischen Republik“ durch Karl Liebknecht und gleichzeitig Ausrufung der „Deutschen Republik“ durch Philipp Scheidemann in Berlin.

11. November: Ende des Ersten Weltkriegs.

Am 15. November zieht Landauer zur Unterstützung Kurt Eisners und der Revolution nach München und wird Mitglied im Revolutionären Arbeiterrat und im Provisorischen Nationalrat.

1919 Im Januar erscheint die zweibändige Ausgabe *Briefe aus der Französischen Revolution*, ausgewählt, übersetzt und erläutert von Gustav Landauer.

Der Band *Rechenschaft* mit Aufsätzen aus dem *Sozialist* erscheint in Berlin.

In Potsdam erscheinen Hedwig Lachmanns *Gesammelte Gedichte. Eigenes und Nachdichtungen*, herausgegeben von Gustav Landauer.

12. Januar: Bei der Landtagswahl in Bayern erleidet Eisners USP eine herbe Niederlage.

Am 16. Februar findet eine Kundgebung für das Rätesystem auf der Münchner Theresienwiese statt, an der auch Landauer teilnimmt.

Vom 13. bis 20. Februar tagt der erste landesweite Kongress der bayerischen Arbeiter-, Bauern- und Soldatenräte im Deutschen Theater in München.

21. Februar: Kurt Eisner wird auf dem Weg zum Landtag ermordet.

Vom 25. Februar bis 8. März findet der zweite Rätekongress im Sitzungssaal des Landtags statt.

26. Februar: Bei der Trauerfeier auf dem Münchner Ostfriedhof hält Landauer die Gedächtnisrede für Kurt Eisner.

17. März: Johannes Hoffmann (SPD) wird zum Ministerpräsidenten des Freistaats Bayern gewählt.

7. April: Ausrufung der 1. Räterepublik. Landauer wird Volksbeauftragter für Volksaufklärung, Unterricht, Wissenschaft und Künste.

13. April: „Palmsonntagsputsch" und Ausrufung der 2. Räterepublik, die Anfang Mai blutig niedergeschlagen wird.

1. Mai: Landauer wird im Haus von Else Eisner verhaftet.

2. Mai: Landauer wird im Gefängnis Stadelheim ermordet.

ANMERKUNGEN

Einleitung (S. 11 – 14)

1 Landauer an Gustav Lindemann und Louise Dumont-Lindemann. 11.11.1918.
In: Buber, Gustav Landauer. Sein Lebensgang in Briefen, Bd. 2, S. 293.
Anmerkung: Die wörtlichen Zitate werden im Allgemeinen in der Schreibung der jeweils verwendeten Quelle wiedergegeben. Gänzlich veraltete Schreibweisen und die Zeichensetzung wurden jedoch der heutigen Rechtschreibung angeglichen.
2 Landauer an Max Nettlau, 5.1.1919. Ebd., S. 350.
3 Landauer an Emanuel von Bodman, 18.10.1912. Ebd., S. 424.
4 Kurt Eisner an Gustav Landauer, 14.11.1918. Ebd., S. 296.
5 Zitiert nach Wolfgang Frühwald, Die Solidarität der Künstler.
In: Matzigkeit, „... die beste Sensation ist das Ewige ...“, S. 19.
6 Zitiert nach Viesel, Literaten an der Wand, S. 300.
7 Testamentsbrief an Siegfried Landauer, 22.2.1918. Zitiert nach Knüppel, Gustav Landauer. Briefe und Tagebücher 1884–1900, Bd. 2, S. 696.
8 Siehe Literaturverzeichnis: Delf, Hanna; Knüppel, Christoph. In Kürze erscheint eine weitere sehr umfangreiche Briefedition: Delf von Wolzogen, Hanna/Stenzel, Jürgen/Wiedemann, Inga (Hrsg.): Gustav Landauer. Briefe 1899–1919. 6 Bände. Göttingen 2020.
9 Siehe Literaturverzeichnis: Wolf, Siegbert.
10 Landauer an Hedwig Lachmann, 31.8.1899. In: Knüppel, Gustav Landauer.
Briefe und Tagebücher 1884–1900, Bd. 1, S. 606.

Kindheit und Jugend eines Einsamen (S. 15 – 23)

1 Schülertagebuch, 24.11.1884. In: Knüppel, Gustav Landauer.
Briefe und Tagebücher 1884–1900, Bd. 1, S. 24.
2 Schülertagebuch, 24.11.1884. Ebd., S. 24.
3 Schülertagebuch, 23.5.1884. Ebd., S. 19.
4 Schülertagebuch, 7.12.1884. Ebd., S. 25.
5 Schülertagebuch, 8.3.1885. Ebd., S. 31.
6 Schülertagebuch, 22.4.1885. Ebd., S. 38.
7 Schülertagebuch, 28.10.1885. Ebd., S. 40.
8 Schülertagebuch, 18.8.1886. Ebd., S. 43.
9 Landauer an Hedwig Lachmann, 23.5.1901. Zitiert nach Knüppel, Gustav Landauer. Briefe und Tagebücher 1884–1900, Bd. 1, S. 729.
10 Knüppel, Gustav Landauer. Briefe und Tagebücher 1884–1900, Bd. 2, S. 729.
11 Karl, Die Münchener Räterepublik, S. 172.
12 Landauer in: Der Sozialist, Jg. 5, 1913, S. 89–91. Zitiert nach Matzigkeit,
„... die beste Sensation ist das Ewige ...“, S. 41.
13 Landauer an Margarethe Leuschner (Gefängnistagebuch), 26.11.1893.
In: Knüppel, Gustav Landauer. Briefe und Tagebücher 1884–1900, Bd. 1, S. 344.
14 Schülertagebuch, 25.4.1885. Ebd., S. 39.
15 Schülertagebuch, 25.4.1885. Ebd., S. 39.
16 Schülertagebuch, 7.6.1884. Ebd., S. 21.
17 Knüppel, Gustav Landauer. Briefe und Tagebücher 1884–1900, Bd. 2, S. 713.
18 Fesser, Das deutsche Kaiserreich, S. 55.
19 Landauer in: Der Sozialist, Jg. 5, 1913, S. 89–91. Zitiert nach Matzigkeit,
„... die beste Sensation ist das Ewige ...“, S. 40.
20 Ebd., S. 40.
21 Ebd., S. 41.

Studium und Sozialismus (S. 24–33)

1 Matzigkeit, „... die beste Sensation ist das Ewige ...“, S. 44.
2 Knüppel, Gustav Landauer. Briefe und Tagebücher 1884–1900, Bd. 2, S. 669.
3 Landauer an Emil Blum-Neff, 6.11.1889. In: Knüppel, Gustav Landauer. Briefe und Tagebücher 1884–1900, Bd. 1, S. 64.
4 Landauer an Ida Wolf, 4.9.1889. Ebd., S. 61.
5 Landauer an Ida Wolf, 13./14.12.1890. Ebd., S. 125.
6 Landauer an Ida Wolf, 13./14.12.1890. Ebd., S. 124.
7 Landauer an Ida Wolf, 13./14.12.1889. Ebd., S. 126.
8 Die Novelle blieb unveröffentlicht.
9 Landauer an Clara Tannhauser, 7.5.1892. In: Knüppel, Gustav Landauer. Briefe und Tagebücher 1884–1900, Bd. 1, S. 171 f.
10 Landauer an Fritz Mauthner, 11.11.1890. In: Delf, Gustav Landauer – Fritz Mauthner Briefwechsel, S. 1.
11 Landauer an Fritz Mauthner, 11.11.1890. Ebd., S. 2.
12 Landauer an Fritz Mauthner, 11.11.1890. Ebd., S. 2.
13 Knüppel, Gustav Landauer. Briefe und Tagebücher 1884–1900, Bd. 2, S. 667.
14 Landauer an Emil Blum-Neff, 8.5.1891. In: Knüppel, Gustav Landauer. Briefe und Tagebücher 1884–1900, Bd. 1, S. 144.
15 Landauer an Emil Blum-Neff, 28.11.1891. Ebd., S. 152.
16 Vorwärts Nr. 49, 27.2.1892.
17 Landauer an Emil Blum-Neff, 26.10.1891. In: Knüppel, Gustav Landauer. Briefe und Tagebücher 1884–1900, Bd. 1, S. 149.
18 Landauer an Hermann und Rosa Landauer, 12.12.1891. Ebd., S. 154.
19 Landauer an die Eltern und Friedrich Landauer, 28.3.1892. Ebd., S. 161.
20 Knüppel, Gustav Landauer. Briefe und Tagebücher 1884–1900, Bd. 2, S. 677.

Abschied vom bürgerlichen Leben (S. 34–42)

1 Die Straße wurde nach ihrer Zerstörung im Zweiten Weltkrieg durch die Straße An der Urania überbaut.
2 Barbara Eckle, Die Berliner Jahre von 1892–1901. In: Anders, Gustav Landauer (1870–1919), S. 24.
3 SPIEGEL Online, Projekt Gutenberg. https://gutenberg.spiegel.de/buch/der-einzige-und-sein-eigentum-4220/11 – Zugriff: 31.10.2019.
4 Landauer an Clara Tannhauser, 3.10.1892. In: Knüppel, Gustav Landauers Briefe an Clara Tannhauser 1892, S. 193.
5 Zitiert nach Knüppel, Gustav Landauers Briefe an Clara Tannhauser 1892, Fußnote S. 198.
6 Erich Mühsam, Unpolitische Erinnerungen, S. 35.
7 Stanislaus Przybyszewski, Erinnerungen an das literarische Berlin, München 1965. Zitiert nach Wehr, Martin Buber, S. 95.
8 Wilhelm Bölsche, Hinter der Weltstadt, S. VII.
9 Mühsam, Unpolitische Erinnerungen, S. 35.
10 Ebd., S. 35.
11 Ebd., S. 35.
12 Kaiser, Gustav Landauer als Schriftsteller, S. 95 f.
13 Christoph Knüppel, Die Politisierung eines Literaten. In: Fiedler u.a., Gustav Landauer (1870–1919), S. 166.
14 Zitiert nach Knüppel, Gustav Landauers Briefe an Clara Tannhauser, Fußnote S. 60.
15 Delf, Allseitig, nicht einseitig sein, S. 264.
16 Kosuch, Missratene Söhne, S. 100.
17 Wolf, Gustav Landauer zur Einführung, S. 42 ff.; Kalz, Gustav Landauer, S. 19 f.
18 Landauer, Der Todesprediger, S. 118.

19 Seinen Großvater väterlicherseits hat Gustav Landauer nicht gekannt; er starb 1852, lange vor Gustavs Geburt. Seine Großmutter starb 1884, sein Onkel Lämmle Landauer 1891. Seine Tante Jeanette Levi, geb. Landauer, zog 1890 von Buttenhausen nach Neu-Ulm. Knüppel, Gustav Landauers Briefe an Clara Tannhauser, S. 109.
20 Knüppel, Gustav Landauer. Briefe und Tagebücher 1884–1900, Bd. 2, S. 738.
21 Knüppel, Einleitung. In: Gustav Landauers Briefe an Clara Tannhauser, S. 16.
22 Landauer an Emil Blum-Neff, 20.4.1892. In: Knüppel, Gustav Landauer. Briefe und Tagebücher 1884–1900, Bd. 1, S. 165.
23 Landauer an Clara Tannhauser, 7.5.1892. Ebd., S. 170 f.
24 Landauer an Clara Tannhauser, 26.7.1892. Ebd., S. 211.
25 Landauer an Clara Tannhauser, 8./9.10.1892. Ebd., S. 267.
26 Landauer an Clara Tannhauser, 31.8./1.9.1892. Ebd., S. 227.
27 Landauer an Clara Tannhauser, 3.11.1892. Ebd., S. 278.
28 Clara Tannhauser an Gustav Landauer, 6.11.1892. In: Knüppel, Gustav Landauer. Briefe und Tagebücher 1884–1900, Bd. 2, S. 935.
29 Landauer an Clara Tannhauser, 9.11.1892. In: Knüppel, Gustav Landauer. Briefe und Tagebücher 1884–1900, Bd. 1, S. 281.
30 Jan Rolletschek, Die Kunst dem Volke. In: Gustav Landauer Denkmalinitiative, „Die Anarchie ist das Leben der Menschen, die dem Joche entronnen sind", S. 14.
31 Landauer an Karl Landauer, 5.10.1892. In: Knüppel, Gustav Landauer. Briefe und Tagebücher 1884–1900, Bd. 1, S. 262.
32 Landauer an Margarethe Leuschner (Geschichte unsrer Liebe). 7./9.5.1894. Ebd., S. 395. Bei dem erwähnten Meineidsartikel handelt es sich um einen anonym veröffentlichten Beitrag Landauers im *Sozialist*. Landauer kritisiert darin einen Artikel im sozialdemokratischen *Vorwärts*, in dem behauptet wird, Wähler der Sozialdemokratie würden weniger Meineide leisten als die anderer Parteien. Der Anlass für diesen Artikel war wiederum die Äußerung eines Staatsanwalts in einer öffentlichen Gerichtsverhandlung, es komme einem Sozialdemokraten nicht auf einen Meineid an, wenn es sich um die Sache seiner Partei handle. – Christoph Knüppel, Die Politisierung eines Literaten. In: Fiedler u.a., Gustav Landauer (1870–1919), S. 177.
33 Knüppel, Einleitung. In: Gustav Landauers Briefe an Clara Tannhauser 1892, S. 22 f.

Die erste Ehe (S. 43 – 57)

1 Landauer an Otto Dempwolff, 8.11.1892. In: Knüppel, Gustav Landauer. Briefe und Tagebücher 1884–1900, Bd. 1, S. 227.
2 Landauer an Rosa Fränkel, 16.12.1892. Ebd., S. 292.
3 Landauer an Hugo und Karl Landauer, 10.11.1892. Ebd., S. 281.
4 Knüppel, Gustav Landauer. Briefe und Tagebücher 1884–1900, Bd. 2, S. 936.
5 Landauer an Hugo und Karl Landauer, 10.11.1892. In: Knüppel, Gustav Landauer. Briefe und Tagebücher 1884–1900, Bd. 1, S. 281.
6 Zitiert nach Knüppel, Einleitung. In: Gustav Landauers Briefe an Clara Tannhauser 1892, S. 24.
7 Landauer an Emil Blum-Neff, 8.12.1892. In: Knüppel, Gustav Landauer. Briefe und Tagebücher 1884–1900, Bd. 1, S. 287.
Christoph Knüppel vermutet, dass es sich bei dem „fehlenden Detail" um die „Verkündung des Eheversprechens" (das Aufgebot) am Heimatort des Bräutigams bzw. der Braut handelte, das bei einer Eheschließung in der Schweiz gesetzlich vorgeschrieben war. Möglicherweise hat das Brautpaar diese Voraussetzung nicht erfüllt. Außerdem könnte Landauers Vater damit gedroht haben, die Eheschließung anzufechten. Eine Heirat in Zürich hat laut Knüppel jedenfalls definitiv nicht stattgefunden, auch wenn dies lange Zeit angenommen wurde.
Vgl. Knüppel, Gustav Landauer. Briefe und Tagebücher 1884–1990, Bd. 2, S. 937.
8 Landauer an Rosa Fränkel, 16.12.1892. Ebd., S. 294.
9 Landauer an Emil Blum-Neff, 16.12.1892. Ebd., S. 295.

10 Landauer an Emil Blum-Neff, 22.9.1893. Ebd., S. 309.
11 Knüppel, Gustav Landauer. Briefe und Tagebücher 1884–1900, Bd. 2, S. 713.
12 Landauer an Rosa Fränkel, 26.11.1892. In: Knüppel, Gustav Landauer. Briefe und Tagebücher 1884–1900, Bd. 1, S. 286.
13 Landauer an Hugo Landauer, 10.12.1892. Ebd., S. 297.
14 Gustav Landauer wendet sich mit seinen Bitten um finanzielle Unterstützung zu diesem Zeitpunkt nur noch an Hugo Landauer. Der Kontakt zu seinem Cousin Karl ist für einige Zeit unterbrochen. Karl Landauer hat sich schon seit einiger Zeit um die Gunst von Clara Tannhauser bemüht und von deren heimlicher Verlobung mit Gustav Landauer erst im Nachhinein erfahren. Er und Clara Tannhauser werden am 11. Juli 1893 heiraten und sich danach in Rottweil niederlassen.
Knüppel, Einleitung. In: Gustav Landauers Briefe an Clara Tannhauser 1892, S. 89; Knüppel, Gustav Landauer. Briefe und Tagebücher 1884–1900, Bd. 2, S. 842.
15 Landauer an Siegfried Landauer, 23.2.1893. In: Knüppel, Gustav Landauer. Briefe und Tagebücher 1884–1900, Bd. 1, S. 301.
16 Tilman Leder, Redakteur des „Sozialist". In: Gustav Landauer Denkmalinitiative, „Die Anarchie ist das Leben der Menschen, die dem Joche entronnen sind", S. 13.
17 Landauer an August Bebel, 26.8.1893. In: Knüppel, Gustav Landauer. Briefe und Tagebücher 1884–1900, Bd. 1, S. 306 f.
18 Landauer an Robert Seidel, 14.1.1893. Ebd., S. 299.
19 Landauer an Hugo Landauer, 3.1.1893. Ebd., S. 299.
20 Zitiert nach Knüppel, Gustav Landauer. Briefe und Tagebücher 1884–1900, Bd. 2, S. 1005.
21 Landauer an Margarethe Leuschner (Gefängnistagebuch), 22.10.1893. In: Knüppel, Gustav Landauer. Briefe und Tagebücher 1884–1900, Bd. 1, S. 310.
22 Landauer an Margarethe Leuschner (Gefängnistagebuch), 22.12.1893. Ebd., S. 348.
23 Landauer an Margarethe Leuschner (Gefängnistagebuch), 22.12.1893. Ebd., S. 350 f.
24 Landauer an Margarethe Leuschner (Gefängnistagebuch), 22.12.1893. Ebd., S. 350.
25 Landauer an Margarethe Leuschner (Gefängnistagebuch), 7.1.1894. Ebd., S. 365 f.
26 Landauer an Margarethe Leuschner (Gefängnistagebuch), 10.1.1894. Ebd., S. 367 f.
27 Landauer an Margarethe Leuschner, 29.12.1893. Ebd., S. 357.
28 Landauer an Margarethe Leuschner (Gefängnistagebuch), 28.10.1893. Ebd., S. 317.
29 In der Beschreibung des „Judendorfs", die nicht frei ist von antisemitischen Stereotypen, lässt sich das Dorf Buttenhausen erkennen, aus dem Landauers Vater und Clara Tannhauser stammen.
Knüppel, Einleitung. In: Gustav Landauers Briefe an Clara Tannhauser 1892, S. 30 u. 34.
30 Gustav Landauer, Macht und Mächte, S. 71. Zitiert nach Knüppel, Einleitung. In: Gustav Landauers Briefe an Clara Tannhauser 1892, S. 34.
31 Landauer an Hugo Landauer, 19.3.1895. In: Knüppel, Gustav Landauer. Briefe und Tagebücher 1884–1900, Bd. 1, S. 441.
32 Landauer an Hugo Landauer, 5.5.1895. Ebd., S. 449.
33 Landauer an Emil Blum-Neff, 31.5.1895. Ebd., S. 452.
34 Landauer an Emil Blum-Neff, 3.1.1896. Ebd., S. 465.
35 In: Der Sozialist, 7.9.1895.
36 Knüppel, Gustav Landauer. Briefe und Tagebücher 1884–1900, Bd. 2, S. 1116.
37 Großmann, Gustav Landauer. In: Schwarzschild, Das Tagebuch, S. 732.
38 Großmann, Ich war begeistert, S. 65.
39 Landauer an Fritz Mauthner, 19.5.1896. In: Delf, Gustav Landauer – Fritz Mauthner Briefwechsel, S. 11.
40 Knüppel, Gustav Landauer. Briefe und Tagebücher 1884–1900, Bd. 2, S. 1142.
41 Landauer an Margarethe und Charlotte Landauer. 30.12.1896. In: Knüppel, Gustav Landauer. Briefe und Tagebücher 1884–1900, Bd. 1, S. 484.
42 Zitiert nach Knüppel, Gustav Landauer. Briefe und Tagebücher 1884–1900, Bd. 2, S. 1160 f.
43 Landauer an Fritz Mauthner, 14.8.1898. In: Delf, Gustav Landauer – Fritz Mauthner Briefwechsel, S. 17.

44 Landauer an Margarethe Leuschner (Gefängnistagebuch), 22.12.1893. In: Knüppel, Gustav Landauer. Briefe und Tagebücher 1884–1900, Bd. 1, S. 351.
45 Christoph Knüppel, Die Politisierung eines Literaten. In: Fiedler u.a., Gustav Landauer (1870–1919), S. 183 f.
46 Landauer an Hugo Landauer, 5.10.1898. In: Knüppel, Gustav Landauer. Briefe und Tagebücher 1884–1900, Bd. 1, S. 521.
47 Landauer an Hugo Landauer, 10.10.1898. Ebd., S. 523 f.
48 Landauer an Hugo Landauer, 10.10.1898. Ebd., S. 524.

Freunde und Weggefährten (S. 58 – 69)

1 Landauer an Clara Tannhauser, 22.9.1892. In: Knüppel, Gustav Landauer. Briefe und Tagebücher 1884–1900, Bd. 1, S. 243.
2 Landauer an Fritz Mauthner, 20.5.1895. In: Delf, Gustav Landauer – Fritz Mauthner Briefwechsel, S. 6.
3 Max Liebermann an Fritz Mauthner, 9.7.1895. Zitiert nach Knüppel, Gustav Landauer. Briefe und Tagebücher 1884–1900, Bd. 2, S. 1089.
4 Landauer an Fritz Mauthner, 16.7.1895. In: Delf, Gustav Landauer – Fritz Mauthner Briefwechsel, S. 6.
5 Heinrich Hart, Die Neue Gemeinschaft. In: Hart u. a., Die Neue Gemeinschaft, ein Orden vom wahren Leben, Heft 2, S. 12.
6 Ebd., S. 12.
7 Zitiert nach Rolf Kauffeld, Die Neue Gemeinschaft. In: Gustav Landauer Denkmalinitiative, „Die Anarchie ist das Leben der Menschen, die dem Joche entronnen sind“, S. 27.
8 Zitiert nach Wehr, Martin Buber, S. 17.
9 Zitiert nach Brenner, Der lange Schatten der Revolution, S. 75.
10 Brenner, Der lange Schatten der Revolution, S. 75 f.
11 Erich Mühsam, 2.9.1910. In: Mühsam, Tagebücher, Bd. 1, S. 33.
12 Erich Mühsam, 2.9.1910. Ebd., S. 33.
13 Mühsam-Landau, Meine Erinnerungen, S. 30.
14 Erich Mühsam, 2.9.1910. In: Mühsam, Tagebücher, Bd. 1, S. 33.
15 Mühsam, Unpolitische Erinnerungen, S. 27.
16 Ebd., S. 27.
17 Ebd., S. 28.
18 Ebd., S. 29.
19 Ebd., S. 30.
20 Gustav Landauer, Durch Absonderung zur Gemeinschaft. In: Hart et al., Die Neue Gemeinschaft, S. 48.
21 Anselma Heine, Mein Rundgang. Erinnerungen, S. 122 f. Zitiert nach Wolf, Gustav Landauer. Ausgewählte Schriften, Bd. 7, S. 207.
22 Großmann, Ich war begeistert, S. 65.
23 Mühsam, Unpolitische Erinnerungen, S. 32.
24 Ebd., S. 32.
25 Zitiert nach Hirte, Erich Mühsam, S. 73.
26 Erich Mühsam an Heinrich Hart, Dezember 1901. In: Jungblut, Erich Mühsam, S. 9.
27 Landauer an Erich Mühsam, 28.2.1903. In: Buber, Gustav Landauer. Sein Lebensgang in Briefen, Bd. 1, S. 104.
28 Landauer an Hedwig Lachmann, 10.8.1901. Ebd., S. 92.

Die Dichterin Hedwig Lachmann (S. 70 – 81)

1 Walz, „Ich will ja gar nicht auf der logischen Höhe meiner Zeit stehen“, S. 152 f.
2 Auer, Vater und Tochter Lachmann, S. 103.
3 Ebd., S. 103.
4 Ebd., S. 103.

5 Zitiert nach Seemann, Mit den Besiegten, S. 40.
6 Auer, Vater und Tochter Lachmann, S. 105.
7 Gustav Landauer, Der Dichter als Ankläger. In: Der Sozialist, 8. Jg. 1898, Nr. 6. – Gustav Landauer, Zur Sache des unschuldig im Zuchthaus sitzenden Wilhelm Ziethen. In: Der Sozialist, 8. Jg. 1898, Nr. 37.
8 Zitiert nach Knüppel, Gustav Landauer. Briefe und Tagebücher 1884–1900, Bd. 2, S. 916.
9 Landauer an Hedwig Lachmann, 28.2.1899. In: Knüppel, Gustav Landauer. Briefe und Tagebücher 1884–1900, Bd. 1, S. 535.
10 Hans Blüher, Werke und Tage, München 1953. Zitiert nach Walz, „Ich will ja gar nicht auf der logischen Höhe meiner Zeit stehen", S. 153.
11 Landauer an Hedwig Lachmann, 10.5.1899. In: Knüppel, Gustav Landauer. Briefe und Tagebücher 1884–1900, Bd. 1, S. 570.
12 Zitiert nach Walz, „Ich will ja gar nicht auf der logischen Höhe meiner Zeit stehen", S. 164.
13 Zitiert nach Walz, Ebd., S. 164.
14 Landauer an die Eltern, 30.5.1899. In: Knüppel, Gustav Landauer. Briefe und Tagebücher 1884–1900, Bd. 1, S. 577.
15 Landauer an die Eltern, 30.5.1899. Ebd., S. 578.
16 Landauer an die Eltern, 7.7.1899. Ebd., S. 584.
17 Landauer an Hedwig Lachmann, 10.3.1899. Ebd., S. 547.
18 Landauer an Hedwig Lachmann, 9.10.1899. Ebd., S. 624.
19 Landauer an Hedwig Lachmann, 30.9.1899. Ebd., S. 620.
20 Landauer an Hugo Landauer, 10.3.1900. In: Buber, Gustav Landauer. Sein Lebensgang in Briefen, Bd. 1, S. 51.
21 Knüppel, Gustav Landauer. Briefe und Tagebücher 1884–1900, Bd. 2, S. 716.
22 Landauer an Hedwig Lachmann, 4.7.1900. In: Buber, Gustav Landauer. Sein Lebensgang in Briefen, Bd. 1, S. 61.
23 Walz, „Ich will ja gar nicht auf der logischen Höhe meiner Zeit stehen", S. 190.
24 Landauer an Hedwig Lachmann, 31.8.1899. In: Knüppel, Gustav Landauer. Briefe und Tagebücher 1884–1900, Bd. 1, S. 606.
25 Landauer an Hedwig Lachmann, 18.5.1900. In: Buber, Gustav Landauer. Sein Lebensgang in Briefen, Bd. 1, S. 53.
26 Landauer an Hedwig Lachmann, 18.5.1900. Ebd., S. 54.
27 Landauer an Hedwig Lachmann, 7.6.1901. Ebd., S. 90 f.
28 Landauer an Hedwig Lachmann, 9.2.1901. Ebd., S. 85.
29 Landauer an Hedwig Lachmann, 4.5.1901. Ebd., S. 87.
30 Landauer an Erich Mühsam, 19.9.1901. Ebd., S. 94 f.
31 Gustav Landauer, Spanische Ballade. In: Wolf, Gustav Landauer. Ausgewählte Schriften, Bd. 8, S. 329.
32 Landauer an Auguste Hauschner, 21.11.1901. In: Buber, Gustav Landauer. Sein Lebensgang in Briefen, Bd. 1, S. 100.

Familienleben in Hermsdorf (S. 82 – 90)

1 Landauer an Hedwig Lachmann, 12.8.1899. In: Knüppel, Gustav Landauer. Briefe und Tagebücher 1884–1900, Bd. 1, S. 596.
2 Julie Wolfthorn an Ida Dehmel, 31.1.1903. Zitiert nach Walz, „Ich will ja gar nicht auf der logischen Höhe meiner Zeit stehen", S. 256.
3 Knüppel, Gustav Landauer. Briefe und Tagebücher 1884–1900, Bd. 2, S. 933 u. 1217. Hedwig führt nun den Ehenamen Landauer, als Dichterin und Übersetzerin behält sie jedoch ihren Geburtsnamen Lachmann bei. Ihre Briefe unterzeichnet sie teilweise auch mit dem Doppelnamen Lachmann-Landauer.
4 Rolf Cantzen, Gustav Landauer – Skepsis, Mystik und Anarchie, SWR2. https://www.swr.de/-/id=23948874/property=download/nid=660374/100uyoo/landauer_neu.pdf – Zugriff: 29.11.2019.

5 Wolf, Gustav Landauer zur Einführung, S. 44.
6 Ebd., S. 44.
7 Landauer an Fritz Mauthner, 17.5.1911. Gustav Landauer Papers, International Institute of Social History, Amsterdam, Inv.-Nr. 94.
8 Landauer an Margarethe Faas-Hardegger, 6.6.1909. In: Buber, Gustav Landauer. Sein Lebensgang in Briefen, Bd. 1, S. 258.
9 Hugo Landauer heiratet am 4. September 1903 Charlotte Landauer, die Witwe von Gustav Landauers verstorbenem Bruder Friedrich.
10 Landauer an Constantin Brunner, 18.1.1905. In: Buber, Gustav Landauer. Sein Lebensgang in Briefen, Bd. 1, S. 131.
11 Landauer an Fritz Mauthner, 6.10.1906. In: Delf, Gustav Landauer – Fritz Mauthner Briefwechsel, S. 148.
12 Zitiert nach Walz, „Ich will ja gar nicht auf der logischen Höhe meiner Zeit stehen", S. 307 ff.
13 Stefan Großmann, Ich war begeistert, S. 68 f.
14 Zitiert nach Walz, „Ich will ja gar nicht auf der logischen Höhe meiner Zeit stehen", S. 306.
15 Landauer an Hedwig Lachmann, 7.4.1899. In: Knüppel, Gustav Landauer. Briefe und Tagebücher 1884–1900, Bd. 1, S. 560.
16 Die Schilderungen sind in englischer Sprache nachzulesen in: Brigitte Hausberger, My Father Gustav Landauer. In: Mendes-Flohr, Mali, Gustav Landauer: Anarchist and Jew, S. 233 ff.
17 Ebd., S. 233 f. – eigene Übersetzung.
18 Landauer an Otto Dempwolff, 31.10.1894. . In: Knüppel, Gustav Landauer. Briefe und Tagebücher 1884–1900, Bd. 1, S. 433.
19 Brigitte Hausberger, My Father Gustav Landauer. In: Mendes-Flohr, Mali, Gustav Landauer: Anarchist and Jew, S. 233.
20 Ebd., S. 233.
21 Landauer an Gudula Landauer, 30.9.1918. In: Buber, Gustav Landauer. Sein Lebensgang in Briefen, Bd. 2, S. 264.
22 Hedwig Lachmann, Gesammelte Gedichte, S. 53.
23 Landauer an Hedwig Lachmann, 30.3.1899. In: Knüppel, Gustav Landauer. Briefe und Tagebücher 1884–1900, Bd. 1, S. 558.
24 Zitiert nach Walz, „Ich will ja gar nicht auf der logischen Höhe meiner Zeit stehen", S. 161.
25 Knüppel, Gustav Landauer. Briefe und Tagebücher 1884–1900, Bd. 2, S. 933.

Aufruf zum Sozialismus (S. 91 – 102)

1 Landauer an Fritz Mauthner, 1.6.1908. In: Delf, Gustav Landauer – Fritz Mauthner Briefwechsel, S. 180.
2 Matzigkeit, „... die beste Sensation ist das Ewige ...", S. 187.
3 Zitiert nach Rüdiger Weiß, Der Sozialistische Bund. In: Anders, Gustav Landauer (1870–1919), S. 58.
4 Landauer an Erich Mühsam, 16.6.1908. In: Knüppel, „Sei tapfer und wachse dich aus ...", S. 86.
5 Landauer an Margarethe Faas-Hardegger 22.8.1908. In: Buber, Gustav Landauer. Sein Lebensgang in Briefen, Bd. 1, S. 201.
6 Landauer an Margarethe Faas-Hardegger, 15.9.1908. Ebd., S. 212.
7 Zitiert nach Walz, „Ich will ja gar nicht auf der logischen Höhe meiner Zeit stehen", S. 324.
8 Landauer an Margarethe Faas-Hardegger, 10.10.1908. In: Buber, Gustav Landauer. Sein Lebensgang in Briefen, Bd. 1, S. 217.
9 Landauer an Margarethe Faas-Hardegger, 22.8.1908. Ebd., S. 200.
10 Landauer an Margarethe Faas-Hardegger, Heiligabend 1908. Ebd., S. 224.

11 Landauer an Margarethe Faas-Hardegger, 10.6.1909. Ebd., S. 261.
12 Zitiert nach Hanna Delf von Wolzogen, Der dritte Sozialist. In: Gustav Landauer Denkmalinitiative, „Die Anarchie ist das Leben der Menschen, die dem Joche entronnen sind", S. 37.
13 Knüppel, „Sei tapfer und wachse dich aus", S. 91 f.
14 Zitiert nach Hanna Delf von Wolzogen, Der dritte Sozialist. In: Gustav Landauer Denkmalinitiative, „Die Anarchie ist das Leben der Menschen, die dem Joche entronnen sind", S. 38.
15 Zitiert nach Karl, Die Münchener Räterepublik, S. 177.
16 Erich Mühsam an Gustav Landauer, 19.5.1909. In: Knüppel, „Sei tapfer und wachse dich aus", S. 96.
17 Erich Mühsam an Gustav Landauer, 20.5.1909. Ebd., S. 98.
18 Hirte, Erich Mühsam, S. 86.
19 Erich Mühsam an Gustav Landauer, 19.5.1909. In: Knüppel, „Sei tapfer und wachse dich aus", S. 97.
20 Erich Mühsam an die Redaktion des Berliner Tageblatt, 29.10.1909. In: Jungblut, Erich Mühsam, S. 120.
21 Erich Mühsam an die Redaktion des Berliner Tageblatt, 29.10.1909. Ebd., S. 121.
22 Landauer an Erich Mühsam, 22.12.1903. In: Knüppel, „Sei tapfer und wachse dich aus", S. 53.
23 Bochsler, Ich folgte meinem Stern, S. 163.
24 Ebd., S. 163.
25 Zitiert nach Leder, Die Politik eines „Antipolitikers", S. 542.
26 Landauer an Margarethe Faas-Hardegger, 2.9.1908. In: Buber, Gustav Landauer. Sein Lebensgang in Briefen. Bd. 1, S. 206.
27 Landauer an Erich Mühsam, 22.4.1910. In: Knüppel, „Sei tapfer und wachse dich aus", S. 97.
28 Erich Mühsam, Unpolitische Erinnerungen, S. 189 f.
29 Zitiert nach Bochsler, Ich folgte meinem Stern, S. 170.
30 Leder, Die Politik eines „Antipolitikers", S. 545 f.; Bochsler, Ich folgte meinem Stern, S. 170 f.
31 Zitiert nach Leder, Die Politik eines „Antipolitikers", S. 548.
32 Gustav Landauers Werk *Aufruf zum Sozialismus* erschien 1911.
33 Erich Mühsam, 19.6.1911. In: Mühsam, Tagebücher, Bd. 1, S. 153.
34 Erich Mühsam, 19.6.1911. Ebd., S. 154.
35 Erich Mühsam, 5.7.1911. Ebd., S. 177.
36 Erich Mühsam, 9.7.1911. Ebd., S. 185.
37 Erich Mühsam, 9.7.1911. Ebd., S. 185 f.
38 Gustav Landauer, Aufruf zum Sozialismus. In: Wolf, Gustav Landauer. Ausgewählte Schriften, Bd. 11, S. 149.
39 Ebd., S. 138.
40 Ebd., S. 121.
41 Ebd., S. 73.
42 Landauer an Margarethe Leuschner (Gefängnistagebuch), 29.12.1893. In: Knüppel, Gustav Landauer. Briefe und Tagebücher, Bd. 1, S. 359.
43 Graf, Wir sind Gefangene, S. 74.
44 Ebd., S. 74 ff.
45 Gustav Landauer, Anarchische Gedanken über Anarchismus. In: Wolf, Gustav Landauer. Ausgewählte Schriften, Bd. 2, S. 274 ff.
46 Martin Buber an Gustav Landauer, 9.2.1911. Zitiert nach Matzigkeit, „... die beste Sensation ist das Ewige ...", S. 202.
47 Leder, Die Politik eines „Antipolitikers", S. 698.
48 Matzigkeit, „... die beste Sensation ist das Ewige ...", S. 203.

Pazifismus in Kriegszeiten (S. 103 – 116)

1 Erik Natter, Engagement gegen den Krieg. In: Gustav Landauer Denkmalinitiative, „Die Anarchie ist das Leben der Menschen, die dem Joche entronnen sind", S. 48.
2 Bourel, Martin Buber, S. 207.
3 Buber, Gustav Landauer. Sein Lebensgang in Briefen, Bd. 2, S. 1 Fußnote.
4 Zitiert nach Matzigkeit, „... die beste Sensation ist das Ewige ...", S. 250.
5 Zitiert nach Matzigkeit, ebd., S. 251.
6 Zitiert nach Matzigkeit, ebd. S. 251.
7 Landauer an Poul Bjerre, E. Norlind, Frederik van Eeden, Henri Borel, 22.8.1915. Zur Kenntnis mitgeteilt: Martin Buber. Bitte an van Eeden um Mitteilung an Romain Rolland in Genf. In: Buber, Gustav Landauer. Sein Lebensgang in Briefen, Bd. 2, S. 73.
8 Landauer an Ludwig Berndl, 31.7.1914. In: Buber, Gustav Landauer. Sein Lebensgang in Briefen, Bd. 1, S. 459.
9 Brigitte Hausberger, My Father Gustav Landauer. In: Mendes-Flohr, Mali, Gustav Landauer: Anarchist and Jew, S. 235 – eigene Übersetzung.
10 Ebd., S. 234 ff.
11 Landauer an Fritz Mauthner, 16.12.1914. In: Delf, Gustav Landauer – Fritz Mauthner Briefwechsel, S. 296.
12 Zitiert nach Anz und Vogl, Die Dichter und der Krieg, S. 11.
13 Landauer an Hugo Warnstedt, 4.11.1914. In: Buber, Gustav Landauer. Sein Lebensgang in Briefen, Bd. 2, S. 11.
14 Bosch, Bohème am Bodensee, S. 265
15 Landauer an Fritz Mauthner, 29.9.1914. In: Delf, Gustav Landauer – Fritz Mauthner Briefwechsel, S. 292.
16 Landauer an Fritz Mauthner, 29.9.1914. Ebd., S. 292.
17 Landauer an Fritz Mauthner, 29.9.1914. Ebd., S. 292.
18 Fritz Mauthner an Gustav Landauer, 15.11.1914. Ebd., S 294 f.
19 Landauer an Fritz Mauthner, 14.10.1918. Ebd., S. 347.
20 Fritz Mauthner an Gustav Landauer, 3.4.1919. Ebd., S. 363
21 Zitiert nach Bourel, Martin Buber, S. 208.
22 Zitiert nach Bourel, ebd., S. 209.
23 Brenner, Der lange Schatten der Revolution, S. 80.
24 Bourel, Martin Buber, S. 233.
25 Ebd., S. 233.
26 Landauer an Hedwig Lachmann, 1.8.1915. In: Buber, Gustav Landauer. Sein Lebensgang in Briefen, Bd. 2, S. 61.
27 Hedwig Lachmann, Mit den Besiegten. Ebd., S. 63.
28 Erich Mühsam, 28.6.1915. In: Mühsam, Tagebücher, Bd. 4, S. 251.
29 Kuhn, Gustav Landauer. Revolution and Other Writings, S. 37.
30 Landauer an Martin Buber, 10.12.1915. In: Buber, Gustav Landauer. Sein Lebensgang in Briefen, Bd. 2, S. 112.
31 Grau, Kurt Eisner 1867–1919, S. 230.
32 Gustav Landauer: Die Legende des Baalschem. Von Martin Buber. (Rezension). In: Wolf, Gustav Landauer. Ausgewählte Schriften, Bd. 5, S. 345.
33 Bourel, Martin Buber, S. 249.
34 Guy Stern, Einblicke in die jüdische Welt Gustav Landauers. In: Fiedler u.a., Gustav Landauer (1870–1919), S. 73.
35 Landauer an Charlotte Landauer, 19.5.1916. In: Buber, Gustav Landauer. Sein Lebensgang in Briefen, Bd. 2, S. 136 f.
36 Sebastian Kunze, Judentum und Sozialismus. In: Gustav Landauer Denkmalinitiative, „Die Anarchie ist das Leben der Menschen, die dem Joche entronnen sind", S. 45.
37 Bernhard Braun, Die Siedlung. In: Delf u. Mattenklott, Gustav Landauer im Gespräch, S. 196.

38 Guy Stern, Einblicke in die jüdische Welt Gustav Landauers. In: Fiedler u.a., Gustav Landauer (1870–1919), S. 73.
39 Gustav Landauer, Sind das Ketzergedanken? In: Wolf, Gustav Landauer. Ausgewählte Schriften, Bd. 5, S. 364.
40 Landauer an Fritz Mauthner, Juni 1916. In: Delf, Gustav Landauer – Fritz Mauthner Briefwechsel, S. 320.
41 Landauer an Hugo Landauer, 9.2.1917. In: Buber, Gustav Landauer. Sein Lebensgang in Briefen, Bd. 2, S. 176.
42 Leder, Die Politik eines „Antipolitikers", S. 726.
43 Walz, „Ich will ja gar nicht auf der logischen Höhe meiner Zeit stehen", S. 391 f.
44 Landauer an Auguste Hauschner, 10.8.17. In: Buber, Gustav Landauer. Sein Lebensgang in Briefen, Bd. 2, S. 187.
45 Johannes Fischart, zitiert nach Karl, Die Münchener Räterepublik, S. 181.
46 Landauer an Charlotte Landauer, Dezember 1917. In: Buber, Gustav Landauer. Sein Lebensgang in Briefen, Bd. 2, S. 203.

Ein Schicksalsschlag im Jahr der Revolution (S. 117 – 144)

1 Fechenbach, Der Revolutionär Kurt Eisner, S. 20.
2 Die USPD wird in Bayern als USP bezeichnet.
3 Fechenbach, Der Revolutionär Kurt Eisner, S. 26.
4 Walz, „Ich will ja gar nicht auf der logischen Höhe meiner Zeit stehen", S. 396 f.
5 Landauer, Wie Hedwig Lachmann starb, 1918. Zitiert nach Walz, „Ich will ja gar nicht auf der logischen Höhe meiner Zeit stehen", S. 399.
6 Walz, „Ich will ja gar nicht auf der logischen Höhe meiner Zeit stehen", S. 405.
7 Ebd., S. 404.
8 Brigitte Hausberger, My Father Gustav Landauer. In: Mendes-Flohr, Mali, Gustav Landauer: Anarchist and Jew, S. 236.
9 Toller, Eine Jugend in Deutschland, S. 75 f.
10 Erich Mühsam an Kreszentia Mühsam, 28.4.1918. In: Jungblut, Erich Mühsam, S. 259.
11 Erich Mühsam an Paula Sack, 30.6.1918. In: Jungblut, Erich Mühsam, S. 274.
12 Erich Mühsam an Kreszentia Mühsam, 28.4.1918. Ebd., S. 260.
13 Erich Mühsam an Carl Georg von Maassen, 6.10.1918. Ebd., S. 294.
14 Landauer an Erich Mühsam, 17.5.1918. In: Knüppel, „Sei tapfer und wachse dich aus", S. 195.
15 Das Shakespeare-Buch wird erst nach Landauers Tod erscheinen: Gustav Landauer: Shakespeare, dargestellt in Vorträgen. 2 Bände, Rütten und Loening, Frankfurt a. M. 1920.
16 Landauer an Georg Springer, 9.6.1918. In: Buber, Gustav Landauer. Sein Lebensgang in Briefen, Bd. 2, S. 243 f.
17 Landauer an Auguste Hauschner, 4.11.1918. In: Buber, Gustav Landauer. Sein Lebensgang in Briefen, Bd. 2, S. 290.
18 Münchner Neueste Nachrichten, 8.11.1918.
19 Historisches Lexikon Bayerns. URL: https://www.historisches-lexikon-bayerns.de/Lexikon/Revolution,_1918/1919 – Zugriff: 11.12.2019.
20 Landauer an Kurt Eisner, 8.11.1918. In: Buber, Gustav Landauer. Sein Lebensgang in Briefen. Bd. 2, S. 296 Fußnote.
21 Landauer an Auguste Hauschner, 15.11.1918. Ebd., S. 297.
22 Landauer an Martin Buber, 15.11.1918. Ebd., S. 298.
23 Mühsam, Von Eisner bis Leviné, S. 13.
24 Ebd., S. 15.
25 Ebd., S. 15.
26 Landauer an Martin Buber, 15.11.1918. In: Buber, Gustav Landauer. Sein Lebensgang in Briefen, Bd. 2, S. 298.

27 Landauer an Gudula Landauer, 3.12.1918. Gustav Landauer Papers, International Institute of Social History, Amsterdam, Inv.-Nr. 127.
28 Landauer an Ludwig Berndl, 14.3.1919. In: Buber, Gustav Landauer. Sein Lebensgang in Briefen, Bd. 2, S. 394.
29 Landauer an Auguste Hauschner, 25.12.1918. Ebd., S. 341.
30 Landauer an Margarethe Faas-Hardegger, Heiligabend 1908. In: Buber, Gustav Landauer. Sein Lebensgang in Briefen. Bd. 1, S. 224.
31 Landauer an Ludwig Berndl, 25.12.1918. In: Buber, Gustav Landauer. Sein Lebensgang in Briefen, Bd. 2, S. 342.
32 Landauer an die Töchter, 30.12.1918. Ebd., S. 344 ff.

Der kurze Traum von der Räterepublik (S. 145 – 157)

1 Landauer an Charlotte Landauer, 8.12.1918. In: Buber, Gustav Landauer. Sein Lebensgang in Briefen, Bd. 2, S. 332.
2 Landauer an Margarete Susmann, 14.11.1918. Ebd., S. 296.
3 Landauer an Hugo Landauer, 22.11.1918. Ebd., S. 302.
4 Historisches Lexikon Bayerns. URL: https://www.historisches-lexikon-bayerns.de/Lexikon/Bayerische_Volkspartei_(BVP),_1918-1933 – Zugriff: 20.1.2020.
5 Leder, Die Politik eines „Antipolitikers“, S. 777.
6 Ebd. S. 778.
7 Historisches Lexikon Bayerns. URL: https://www.historisches-lexikon-bayerns.de/Lexikon/Kongress_der_bayerischen_Arbeiter-,_Soldaten-_und_Bauernr%C3%A4te,_1919 – Zugriff: 9.12.2019.
8 Landauer an die Töchter, 17.2.1919. In: Buber, Gustav Landauer. Sein Lebensgang in Briefen, Bd. 2, S. 382.
9 Herz, Halfbrodt, Fotografie und Revolution, S. 108 f.
10 Historisches Lexikon Bayerns. URL: https://www.historisches-lexikon-bayerns.de/Lexikon/Lotter-Putsch,_19._Februar_1919 – Zugriff: 10.12.1919.
11 Fechenbach, Der Revolutionär Kurt Eisner, S. 62.
12 Charlotte Kronstein, zitiert nach Leder, Die Politik eines Antipolitikers, S. 792 f.
13 Landauer an Martin Buber, 20.3.1919. In: Buber, Gustav Landauer. Sein Lebensgang in Briefen, Bd. 2, S. 401.
14 Zitiert nach Linse, Gustav Landauer und die Revolutionszeit 1918–1919, S. 156.
15 Graf, Wir sind Gefangene, S. 408.
16 Landauer an Adolf und Franziska Otto und Julius Lachmann, 3.3.1919. In: Buber, Gustav Landauer. Sein Lebensgang in Briefen, Bd. 2, S. 386.
17 Historisches Lexikon Bayerns. URL: https://www.historisches-lexikon-bayerns.de/Lexikon/Zweite_Revolution,_1919 – Zugriff: 9.12.2019.
18 Buber, Gustav Landauer. Sein Lebensgang in Briefen, Bd. 2, S. 386.
19 Michael Stephan, Rede bei der Enthüllung des neuen Gedenksteins für Gustav Landauer am Waldfriedhof (Alter Teil, Gräberfeld 95) am 29. Juni 2017. In: Turmschreiber. Geschichten, Gedanken, Gedichte 2019, S. 199.
20 Erik Natter, Räterepublik in München. In: Gustav Landauer Denkmalinitiative, „Die Anarchie ist das Leben der Menschen, die dem Joche entronnen sind“, S. 50.
21 In der Räterepublik werden die Minister durch Volksbeauftragte ersetzt.
22 Man ist zur alten Schreibweise „Baiern“ anstelle von „Bayern“ zurückgekehrt.
23 Landauer an Fritz Mauthner, 7.4.1919. In: Delf, Gustav Landauer – Fritz Mauthner Briefwechsel, S 364.
24 Leder, Die Politik eines „Antipolitikers“, S. 826.
25 Dörte Anders, Sabine Grimm und Torsten Liesegang, Gustav Landauer und die Münchner Räterepublik. In: Anders, Gustav Landauer (1870–1919), S. 69.

26 Mühsam, Die Befreiung der Gesellschaft vom Staat, Seite 296.
27 Dörte Anders, Sabine Grimm und Torsten Liesegang, Gustav Landauer und die Münchner Räterepublik. In: Anders, Gustav Landauer (1870–1919), S. 69.
28 Mühsam, Von Eisner bis Leviné, S. 66.
29 Erich Mühsam, 31.5.1919. In: Mühsam, Tagebücher, Bd. 6, S. 156.
30 Zitiert nach Leder, Die Politik eines „Antipolitikers", S. 839.
31 Zitiert nach Linse, Gustav Landauer und die Revolutionszeit 1918–1919, S. 249.
32 Leder, Die Politik eines „Antipolitikers", S. 831.
33 Die Bezeichnung „Spartakisten" geht auf die Spartakusgruppe zurück, die seit 1917 den äußersten linken Flügel der USPD bildet. Am 11. November 1918 benennt sie sich in Spartakusbund um. Zum Jahreswechsel 1918/1919 schließt sich der Spartakusbund mit kleineren linksradikalen Gruppen zur Kommunistischen Partei Deutschlands (KPD) zusammen.
Historisches Lexikon Bayerns.
URL: https://www.historisches-lexikon-bayerns.de/Lexikon/Spartakusbund,_1915-1919 – Zugriff: 11.12.2019.
34 Landauer an Hugo Warnstedt, 13.3.1919. In: Buber, Gustav Landauer. Sein Lebensgang in Briefen, Bd. 2, S. 393.
35 Landauer an Mary Schardt-Dietrich, 13.3.1919. Ebd., S. 392.
36 Historisches Lexikon Bayerns.
URL: https://www.historisches-lexikon-bayerns.de/Lexikon/Palmsonntagsputsch,_13._April_1919 – Zugriff: 11.12.2019.
37 Herz u. Halfbrodt, Fotografie und Revolution, S. 136 f.
38 Leder, Die Politik eines „Antipolitikers", S. 836 f.
39 Landauer an den Aktionsausschuss, 16.4.1919. In: Buber, Gustav Landauer. Sein Lebensgang in Briefen, Bd. 2, 420.
40 Historisches Lexikon Bayerns.
URL: https://www.historisches-lexikon-bayerns.de/Lexikon/Aktionsausschuss,_1918/19 – Zugriff: 28.12.2019.

Konterrevolution im Blutrausch (S. 158 – 167)

1 Landauer an Hugo Landauer, 19.3.1919. In: Buber, Gustav Landauer. Sein Lebensgang in Briefen, Bd. 2, S. 400.
2 Leder, Die Politik eines „Antipolitikers", S. 838.
3 Christen, Aus den Münchener Revolutionstagen, S. 14.
4 Ebd., S. 15.
5 „Vor 2½ Jahren hatte ich die Gelbsucht, und nach jeder Gelbsucht behält der Mensch einen Magen-Darmkatarrh, der manchmal sehr gefährlich ist." Landauer an Hedwig Lachmann, 9.9.1899. In: Knüppel, Gustav Landauer. Briefe und Tagebücher, Bd. 1, S. 608.
6 Landauer an Max Nettlau, 3.2.1919. In: Buber, Gustav Landauer. Sein Lebensgang in Briefen, Bd. 2, S. 373.
7 Charlotte Landauer an Gustav Landauer, 10.4.1919. Briefe der Töchter, Sammlung Herbert Auer, Krumbach.
8 Leder, Die Politik eines „Antipolitikers", S. 840.
9 Die Thule-Gesellschaft, die im August 1918 aus dem Germanenorden hervorging, wurde nach der Revolution 1918 zur wichtigsten gegenrevolutionären Kraft in München und später zum Wegbereiter des Nationalsozialismus.
Historisches Lexikon Bayerns.
URL: https://www.historisches-lexikon-bayerns.de/Lexikon/Thule-Gesellschaft,_1918-1933 – Zugriff: 9.1.2020.
10 Toller, Eine Jugend in Deutschland, S. 115.
11 Zitiert nach Leder, Die Politik eines „Antipolitikers", S. 835 f.
12 Else Eisner an Dr. Ina Britschgi-Schimmer, 28.3.1927. Zitiert nach Leder, Die Politik eines „Antipolitikers", S. 841.

13 Gumbels Bericht über den Mord an Gustav Landauer ist auch im Internet zu finden. URL: https://www.deutsche-revolution.de/der-mord-an-gustav-landauer – Zugriff: 31.12.2019.
14 Toller, Gustav Landauer. In: Viesel, Literaten an der Wand, S. 380 f.
15 Zitiert nach Ulrich Linse, Gustav Landauer und die Revolutionszeit 1918/19, S. 253 f.
16 Erich Mühsam, 6.5.1919. In: Mühsam, Tagebücher, Bd. 6, S. 50.
17 Zitiert nach Ulrich Linse, Gustav Landauer und die Revolutionszeit 1918/19, S. 251.
18 Michael Stephan, Rede bei der Enthüllung des neuen Gedenksteins für Gustav Landauer am Waldfriedhof (Alter Teil, Gräberfeld 95) am 29. Juni 2017. In: Turmschreiber. Geschichten, Gedanken, Gedichte 2019, S. 199.
19 Die Akten sind auch im Internet zu finden. URL: https://www.landesarchiv-bw.de/web/64428 - Zugriff 31.12.2019.
20 Sven Felix Kellerhoff, „Wollen Sie mich nicht verhören?" – „Nein, erschießen!". URL: https://www.welt.de/geschichte/article191224543/Gustav-Landauer-Wollen-Sie-mich-nicht-verhoeren-Nein-erschiessen.html - Zugriff: 31.12.2019.
21 Zitiert nach Sven Felix Kellerhoff, ebd. - Zugriff: 31.12.2019.
22 Constantin Brunner an Frida Mond, 21.2.1904. Zitiert nach: Rolletschek, Gustav Landauer und Constantin Brunner, S. 409.
23 Landauer an Margarethe Faas-Hardegger, 20.10.1908. In: Buber, Gustav Landauer. Sein Lebensgang in Briefen, Bd. 2, S. 218.
24 Lotte Brunner, Tagebuch, 4.5.1919. Zitiert nach: Rolletschek, Gustav Landauer und Constantin Brunner, S. 409.
25 Erich Mühsam, 5.6.1919. In: Mühsam, Tagebücher, Bd. X, S. 175.
26 Erich Mühsam, 5.6.1919. Ebd., S. 274.
27 Erich Mühsam, 5.6.1919. Ebd., S. 279 f.
28 Gumbel, Vier Jahre politischer Mord, S. 39.
29 Martin Buber, Pfade in Utopia, S. 329.

Die Lebenswege der Töchter (S. 168 – 176)

1 Landauer an Gudula Landauer, 28.9.1917. Gustav Landauer Papers, International Institute of Social History, Amsterdam, Inv.-Nr. 127.
2 Gudula Landauer an Gustav Landauer, 1.4.1919, Briefe der Töchter, Sammlung Herbert Auer, Krumbach.
3 Brigitte Landauer an Gustav Landauer, 6.4.1919. Ebd.
4 Zitiert nach Viesel, Literaten an der Wand, S. 264.
5 Brigitte Landauer an Gustav Landauer, 8.4.1919. Briefe der Töchter, Sammlung Herbert Auer, Krumbach.
6 Charlotte Landauer an Gustav Landauer, 9.4.1919. Ebd.
7 Charlotte Landauer an Gustav Landauer, 12.4.1919. Ebd.
8 Charlotte Landauer an Gustav Landauer, 12.4.1919. Ebd.
9 Charlotte Landauer an Gustav Landauer, 9.4.1919. Ebd.
10 Buber, Gustav Landauer. Sein Lebensgang in Briefen, Bd. 2, S. 421.
11 Landauer an die Töchter (Brieffragment aus dem Nachlass), 16.4.1919. Ebd., S. 419 f.
12 Brigitte Hausberger, My Father Gustav Landauer. In: Mendes-Flohr, Mali, Gustav Landauer: Anarchist and Jew, S. 237 – eigene Übersetzung.
13 Zitiert nach Leder, Die Politik eines „Antipolitikers", S. 848.
14 Zitiert nach Leder, ebd., S. 848.
15 Charlotte Kronstein an Brigitte Landauer, 17.10.1923. Zitiert nach Leder, ebd., S. 849.
16 Michael Stephan, Rede bei der Enthüllung des neuen Gedenksteins für Gustav Landauer am Waldfriedhof (Alter Teil, Gräberfeld 95) am 29. Juni 2017. In: Turmschreiber. Geschichten, Gedanken, Gedichte 2019, S. 199.
17 Der Vorstand der Israelitischen Kultusgemeinde München an den Stadtrat München, z. Hd. des Herrn Rechtsrats Hörburger, 27.6.1933. Stadtarchiv München, Akte BUR-1659-3.

18 Charlotte Landauer an Auguste Hauschner, Juni 1919. In: Viesel, Literaten an der Wand, S. 292
19 Ebd., S. 292
20 Erich Mühsam, 2.1.1920. In: Mühsam, Tagebücher, Bd. 7, S. 67.
21 Walz, „Ich will ja gar nicht auf der logischen Höhe meiner Zeit stehen", S. 478.
22 Seemann, Mit den Besiegten, S. 82.
23 Landauer an Anna Croissant-Rust, 26.6.1918. In: Buber, Gustav Landauer. Sein Lebensgang in Briefen, Bd. 2, S. 250.
24 Landauer an Gudula Landauer, 11.10.1917. Ebd., S. 190.
25 Walz, „Ich will ja gar nicht auf der logischen Höhe meiner Zeit stehen", S. 282 f.
26 Ebd., S. 479.
27 Seemann, Mit den Besiegten, S. 83.
28 Ebd., S. 83.
29 Landauer an Margarethe Faas-Hardegger, 22.8.1908. In: Buber, Gustav Landauer. Sein Lebensgang in Briefen, Bd. 1, S. 202.
30 Landauer an Gudula Landauer, 30.9.1918. In: Buber, Gustav Landauer. Sein Lebensgang in Briefen, Bd. 2, S. 350.

PERSONENREGISTER

LITERATUR

Anders, Dörte: Gustav Landauer (1870–1919). Von der Kaiserstraße nach Stadelheim. Begleitbuch zur Ausstellung im Oberrheinischen Dichtermuseum Karlsruhe. Karlsruhe 1994.

Anz, Thomas/Vogl, Joseph (Hrsg.): Die Dichter und der Krieg. Deutsche Lyrik 1914–1918. Stuttgart 2014.

Auer, Herbert: Vater und Tochter Lachmann. In: Krumbacher Heimatblätter. Mitteilungen des Heimatvereins für den Landkreis Krumbach e.V., 4/5 II/III 1988.

Bochsler, Regula: Ich folgte meinem Stern. Das kämpferische Leben der Margarethe Hardegger. Zürich 2004.

Bölsche, Wilhelm: Hinter der Weltstadt. Friedrichshagener Gedanken zur ästhetischen Kultur. Jena/Leipzig 1901.

Bosch, Manfred: Bohème am Bodensee. Literarisches Leben am See von 1900 bis 1950. Lengwil/Konstanz 2007.

Bourel, Dominique: Martin Buber. Was es heißt, ein Mensch zu sein. Biografie. Gütersloh 2017.

Brenner, Michael: Der lange Schatten der Revolution. Juden und Antisemiten in Hitlers München 1918–1923. Berlin 2019.

Buber, Martin/Britschgi-Schimmer, Ina (Hrsg.): Gustav Landauer. Sein Lebensgang in Briefen. 2 Bände. Frankfurt 1929.

Buber, Martin: Pfade in Utopia. Über Gemeinschaft und deren Verwirklichung. Heidelberg 1985 (3. Aufl.; erheblich erweiterte Neuausgabe).

Christen, Theophil: Aus den Münchener Revolutionstagen. Zürich 1919.

Delf, Hanna/Schöps, Julius (Hrsg.): Gustav Landauer – Fritz Mauthner. Briefwechsel 1890–1919. München 1994.

Delf, Hanna/Mattenklott, Gert (Hrsg.): Gustav Landauer im Gespräch. Symposium zum 125. Geburtstag. Tübingen 1997.

Delf von Wolzogen, Hanna: „Allseitig, nicht einseitig sein“: Zwei unveröffentlichte Manuskripte Gustav Landauers zur frühen Nietzsche-Rezeption. In: Zeitschrift für Religions- und Geistesgeschichte, Jg. 44, Leiden 1992.

Fechenbach, Felix: Der Revolutionär Kurt Eisner. Aus persönlichen Erlebnissen von Felix Fechenbach. Berlin 1929.

Fesser, Gerd: Das Deutsche Kaiserreich. Köln 2015.

Fiedler, Leonhard M./Heuer, Renate/Taeger-Altenhofer, Annemarie (Hrsg.): Gustav Landauer: Eine Bestandsaufnahme zur Rezeption seines Werkes. Frankfurt 1995.

Gerstenberg, Günther: Räte in München. Anmerkungen zum Umsturz und zu den Räterepubliken 1918/19. Bodenburg/Bad Salzdetfurth 2019.

Graf, Oskar Maria: Wir sind Gefangene. Ein Bekenntnis. München 2010.

Grau, Bernhard: Kurt Eisner 1867–1919. Eine Biographie. München 2001.

Großmann, Stefan: Gustav Landauer. In: Leopold Schwarzschild: Das Tagebuch. Berlin 1929.

Großmann, Stefan: Ich war begeistert. Eine Lebensgeschichte. Frankfurt 1931.

Gustav Landauer Denkmalinitiative: „Die Anarchie ist das Leben der Menschen, die dem Joche entronnen sind.“ Gustav Landauer in Berlin 1889–1917. Ausstellungskatalog. Berlin 2019.

Haffner, Sebastian: Die verratene Revolution. Bern, München, Berlin 1969.

Haffner, Sebastian: Von Bismarck zu Hitler. München 2015.

Hart, Heinrich/Hart, Julius/Landauer, G./Holländer, F.: Die Neue Gemeinschaft: ein Orden vom wahren Leben: Vorträge und Ansprachen, gehalten bei den Weihefesten, den Versammlungen und Liebesmahlen der Neuen Gemeinschaft. Leipzig 1901.

Herz, Rudolf/Halfbrodt, Dirk: Fotografie und Revolution. München 1918/19. Berlin 1988.

Hinz, Thorsten: Mystik und Anarchie: Meister Eckhart und seine Bedeutung im Denken Gustav Landauers. Berlin 2000.

Hirte, Chris: Erich Mühsam – Eine Biographie. Herausgegeben und mit einem Vorwort versehen von Stephan Kindynos. Freiburg 2009.

Höller, Ralf: Das Wintermärchen. Schriftsteller erzählen die bayerische Revolution und die Münchner Räterepublik 1918/1919. Berlin 2017.

Jungblut, Gerd W. (Hrsg.): Erich Mühsam: In meiner Posaune muß ein Sandkorn sein. Briefe 1900–1935, Band 1. Vaduz/Liechtenstein 1984.

Kaiser, Corinna R.: Gustav Landauer als Schriftsteller. Sprache, Schweigen, Musik. Berlin 2014.

Kalz, Wolf: Gustav Landauer. Ein deutscher Anarchist. Bad Buchau 2009.

Käppner, Joachim: 1918. Aufstand für die Freiheit. Die Revolution der Besonnenen. München 2017.

Karl, Michaela: Die Münchener Räterepublik. Porträts einer Revolution. Düsseldorf 2008.

Knüppel, Christoph (Hrsg.): „Sei tapfer und wachse dich aus ...“ Gustav Landauer im Dialog mit Erich Mühsam. Briefe und Aufsätze. Lübeck 2004.

Knüppel, Christoph (Hrsg.): Gustav Landauers Briefe an Clara Tannhauser 1892. Konstanz, Eggingen 2013.

Knüppel, Christoph (Hrsg.): Gustav Landauer. Briefe und Tagebücher 1884–1900. Göttingen 2017 (Band 1: Briefe und Tagebücher; Band 2: Kommentar).

Kosuch, Carolin: Missratene Söhne. Anarchismus und Sprachkritik im Fin de Siècle. Göttingen 2015.

Kuhn, Gabriel (Hrsg.): Gustav Landauer. Revolution and Other Writings: A Political Reader. London 2010.

Lachmann, Hedwig: Gesammelte Gedichte. Eigenes und Nachdichtungen, herausgegeben von Gustav Landauer. Potsdam 1919.

Lamm, Hans (Hrsg.): Vergangene Tage. Jüdische Kultur in München. München 1982.

Landau-Mühsam, Charlotte: Meine Erinnerungen. Hrsg. von Peter Guttkuhn. Schriften der Erich-Mühsam-Gesellschaft, Heft 34. Norderstedt 2010.

Landauer, Gustav: Rechenschaft. Berlin 1919.

Landauer, Gustav: Der Todesprediger. Wetzlar 1978.

Landauer, Gustav: Briefe aus der Französischen Revolution. Berlin 1985.

Leder, Tilman: Die Politik eines „Antipolitikers“. Eine politische Biographie Gustav Landauers. Hrsg. v. Siegbert Wolf, 2 Bände. Lich 2014.

Link-Salinger, Ruth (Hrsg.): Gustav Landauer im „Sozialist“. Aufsätze über Kultur, Politik und Utopie (1892–1899). Frankfurt 1986.

Linse, Ulrich: Gustav Landauer und die Revolutionszeit 1918–1919. Berlin 1974.

Matzigkeit, Michael (Hrsg.): „... die beste Sensation ist das Ewige ...". Gustav Landauer – Leben, Werk und Wirkung. Theatermuseum der Landeshauptstadt Düsseldorf, Dumont-Lindemann-Archiv 1995.

Mendes-Flohr, Paul/Mali, Anya (Hrsg.): Gustav Landauer: Anarchist and Jew. Oldenbourg 2014.

Mokrohs, Laura: Dichtung ist Revolution. Regensburg 2018.

Mühsam, Erich: Tagebücher. Hrsg. von Chris Hirte und Conrad Piens. Berlin, Band I: 1910–1911. 2011; Band II: 1911–1912. 2012; Band III: 1912–1914. 2012; Band IV: 1915. 2013; Band V: 1915–1916. 2013; Band VI: 1919. 2014; Band VII: 1919–1921. 2014.

Mühsam, Erich: Von Eisner bis Leviné. Die Entstehung der bayerischen Räterepublik. Berlin 1929.

Mühsam, Erich: Die Befreiung der Gesellschaft vom Staat. Berlin 1933.

Mühsam, Erich: Unpolitische Erinnerungen. Berlin 2003.

Rolletschek, Jan: Gustav Landauer und Constantin Brunner. Umrisse einer Begegnung. In: Aschkenas 2019; 29(2).

Schmidt-Bergmann, Hansgeorg: Liebe und Revolution. Hedwig Lachmann und Gustav Landauer zwischen Kunst und Politik. Bretten 2018.

Schmolze, Gerhard: Revolution und Räterepublik in München 1918/19 in Augenzeugenberichten. München 1978.

Seemann, Birgit: „Mit den Besiegten". Hedwig Lachmann (1865–1918) – deutsch-jüdische Schriftstellerin und Antimilitaristin. Hrsg. v. Siegbert Wolf. Lich 2012 (überarbeitete u. aktualisierte Neuauflage).

Stephan, Michael: Rede bei der Enthüllung des neuen Gedenksteins für Gustav Landauer am Waldfriedhof (Alter Teil, Gräberfeld 95) am 29. Juni 2017. In: Turmschreiber. Geschichten, Gedanken, Gedichte: Das bayerische Hausbuch auf das Jahr 2019. München 2018.

Toller, Ernst: Eine Jugend in Deutschland. Reinbek 2016 (22. Aufl.).

Viesel, Hansjörg: Literaten an der Wand. Die Münchner Räterepublik und die Schriftsteller. Frankfurt 1980.

Walz, Annegret: „Ich will ja gar nicht auf der logischen Höhe meiner Zeit stehen". Hedwig Lachmann. Eine Biographie. Flacht 1993.

Wehr, Gerhard: Martin Buber. Leben – Werk – Wirkung. Gütersloh 2010.

Wolf, Siegbert: Gustav Landauer zur Einführung. Hamburg 1988.

Wolf, Siegbert (Hrsg.): Gustav Landauer. Ausgewählte Schriften. Lich, Band 1: Internationalismus. 2008; Band 2: Anarchismus. 2009; Band 3.1: Antipolitik. 2010; Band 3.2: Antipolitik. 2010; Band 4: Nation, Krieg und Revolution. 2011; Band 5: Philosophie und Judentum. 2012; Band 6.1: Literatur. 2013; Band 6.2: Literatur. 2013; Band 7: Skepsis und Mystik. Versuche im Anschluss an Mauthners Sprachkritik. Textkritische Ausgabe. 2011; Band 8: Wortartist. Roman, Novelle, Drama, Gedicht, Satire, Märchen, Übersetzung. 2014; Band 9: siehe Seemann, Birgit; Band 10: siehe Leder, Tilman; Band 11: Aufruf zum Sozialismus. Ein Vortrag. Textkritische Ausgabe des Erstdrucks. 2015; Band 12: Friedrich Hölderlin in seinen Gedichten. 2016; Band 13: Die Revolution. Textkritische Ausgabe des Erstdrucks. 2017; Band 14: Ein Weg zur Befreiung der Arbeiter-Klasse. Neuausgabe. 2018; Band 15: Meister Eckharts Mystische Schriften. Neuausgabe der Erstauflage von 1903. Bodenburg/Bad Salzdetfurth, 2019.

BILDNACHWEIS

S. 129 oben: Stadtarchiv Karlsruhe 8/PBS oXIVe 1031
S. 129 unten: Wikimedia Commons
S. 130: Stadtarchiv Ludwigshafen
S. 130/131: International Institute of Social History (Amsterdam)
S. 132: Schweizerisches Sozialarchiv
S. 133: International Institute of Social History (Amsterdam)
S. 134 oben: Leo Baeck Institut, Archiv im Jüdischen Museum Berlin, Constantin Brunner Collection: VI, 7, 4, 2
S. 134 unten: Leo Baeck Institut, Archiv im Jüdischen Museum Berlin, Constantin Brunner Collection: F 3839
S. 135 oben: Stadtarchiv Meersburg
S. 135 unten: International Institute of Social History (Amsterdam)
S. 136 oben: Archiv Herbert Auer, Krumbach
S. 136/137: International Institute of Social History (Amsterdam)
S. 137: Rita Steininger
S. 138 oben: Bayerische Staatsbibliothek München/Bildarchiv
S. 138 unten: Münchner Stadtmuseum, Sammlung Fotografie / Nachlass Germaine Krull, Museum Folkwang, Essen
S. 138/139: Bayerische Staatsbibliothek München/Bildarchiv
S. 140/141: Stadtarchiv München, FS- REV-028
S. 142: Bayerische Staatsbibliothek München/Bildarchiv
S. 143: Herzogin Anna Amalia Bibliothek, Weimar
S. 144: Stadtarchiv München, FS-REV-113

Alle sonstigen Abbildungen:
Rita Steininger

DANK

Mein besonderer Dank gilt Jan Rolletschek, Christoph Knüppel, Herbert Auer und Dr. Siegbert Wolf, ohne deren vielseitige Unterstützung dieses Buch nicht zustande gekommen wäre. Für wertvolle Anregungen und Informationen danke ich außerdem Dr. Hanna Delf von Wolzogen, Dr. Jürgen Stenzel, Siegfried Benker, Dr. Michael Stephan, Dr. Andreas Heusler, Ellen Presser, Bernhard Moninger, Christian Fries, Christoph Aschermann, Sylvia Englert, Bernhard Weidner, Moira Thiele, Bernhard Kwiatkowski, Adelheid Schmidt-Thomé, Franz Schiermeier, Günther Gerstenberg, Laura Mokrohs, Markus Langer und Ingrid Sauer. Noch viele andere Menschen haben mir durch Fragen, Hinweise und interessiertes Zuhören weitergeholfen; ich kann sie hier nicht alle nennen, doch auch sie sollen sich mit meinem Dank angesprochen fühlen. Markus Herrmann danke ich für seine aufschlussreichen Anmerkungen zum Manuskript. Ein herzlicher Dank geht an Michael Volk und die Herausgeber der Reihe „Vergessenes Bayern“, die diesem Projekt grünes Licht gegeben haben, sowie an das Team des Volk Verlags, das mit großem Engagement den Erscheinungstermin zum 150. Geburtstag von Gustav Landauer möglich gemacht hat; ein extra Dank gilt Martina Dolhaniuk für die wunderbare Zusammenarbeit. Nicht zuletzt danke ich meinen Mann, der mich in jeder Phase des Projekts mit Rat und Tat begleitet und mir in stressigen Zeiten den Rücken freigehalten hat.